권력은 사라지고 기록은 남는다

권력은 사라지고 기록은 남는다

권력은 사라지고 기록은 남는다
졸기卒記로 읽는 조선왕조실록

초 판 1쇄 2026년 04월 06일

지은이 최형철
펴낸이 류종렬

펴낸곳 미다스북스
본부장 임종익
홍보국 김가영
편집장 김은진, 이예나, 안채원
디자인 윤영빈, 윤가희, 임인영
책임진행 국소리, 송가희, 김해일, 김경은

등록 2001년 3월 21일 제2001-000040호
주소 서울시 마포구 양화로 133 서교타워 711호, 808호
전화 02) 322-7802~3
팩스 02) 6007-1845
블로그 http://blog.naver.com/midasbooks
전자주소 midasbooks@hanmail.net
페이스북 https://www.facebook.com/midasbooks425
인스타그램 https://www.instagram.com/midasbooks

© 최형철, 미다스북스 2026, *Printed in Korea*.

ISBN 979-11-7355-834-4 03910

값 22,000원

권력은 사라지고 기록은 남는다

최형철 지음

졸기 卒記로 읽는
조선왕조실록

미다스북스

율곡 이이의 죽음은 왜 두 번 기록됐을까?

노자의 『도덕경』(73장)에 '천망회회소이불루'(天網恢恢疏而不漏)라는 구절이 있다. 하늘의 그물은 넓고도 넓어 비록 성긴 것 같지만 무엇 하나 빠져나오지 못한다는 뜻이다. 사람들의 눈과 귀를 잠시 속일 수 있지만 결국은 심판을 받게 된다는 경구로 흔히 인용된다.

여기서 하늘은 곧 역사일 것이다. 역사의 평가를 두려워하라는 메시지다. 그런 평가는 어디에서 나오는가. 기록의 힘이다.

조선은 명실상부한 기록의 나라였다. 왕조 500여 년 동안 『조선왕조실록』이 이를 증명한다. 태조(1392년)부터 철종(1863년)까지 25대, 472년에 걸쳐 왕과 신하들 사이에 오간 대화가 낱낱이 적혀있다. 사관의 붓끝에는 어떤 걸림돌도 없었다. 왕이 내뱉은 욕설은 물론 심지어 어명을 어기면서까지, 왕의 일거수일투족을 실록에 남기려는 집요함을 잘 보여주고 있다. 세계사를 통틀어 양과 질, 모두 유례를 찾아볼 수 없는 기록 문화다. 더구나 실록의 범위가 위로는 왕에서부터 아래로는 노비까지 만백성을 아우르고 있다.

실록 편찬자들이 '사관의 직필'과 '근거 없는 비방의 배제' 사이에서 어디까지를 역사로 남길 것인가를 두고 치열하게 고민한 사례도 보인다. 『세종실록』을 편찬하면서 이호문이 황희의 비리를 기록한 사초를 제출한 것에 대한 논의다. 정인지를 포함한 편찬자들은 "근거가 부족하고 자신들은 들은 바 없다"며 신뢰성에 강한 의문을 제기했다. 황희의 청렴한 명성과 비교할 때, 사실 가능성이 낮다고 판단했다. 결국 다수 의견으로 이호문의 사초는 실록에서 배제했다. 하지만 삭제 과정이 실록에 남아있다. (『단종실록』 2권 단종 즉위년 7월 4일) 사초 검증에 대한 엄밀성을 보여주는 좋은 사례다.

다만 일제 강점기에 편찬된 『고종실록』과 『순종실록』은 일본인 편집위원들의 입김에서 자유롭지 못했다. 따라서 학계에서는 이를 '정통' 『조선왕조실록』 범주에 포함하지 않는다. 실제로 『순종실록』에는 '(순종이) 일본 천황에게 이토 히로부미의 죽음을 애도하는 전보를 보내다'(순종 2년 10월 26일 양력 2번째 기사)라는 기록이 보인다. 같은 날 양력 1번째 기사에는 안중근을 범인으로 적시한 뒤 '이토 히로부미가 우리나라 사람의 흉악한 손에 피살되었으니 듣기에 놀랍기 그지 없습니다'라는 넋 나간 문장도 있다. 의심할 바 없이 일본인의 관점에서 우리 역사를 서술했기 때문이다. 그러나 이 책에서는 일본과 이해 충돌이 없는 우리 역사의 기록이라면 사료로서 채택했다.

『조선왕조실록』의 편찬 방식은 연월일, 날짜순으로 수록한 편년체를 택했다. 특히 실록의 사관은 졸기(卒, 死, 歿, 喪, 自盡)라는 별도 기사를 통해 당대의 세평을 빠트리지 않았다. 졸기는 사자(死者)에 대한 인물평이다. 주로 종2품 이상의 고위 관료를 대상으로 한다. 실록 속에 등장하는 인물들은 호평이든, 악평이든 졸기의 그물망에서 벗어날 수 없었다. 『조선왕조실록』데이터베이스에 '졸(卒)하였다'를 키워드로 검색하면 1,067개의 기사가 검색된다.

붕당정치가 본격화 된 선조 이후부터는 당파에 따라 실록이 두 번 편찬되기도 했다. 광해군 재임 시 북인정권이 편찬을 맡은『선조실록』과 인조반정으로 정권을 잡은 서인세력이 그 책임을 맡은『선조수정실록』이 첫 사례다.

실록이 사료로서 높은 위상과 가치를 인정받는 것은 사관들의 거침없는 기록정신 뿐만 아니라, 정권은 바뀌었지만 자신의 당파를 부정적으로 서술한 앞선 실록을 없애지 않고 함께 보존했다는 데서 찾을 수 있다. 『선조수정실록』편찬 책임자였던 채유후는 "그 사람의 처음과 끝을 살피면 그의 옳고 그름을 판정할 수 있을 것이니, 보는 사람이 자세히 살필 일이다"라는 후기를 남겼다. 둘 다 남겨놓을 테니 후손들이 진면목을 판단하라는 말이다.

『현종실록』과『현종개수실록』, 그리고『숙종실록』과『숙종실록보궐정오』, 『경종실록』과『경종수정실록』등 집권 세력이 바뀜에 따라 모두 4차례 개수 작업이 진행됐고, 모두 현존하고 있다.

만일 환국(換局)을 통해 정권을 잡은 쪽이 반대당 사람들이 자신들을 폄하했다는 이유로 앞선 실록을 폐기했다면 우리는 집권 세력이 들려주고 싶은, 일방적인 주장만을 사실로 여기게 된다. 이 경우 역사적 사실과 실체적 진실에 접근하기는커녕 균형 잡힌 역사 감각을 키우기란 애시 당초 불가능하다.

한 인물에 대한 졸기 역시 마찬가지다. 실록과 수정실록의 차이점은 졸

   권력은 사라지고 기록은 남는다

기에 대한 기사라고 해도 과언이 아니다. 일례로 율곡 이이에 대한『선조실록』의 졸기는 단 한 문장에 그친다. '이조 판서 이이(李珥)가 졸(卒)하였다.'(『선조실록』18권 선조17년 1월 16일) 인물에 대한 가치판단이 전혀 보이지 않는다. 이래서는 후손들이 역사적 교훈을 얻기가 불가능하다.

반면『선조수정실록』(18권, 선조 17년 1월 1일 기묘 1번째 기사)에선 3,459자에 걸쳐 이이의 전 생애를 빼곡히 담았다. 특히 임진왜란 발발 10년 전에 "미리 10만의 군사를 양성하여 앞으로 뜻하지 않은 변란에 대비해야 한다"는 '10만 양병설'도 실록에는 기록이 없고, 수정실록에 기재돼 있다.(16권, 선조 15년 9월 1일 병진 1번째 기사) 만약 수정실록을 편찬하지 않았다면 국방개혁에 대한 이이의 사자후를 어디에서 들을 수 있을지 아득해진다. 이이의 경우에는 그나마 졸기에 악평이 없다. 하지만 정치적으로 대척점에 서 있던 인물에 대한 졸기는 실록과 수정실록, 개수실록 등에서 큰 차이를 나타낸다.

졸기라는 창을 통해 실록의 등장인물이 어떤 삶을 살았고, 목소리를 냈는지 살피는 것은 매우 흥미로운 일이다. 특히 역사의 변곡점 시대를 살다 간 위정자들의 목소리와 발자취는 우리의 삶에도 영향을 미치고 있다. 역사는 박제된 과거형이 아니라 현재진행형이자, 미래를 가늠하는 나침반이기 때문이다. 한 시대를 풍미한 주인공이 당색에 따라 왜곡, 평가 절하되거나, 혹은 터무니없이 추앙을 받아, 오늘날까지 잘못된 메시지를 발신하고 있지 않은지, 졸기의 바다 속으로 빠져보자.

이 책은 방일영문화재단의 지원을 받아 저술·출판되었습니다.

栗谷先生全書卷之二十八

經筵日記一

起 明宗二十年乙丑七月至今 上四年辛未凡七年

明宗大王二十年七月十三日大雨 文定王后之喪將發引禮曹判書尹春年議請百官乘馬隨 宮大臣或有主其議者有 旨曰都門內乘馬隨 大轝非古喪禮議乃止五日下 玄宮 上以疾不獲隨 轝 我朝禮文若自 上不會葬則立主之時必以三公爲獻官代 上行禮是時左議政沈通源右議政李蓂在 山陵不復改禮使吏曹差參贊宋麒壽爲獻官識者尤其變禮二十八日卒哭自 上及百官皆著黑笠識者恨其從吉之速蓋我朝喪禮雖不盡合三代之制若比中國則頗詳密漢唐以來所未有也卒哭前上下皆著衰服卒哭後視事時權著白衣烏紗帽黑角帶燕居時著白衣笠帶凡干喪事者著衰服此 祖宗朝法制也 成廟朝議者以爲既著烏紗帽則笠亦當黑于時無有據禮爭之者遂於卒哭後著黑笠 中廟賓天柳灌爲擺護使建議曰衰服尚未脫而遽著黑笠既乖禮意且非 祖宗之制遂定白笠之制 明宗初柳灌等被鴆議者曰白笠非古制乃柳灌所定遂定黑笠之制 文定王后初喪禮官依五禮儀定白笠之制尹元衡見儀注曰白笠乃柳灌所建之議今不可遵用大臣皆從元衡之言遂改儀注朝臣知其非莫敢發言○八月削尹元衡官爵放歸田里元衡 文定王后之弟也爲人陰森嗜利 中廟末年 仁廟在東宮長而無子 明宗幼爲大君 仁廟之舅尹任與元衡及其兄元老有隙金安老用事以保護 東宮爲名欲以傾 中宮以張其勢乃奏放元老兄弟于外大小

（欄外註）元本凡數刪行今用丁卯以後制加圈

율곡전서 / 경연일기.[1]

목
차

3부
구도자들

4부
수호자들

1부
설계자들

정도전

반역자가 된 '이성계의 남자'

조선왕조 500년을 통틀어 임금을 제외하고 가장 논쟁적인 인물 '톱3'는 누구일까.

삼봉 정도전(鄭道傳·1342~1398), 정암 조광조, 우암 송시열이 우선 떠오른다. 범위를 좀 더 넓히면 흥선대원군도 후보군에 이름을 올릴 법하다. 하지만 이들 중 '원톱'을 꼽으라면 단언컨대 정도전의 손을 들 수밖에 없다. 삼봉의 영향력은 당대를 넘어 후대에까지 이어졌다는 점에서, 여타 후보들과 비교 자체가 어렵다.

실제 정도전은 조선왕조 통치 초석이 되는 『조선경국전』과 『경제문감』 등의 저서를 통해 새 왕조의 설계자로 불려도 전혀 이상하지 않은 업적을 남겼다. 요컨대 창업 군주 태조 이성계가 조선이라는 국가의 하드웨어를 만들었다면, 삼봉은 그 조선을 작동케하는 소프트웨어의 설계자였던 셈이다. 조선의 이념 기반으로 신학문 성리학을 장착해, 새 왕조의 아이덴티티를 부여했기 때문이다.

좋은 예가 있다. 태조는 즉위 3년이 되던 해(1394년)에 정도전의 의견을

 권력은 사라지고 기록은 남는다

좇아, 인왕산을 주산으로 하는 한양을 수도로 결정했다. 태조는 그해 9월, 정도전과 권중화, 남은 등을 한양에 보내 종묘와 사직, 그리고 궁궐과 시전 (市廛) 등의 위치를 정하게 명했다. 이듬해 종묘와 사직, 그리고 궁궐이 완공되자, 태조는 삼봉에게 궁궐과 모든 전각의 이름을 지으라고 명했다. 정도전은 궁궐 이름을 '만년토록 큰 복을 받으리라'라는 의미로 경복궁이라 지었다. 근정전, 사정전, 강녕전, 교태전 등의 전각 이름도 모두 삼봉의 머리에서 나왔다.

삼봉 정도전이 설계하고 명명한 경복궁 전경.

『태조실록』 8권 태조 4년 9월 29일(1395년) 기사에 다음과 같은 기록이 보인다.

　이달에 대묘(大廟)와 새 궁궐이 준공되었다. (중략)

　뒤에 궁성을 쌓고 동문은 건춘문(建春門)이라 하고, 서문은 영추문(迎秋門)이라 하며, 남문은 광화문(光化門)이라 했는데, 다락[樓] 3간이 상·하층이 있고, 다락 위에 종과 북을 달아서, 새벽과 저녁을 알리게 하고 중엄(中嚴)을 경계했으며, 문 남쪽 좌우에는 의정부(議政府)·삼군부(三軍府)·육조(六曹)·사헌부(司憲府) 등의 각사(各司) 공청이 벌여 있었다.

『태조실록』 8권 태조 4년 10월 7일(1395년) 기사를 보자.

　판삼사사 정도전(鄭道傳)에게 분부하여 새 궁궐의 여러 전각의 이름을 짓게 하니, 정도전이 이름을 짓고 아울러 이름 지은 의의를 써서 올렸다. 새 궁궐을 경복궁(景福宮)이라 하고, 연침(燕寢)을 강녕전(康寧殿)이라 하고, 동쪽에 있는 소침(小寢)을 연생전(延生殿)이라 하고, 서쪽에 있는 소침(小寢)을 경성전(慶成殿)이라 하고, 연침(燕寢)의 남쪽을 사정전(思政殿)이라 하고, 또 그 남쪽을 근정전(勤政殿)이라 하고, 동루(東樓)를 융문루(隆文樓)라 하고, 서루(西樓)를 융무루(隆武樓)라 하고, 전문(殿門)을 근정문(勤政門)이라 하며, 남쪽에 있는 오문(午門)을 정문(正門)이라 하였다.

　그러나 유독 광화문에 대해서 정도전이 명명했다는 기록은 보이지 않는다. 분명 태조실록8권 태조4년 9월 29일 기사에 남문을 광화문이라고 칭하

　권력은 사라지고 기록은 남는다

였는데, 같은 해 10월 7일 기사에는 정도전이 오문(午門)을 지어 올렸다고 기록했다. 이는 정도전의 문집 『삼봉집』에서도 확인된다. 그래서일까. 오늘 날까지 광화문이란 명칭이 세종대에 정했다는 설이 어지럽게 돌아다닌다. 『세종실록』34권 세종 8년 10월 26일(1426년) 자 기사)

광화문 전경.

집현전 수찬(修撰)에게 명하여 경복궁 각 문과 다리의 이름을 정하게 하니, 근정전(勤政殿) 앞 둘째 문을 홍례(弘禮), 세 번째 문을 광화(光化)라 하고, 근정전(勤政殿) 동랑(東廊) 협문(夾門)을 일화(日華), 서쪽 문을 월화(月華)라 하고, 궁성(宮城) 동쪽을 건춘(建春), 서쪽을 영추(迎秋)라 하고, 근정문(勤政門) 앞 석교(石橋)를 영제(永濟)라 하였다. [命集賢殿修撰, 定景福宮各門及橋名. 勤政殿前第二門曰弘禮, 第三門曰光化, 勤政殿東廊夾門曰日華, 西曰

月華. 宮城東曰建春, 西曰迎秋, 勤政門前石橋曰永濟.]

하지만 이 같은 해석에 고려대 박황희 교수는 이의를 제기한다. 그는 "홍례문과 광화문, 건춘문과 영추문은 이미 태조 때에 명명됐고, 세종 때 작명한 것은 일화와 월화, 영제에 불과하다"고 주장한다.

따라서 이 문장은 "집현전 수찬에게 명하여 경복궁의 각 문과 다리의 이름을 정하게 하였다. 근정전 앞의 둘째 문은 홍례이고 세 번째 문은 광화인데, 근정전 동랑의 협문을 '일화'라 하고 서쪽의 협문을 '월화'라 하였다. 궁성의 동쪽 문은 건춘이고 서쪽 문은 영추인데, 근정문 앞의 돌다리는 '영제'라 하였다"라고 읽어야 한다고 말한다.(『을야의 고전여행』 27~28면)

박 교수의 주장처럼 실록의 앞뒤 맥락을 고려하면 정도전이 광화문의 이름을 지었다고 봐야 자연스럽다. 앞서 태조4년 9월 29일 기사와도 부합하기 때문이다.

태조 때부터 이미 광화문이란 용어가 사용됐다는 근거는 또 있다. 제1차 왕자의 난 당시 긴박한 상황을 서술하면서 다음과 같이 적었다. '광화문으로부터 남산에 이르기까지 정예한 기병이 꽉 찼으므로 방석 등이 두려워서 감히 나오지 못하였으니, 그때 사람들이 신의 도움이라고 하였다. 정안군이 또 숙번을 불러 말하였다.' (『태조실록』 14권 태조 7년 8월 26일)

정도전은 이어 광화문 전면 좌우에 의정부와 삼군부를 두고, 아래에 이조, 호조, 예조, 병조, 형조, 공조 관서를 배치해 육조 거리를 조성했다. 동쪽에는 의정부, 이조, 한성부, 호조가 자리 잡았고, 서쪽에는 삼군부, 예조,

　　　　권력은 사라지고 기록은 남는다

중추부, 사헌부, 병조, 형조, 공조가 들어섰다.

육조 거리는 열서성공(列署星拱)의 원리에 충실했다. 왕을 상징하는 북극성을 뭇 별들이 에워싸듯, 육조 관서가 임금이 머무는 궁궐을 감싸며 충성을 나타낸다는 의미다. 이처럼 경복궁은 유교를 이념화한 정치철학이 물리적으로 응집된 공간이었다. 정도전은 태조의 뜻을 받들어 궁궐의 모든 건물마다 유교 왕도정치의 정신이 스며들도록 의미를 부여했다.

개국 초 정도전의 입지는 태조의 후광을 업고 탄탄대로를 달렸다. 성리학을 건국이념으로 한 '사대부의 나라'가 눈앞에 성큼 다가서는 듯했다. 그는 태조의 전폭적인 동의와 협조아래, 여기서 한 걸음 더 나아갔다. 조선의 정치체제를 신권(臣權) 우선주의로 정립했다. 이른바 재상(宰相)정치다. 임금은 오직 재상 1인만을 임면하고, 나머지 관료에 대한 인사권은 모두 재상에게 일임한다는 의미다.

이유인즉, 왕위가 세습되는 한 '현명한 국왕'이 계속 나온다는 보장이 없기 때문이다. 즉 '군주는 재주의 혼명강약이 같지 않기 때문에 (중략) 오직 총재(재상)의 지도를 받아야 한다. 그래서 임금은 재상 한 사람만을 임면하는 것으로 왕권을 제한하고, 그 밖의 일에는 일체 관여하지 않는다'라고 『조선경국전』에 기술했다. 대신 재상이 위로는 임금을 받들고, 아래로는 백관을 통솔하여 만민을 다스리게 한다는 논지를 펼쳤다. '일인지하 만인지상'의 재상은 간관(사헌부·사간원)들의 감시를 받도록 해, 절대 권력에 대한 견제도 배놓지 않았다.

이것이 삼봉의 신권 우선주의 핵심 가치다. 그래서 정치가 잘못되면 책임을 재상에게 온전히 물을 수 있게 했다. 정도전은 이런 시스템 하에서라야 책임정치를 구현할 수 있고, 마땅히 해야 할 일을 하지 않는 부작위에 대한 처벌까지 가능하다고 주장했다. (『한국사상선1 정도전』 29면) 그래야 왕조를 뒤엎는 역성혁명이 더 이상 나오지 않을 것이라는 논리로 이성계를 설득했다.

비유하자면 왕은 상징적인 존재로 남아있고, 실질적인 국가 운영은 재상에게 맡기는 근대 입헌군주제 구상이라 할 수 있다. 정도전의 생각이 시대를 너무 앞서 나갔던 탓일까. 정도전은 왕권 우선주의자 이방원과 충돌한 끝에 비참한 최후를 맞이한다.

정도전은 1342년 고려 충혜왕 후 3년에 태어났다. 포은 정몽주보다는 다섯 살 아래였다. 출생지는 경북 영주라는 설과 충북 단양이라는 설이 있다. 그의 출신 성분은 향리 가문이었으나 부친 정운경이 과거에 급제해 중앙 관리를 지냈기 때문에 어린 시절을 개경에서 보냈다. 19세 때인 공민왕 9년(1360년) 과거에 급제, 관직에 발을 들여놓았다. 초급 관료 생활 5년째 되던 1366년 1월에 부친상을 당해 3년 상을 치르던 중, 그해 말 모친상도 겪게 되자, 1369년까지 시묘살이를 했다. 『삼봉집』에는 시묘살이 기간 중에 정몽주가 정도전에게 『맹자』를 보내줘, 정독했다는 기록이 있다. '정도전은 매일 한 장 혹은 반 장씩 읽더니 깊은 경지에 이르렀다.' (『삼봉집』 권14 부록, 사실 편)

왜 하필 맹자였을까? 맹자에는 왕권을 뒤엎을 수 있다는 '역성혁명론'이 실려 있어 주목된다.

시묘살이를 마친 정도전은 1370년 개경으로 돌아와, 성균 박사에 임명된다. 당시 그의 나이 29세였다. 이 시기 성균관에는 목은 이색을 좌장으로 정

    권력은 사라지고 기록은 남는다

몽주 이숭인 등이 교관으로 있으면서 성리학 기반의 새로운 학풍이 꽃을 피우고 있었다. 한편으론 5년간에 걸친 신돈의 개혁정치가 저물던 시기였다.

1374년 9월 공민왕이 시해당한 후 10세의 우왕이 즉위하자, 그를 앞장서서 옹립한 이인임이 재상직에 오른다. 이인임은 공민왕의 친명·반원정책을 뒤집고, 원나라와 국교를 재개하는 반동정치를 하려 했다. 삼봉이 '구시대 회귀는 안된다'며 반대하자 그에게 돌아온 건 유배 길이었다. (『태조실록』 14권 태조 7년 8월 26일) 이인임이 재상 자리에 있는 한 삼봉에게 정치적 미래는 보이지 않았다. 1377년 9월 정몽주의 도움으로 유배에서 풀려났지만 복직은 꿈도 꾸지 못했다. 어느덧 30대 중후반에 접어든 삼봉은 호구지책으로 각 지역을 전전하며 학생들을 가르쳤다.

42세가 되던 1383년, 정도전은 함경도 함주(함흥)로 49세의 이성계를 찾아가면서 인생의 대전환점을 맞는다. 당시 이성계는 홍건적과 왜구를 격퇴한 공으로 조야에 명성을 떨치고 있었다. 공교롭게 정몽주도 같은 시기에 이성계를 만나러 함주로 떠났다는 기록이 있다. (『목은시고』 권34)

그렇다면 삼봉과 포은, 이성계 3인이 함주에서 함께 만났을 가능성도 배제할 수 없다. 이때까지만 해도 삼봉과 포은은 서로를 신뢰하고 있었던 게 분명하다.

정도전은 이성계와 첫 만남에서 그의 군대를 보고 "훌륭합니다. 이 군대로 무슨 일인들 하지 못하겠습니까"라고 말했다고 『태조실록』과 『용비어천가』는 전한다.

정도전은 이듬해에도 이성계를 찾았고, 곧이어 관직에 복직했다. 유배 후 9년만의 명예회복이다. 이인임의 반대를 뚫고, 이성계의 천거가 감행되

없음이 분명하다. 이후 정도전은 현실정치에서 본격 목소리를 높였다. 가장 민감한 토지개혁에 대해서는 사전(私田)의 폐해만 제거하자는 조준의 개혁안에 '마지못해' 동의했다. 정작 삼봉의 본심은 권문세가들의 토지를 국유화해, 백성들에게 나눠주자는 것이었다.(『조선경국전』)

무엇보다 삼봉이 '이성계의 남자'로 각인된 계기는 1388년 위화도 회군 명분을 제공하면서다. 요동정벌 4대 불가론 중 첫 번째로 꼽은 '작은 나라로서 큰 나라를 거역하는 것이 불가하다'라는 내용이다.

회군 후 삼봉은 이성계의 핵심 참모로서 자리를 더욱 굳혔다. 그러나 스승 이색과 정몽주가 돌연 이성계의 잇단 개혁정책에 반기를 들면서 돌이킬 수 없는 정치적 대척점에 서게 된다. 특히 척불론에 앞장선 정도전의 활발한 대간 활동이 신진사대부 세력에게 큰 호응을 얻기 시작했다. 반면 이색과 정몽주, 우현보를 중심으로 한 고려의 기득권 세력은 정도전의 '외조모 천민설'을 퍼뜨리면서 반격했다. 천민설 진위 여부를 떠나 삼봉은 탄핵을 당해 또다시 유배 길에 올라야 했다. 하지만 이방원이 정몽주를 제거함으로써 극적인 반전드라마에 합류하게 된다.

1392년 조선 개국공신 서열 4번째에 이름을 올린 정도전은 태조의 즉위 교서를 지으면서 '천명은 곧 민심'이라며 왕조 교체의 정당성을 주장했다. 민심이 이미 고려를 버렸다는 의미다. 이는 맹자의 '역성혁명론'과 일치한다.

삼봉은 술김에 "한(나라) 고조가 장자방을 쓴 것이 아니라, 장자방이 한 고조를 쓴 것이다"라고 말할 정도로 자신과 이성계의 관계를 비유했다고 졸기는 전한다.(『태조실록』 14권 태조 7년 8월 26일) 새 왕조 개국 주인공은 자신이지, 이성계가 아니란 의미다. 듣기에 따라 대역무도한 발언이 아닐 수 없다.

삼봉의 지나친 자신감이 결국 화를 불렀다.

정도전의 몰락은 세자책봉과 사병혁파 과정에서 시작됐다. 그는 태조의 막내아들이자 11세에 불과한 이방석을 지지해, 차기 정권에서도 입지를 도모했다. 정도전이 이방석을 태조의 후계자로 지지한 속내는 장성한 이방원보다는 신권 우선주의를 펼칠 수 있는 더 나은 군주로 봤기 때문이 아닐까? 사병혁파는 요동 정벌을 위해 군통수권을 단일화 한다는 명분에서 비롯됐지만, 기실 왕자들이 보유한 사병들을 장악하겠다는 노림수가 깔려있었다.

삼봉의 꿈과 희망은 딱 거기까지였다. 태조의 다섯째 아들 이방원이 1398년 1차 '왕자의 난'을 일으키면서 삼봉은 최우선 제거 대상에 올라 있었다. 이후 삼봉의 이름은 반역과 간신배의 동의어가 됐다. 실제 1409년 이성계의 건원릉(경기도 구리 소재)에 세운 비석에는 '간신 정도전'으로 새겨져 있다.

흥미로운 점은 '반역 수괴' 정도전의 아들에 대한 이방원의 태도다. 삼봉의 아들 4명중에서 3명은 왕자의 난 외중 피살되거나 자결했지만, 이방원은 삼봉의 큰아들 정진의 목숨은 거두지 않았다. 정진은 후일 관직에 복귀했고, 세종대에는 형조판서를 지냈다. 삼봉의 증손자 정문형은 성종 시기에 우의정까지 올랐다.

삼봉의 동생 정도복도 무사했다. 정도전의 세력이 조야를 누를 때, 아우 도복을 불러 한양으로 오게 하니, 도복은 '세력과 지위는 오래 가기 어려우니 믿을 수 없다. 우리는 한미한 가문인데 영화가 이미 지극하다. 마땅히 낚시질하고 밭을 갈며 내 천년을 마치겠다. 청컨대, 형은 번거롭게 하지 마

소서'라고 일갈했다. (『태종실록』 18권 태종 9년 8월 19일)

조선 개국 동업자로 평가받는 정도전, 혁명과 개혁의 아이콘이면서 동시에 정치적 희생자로 기록된 삼봉의 복권은 흥선대원군을 통해서 이뤄졌다. 대원군은 왕실의 위엄을 되살리려는 프로젝트 핵심으로 경복궁 중건을 택했다. 그 과정에서 경복궁 설계자 정도전은 화려하게 부활했다. 사후 467년만인 고종 2년(1865년) 신정왕후 조대비의 명으로 개국공신 칭호가 회복됐다. 1871년에는 '문헌공'이라는 시호와 '유종공종'(유학과 공이 모두 으뜸)이라는 편액이 하사됐다.

태종은 자신이 죽인 정몽주는 충절의 아이콘으로 일찌감치 복권시켰다. 더 나아가 영의정으로 추증하고 익양부원군으로도 봉했다. 그러나 정도전에 대해서는 반역자라는 낙인을 거두지 않았다. 정적에 대한 악감정이 졸기 곳곳에 묻어있다.

'도량이 좁고 시기가 많았으며, 또한 겁이 많아서 반드시 자기보다 나은 사람들을 해쳐서 그 묵은 감정을 보복하고자 하여…'라는 문장이 그것이다. 따라서 졸기의 내용도 이를 감안해서 비판적으로 읽어야한다. '역사는 승자의 기록'이라는 점에서 더욱 그렇다. 56세 삼봉의 최후 장면을 보자.

'정안군(이방원)은 그 사람이 (정)도전인 줄을 알고 이에 소근 등 4인을 시켜 잡게 하였더니, 도전이 침실 안에 숨어 있는지라, 소근 등이 그를 꾸짖어 밖으로 나오게 하니, 도전이 자그마한 칼을 가지고 걸음을 걷지 못하고 엉금엉금 기어서 나왔다.'(『태조실록』 14권 태조 7년 8월 26일)

     권력은 사라지고 기록은 남는다

반면『삼봉집』에는 그의 절명시 '자조'(自嘲)가 실려 있는데 내용이 사뭇 비장하다.

'조심하여 공력을 다해 살면서 책 속 성현의 말씀 저버리지 않았는데, 30년 세월 고난 속에 쌓아온 사업 송현방 정자 한 잔 술에 결국 허사가 되었네.'

엉금엉금 기어 나와 최후를 맞았다는『태조실록』과는 전혀 다른 분위기다. 사관은 졸기에서 삼봉에 대해 의미심장한 말도 남겼다. '(정도전이) 무릇 임금을 도울 만한 것은 모의하지 않은 것이 없었으므로, 마침내 큰 공업을 이루어 진실로 상등의 공훈이 되었다.' 혹시 삼봉의 공을 높이 평가한 사관의 의도된 실수가 아니었을까.

보한재 신숙주도 정도전을 일러 '개국 초기 무릇 큰 정책에 있어서는 다 선생이 찬정(贊定)한 것으로서 당시 영웅호걸이 일시에 일어나 구름이 용을 따르듯 하였으나 선생과 더불어 견줄 자가 없었다'라는 글을 자신의 과거 합격 동기생 정문형에게 남겼다. (『삼봉집』후서)

2

정인지

불세출의 처세술 달인… 세조에게 '너'

태종에서 성종까지, 무려 7명의 임금을 모신 신하가 있다.

학역재 정인지(鄭麟趾·1397~1478)다. 17세의 나이로 관직(예빈주부)에 발을 들여놓은 이후 64년 동안, 단 한순간도 권력의 중심에서 벗어난 적이 없는 '불세출의 처세술' 달인, 정인지에 대한 실록의 평가는 사뭇 다면적이다.

최고 관직은 영의정에 이르렀고, 조선 초 역사의 물줄기가 요동칠 때마다 그의 이름이 항상 소환됐다. 계유정난 때는 직접 가담하지 않았지만 세조의 회유책으로 1등 공신, 하동부원군에 봉해졌고, 문성공이라는 시호까지 받았다. 후일 단종 복위에 앞장선 사육신 성삼문도 계유정난 때 세조의 일방 지시로 3등 공신에 이름이 올랐다.

관료로선 판서를 두루 거쳤고 단종이 세조에게 선위하자마자 영의정에 올랐다. 학자로선 한글 창제와 천문 역법 정비에 큰 기여를 했다.

정인지의 24시간이 늘상 국정의 중심에 서 있었다는 의미다. 종합하면 그의 능력은 탁월했지만, 대의명분보다 눈앞의 이해득실에 더 무게 중심을 뒀다고 평가할 수 있다. 실제 장리로 부를 축적해, 대간의 탄핵을 받기도

했다. (『성종실록』 89권 성종 9년 2월 20일)

실록에 기록된 정인지의 첫 출발은 태종이 직접 과거시험장에서 정인지의 답안지를 장원급제로 낙점하는 것으로 시작된다. 첫 만남에 군왕의 눈에 들었다는 의미다.

하지만 초급 관료 정인지의 근무 태도에는 문제가 많았다. 관료 생활 2년째, 그는 외교문서에 날짜를 잘못 기재한 채로 도장을 찍어 의금부에 투옥되었고, 그로부터 2년 후에는 국가비상 동원훈련 상황에서 병조좌랑의 신분으로 근무 중 술을 마셔 탄핵을 당하기도 했다. 당시 병조판서를 비롯해 병조참판, 병조정랑과 좌랑이 모두 술을 마셨다니, 요즘으로 치면 군 수뇌부 전원이 비상훈련 외중에 술판을 벌인 것과 진배없다. 술판의 내용도 자못 화려하다. 실록은 '염소를 잡아 잔치를 베풀고 기생을 데리고 풍악을 울리며 종일 술을 마셨다'고 썼다. (『태종실록』 33권 태종 17년 5월 14일)

사헌부에서 탄핵 상소를 올렸으나 태종이 받아들이지 않아 무사할 수 있었다니, 억세게 운이 좋았다고 해야 할까. 졸기에도 태종이 세종에게 말하기를 "정인지는 크게 등용할 만하다"고 기록돼 있다. 정인지를 향한 태종의 무한신뢰를 잘 보여준다.

그러나 세종 때도 병조좌랑 정인지의 근무 태도는 별반 달라지지 않았다. 세종 즉위 때 명나라로부터 국왕의 즉위를 승인받는 고명을 맞이하는 행사에 황색 의장을 빼먹어 태장 40대를 맞기도 했다. (『세종실록』 3권 세종 1년 1월 19일)

압권은 세조와 술자리에서 정인지가 술에 취해 세조를 보고 '너'라고 칭했다는 기록이다. (『세조실록』 14권 세조 4년 9월 17일)

관료로서 정인지가 존재감을 나타낸 것은 천문과 산술, 음악 분야다. 정
인지의 졸기에 세종은 '간의, 규표, 흠경각, 보루각 등의 제작에 있어 다른
신하들은 의미를 깊이 이해하지 못하나 정인지만이 함께 할 수 있다'고 서
술했다. 또 세종이 '산수를 배우는 것이 임금에게는 필요가 없을 듯하나,
이것도 성인이 제정한 것이므로 나는 이것을 알고자 한다'며 수학책 계몽
산을 배우는데, 정인지가 입시해 질문을 기다리고 있었다고 전한다. (『세종
실록』 50권 세종 12년 10월 23일)

음악 분야에서는 국가 행사와 궁중 제례 때 사용하는 중국 음악인 아악
정리가 대표적이다. 이전까지 흩어져 있던 아악이 세종 때 아악보로 정비
되고 정인지가 명령을 받들어 서문을 지어 바쳤다는 기록이 있다. (『세종실
록』 50권 세종 12년 윤12월 1일) 이어 '정인지가 경연에서 음악을 익히는 일과
악공에게 직을 제수하는 일을 계청하였으니, 정인지의 말을 듣고 의정부에
서 의논하게 하라'(『단종실록』 7권 단종 1년 7월 9일)는 기록도 보인다.

이밖에, 역법 계산을 정인지가 맡았는데 매우 정확해 아무리 노련한 관
리라도 따라갈 수가 없었다는 이야기도 있다. 세종이 '정인지를 보내 정초
와 함께 역법을 교정하게 하다'는 기사가 이를 뒷받침한다. (『세종실록』 53권
세종 13년 7월 11일) 정인지는 천체관측기구 혼천의와 해시계 앙부일구'를 정
초와 함께 설계하기도 했다.

학자로서 정인지는 『자치통감훈의』, 『치평요람』, 『역대병요』, 『고려사』,
『학역재집』 등의 편찬과 개찬 책임을 맡았다. 그는 또 명나라 사신 예겸으
로부터 "그대와 하룻밤 말하는 것이 10년 동안 글 읽는 것보다 낫소"라는
극찬을 받을 만큼 문장이 뛰어났다. (『세종실록』 127권 세종 32년 윤1월 8일)

하지만 정인지의 진면목은 한글 창제의 핵심 참모로 평가받아야 한다. 세종은 1443년 12월 훈민정음 28글자를 창제했다. 그런데 이듬해 집현전 부제학 최만리 등이 한글을 반대하는 상소를 올렸다. 세종은 반대론자들을 설득하고, 28글자를 만든 원리를 설명하기 위해 정인지 등에게 훈민정음 해설서인 『해례본』 작성을 명했다. 3년 후 1446년 9월 29일, 『해례본』이 반포됐다.

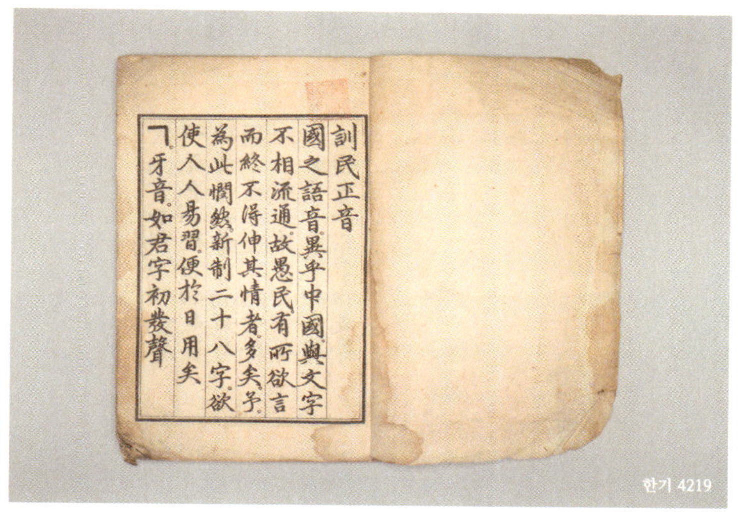

훈민정음 해례본.[2]

세종은 '나랏말이 중국과 달라 문자와 서로 통하지 아니하므로, 우매한 백성들이 갈하고 싶은 것이 있어도 마침내 제 뜻을 잘 표현하지 못하는 사람이 많다. 내 이를 딱하게 여기어 새로 28자를 만들었으니, 사람들로 하여

---

2 출처 —[한국학중앙연구원], [https://www.aks.ac.kr]

금 쉬 익히어 날마다 쓰는 데 편하게 할 뿐이다'라고 한글 창제 의의를 밝혔다. (『세종실록』113권 세종 28년 9월 29일)

이어 예조판서 정인지가 서문을 썼다. 서문을 썼다는 것은 한글 창제의 처음과 끝을 세종과 함께 했다는 의미다.

정인지는 서문에서 최만리로 대표되는 한글 반대론자들의 논리를 통박하고, 훈민정음 창제 이유를 상세히 설명했다. 특히 '지혜로운 사람은 아침 나절이 되기 전에 이해하고, 어리석은 사람도 열흘 만에 배울 수 있게 된다'라는 문장이 압권이다. 또 세종이 1443년 겨울에 훈민정음을 창제했다는 것, 『해례본』의 저술자가 정인지, 최항, 박팽년, 신숙주, 성삼문, 강희안, 이개, 이선로(이현로) 8명이라고 밝히고 있다.

실록에 기록된 『해례본』 실물은 1940년 경북 안동에서(간송본)이 발견됐다. 총 66쪽짜리 『해례본』은 한문으로 쓴 문자 해설서다. 훈민정음 창제의 취지를 밝힌 세종의 서문과 예의, 신숙주 등 집현전 학사들과 강희안이 쓴 해례, 정인지의 해례서로 구성돼 있다.

이 중 65쪽에는 '정통 11년 9월 상한'이라는 글씨가 적혀 있다. 학계에서는 이를 『해례본』이 완성되거나 간행된 기간으로 본다. 정통 11년 9월 상한은 1446년 음력 9월 1~10일까지를 가리킨다. 이를 양력으로 환산하면 상한의 마지막 날이 10월 9일이 된다. 정확한 날짜를 특정할 수는 없지만 상한의 마지막 날, 10월 9일로 한글날을 정했다.

최근 또 다른 『훈민정음 해례본』(상주본)이 발견돼 큰 화제가 됐다. 그러나 간송본과 비교했을 때 훼손된 부분이 많고 화재로 인한 소실 의혹도 있다. 무엇보다 소장자가 공개하길 꺼려 더 이상 연구와 논의가 불가능한 상태다.

 권력은 사라지고 기록은 남는다

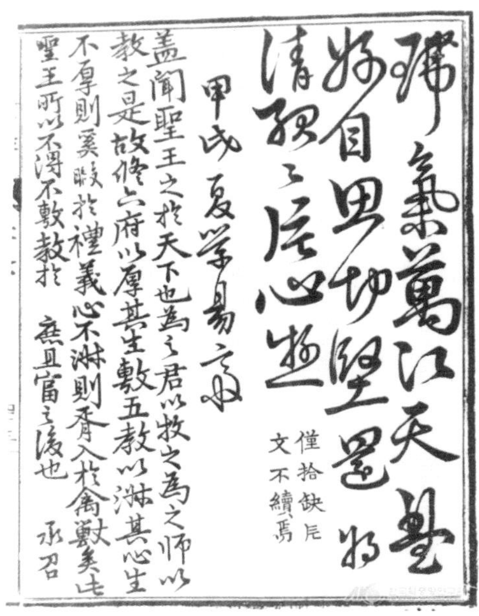

정인지 필적.[3]

3   출처 −[한국학중앙연구원], [https://www.aks.ac.kr]

3

신숙주

세조의 예스맨
"노산군 편히 살게 해서야…"

신숙주 영정.[4]

---

4   출처 ―[한국학중앙연구원], [https://www.aks.ac.kr]

'천재와 변절자.'

우리 역사 속에 보한재 신숙주(申叔舟·1417~1475)만큼 이 프레임에 갇혀 있는 인물도 드물다. 살아서는 조선 최고의 관료, 외교관, 언어학자로 명성을 떨쳤지만 죽어서는 한낱 변절자, 배신자로 낙인찍혔을 뿐이다.

오늘날까지 그의 이름은 변절자의 아이콘으로 각인돼 있다. '쉬이 상한다'는 의미에서 숙주나물에도 그의 이름이 붙여졌다. 또 신숙주가 단종과 사육신을 배신하고 수양대군(후일 세조)편을 들었을 때 백성들은 신숙주를 미워해, 그 분풀이로 만두소를 만들 때 짓이겨 넣는 녹두나물에 숙주나물이라는 이름을 붙였다는 설도 있다.

왕조시대 정통성을 지닌 임금을 배신한 신하는 어떤 명분으로도 용납이 안 되기 때문이다. 더구나 단종은 세종의 적장손이었다. 세종의 총애를 입고 고속 승진을 거듭해온 신숙주가 세종의 적장손을 죽이라고 목소리를 높이다니, 민심이 그를 사람 취급 안 한 것은 오히려 당연지사다.

실제 신숙주의 인생 하이라이트는 세종대였다. 세종 20년(1438년) 진사시에 합격하면서 그의 이름이 실록에 본격 등장한다. 신숙주 졸기에 따르면 같은 해 그는 초시와 복시에서 잇달아 장원급제했고, 또 생원에도 합격했다. 신숙주는 세종 21년에 문과에 3등으로 뽑혀 전농 직장을 시작으로 벼슬길에 올랐다. 전농 직장은 왕실 제수용으로 사용하는 곡물을 공급하는 기관이다.

세종은 집현전 학사들에게 사가독서 제도를 운영했다. 장기 휴가를 주고, 직무에서 벗어나 마음껏 책을 읽고 학문을 닦게 했다. 26세의 신숙주는 이를 통해 비슷한 연배의 사육신 멤버 성삼문, 박팽년, 이개 등과 인연을 맺게 된다.

신숙주는 소문난 독서광이었다. 『필원잡기』와 『연려실기술』에는 신숙주가 집현전에서 밤늦게까지 책을 읽다 잠들었는데 세종이 자신의 옷을 덮어줬다는 이야기가 전해진다. 성종 6년(1475년)에 59세로 생을 마감할 때도 "저승 가서 읽을 책 몇 권을 같이 관에 넣어 달라"는 유언을 남길 정도였다. 또 졸기에는 세종이 아들 문종에게 "신숙주는 나랏일을 부탁할 만한 자다"라고 말했다고 기록돼 있다.

주군으로부터 이런 평가를 받는 신하가 과연 얼마나 될까. 1417년생 동갑내기 세조에게서도 "경은 나의 위징이다"라는 칭찬을 받았다. 세조는 특별히 사관에게 이 말을 기록하도록 했다고 전해진다. (『세조실록』 7권 세조 3년 3월 15일) 위징은 당 태종에게 직언을 서슴지 않은 충신이다. 그러나 신숙주가 세조에게 어떤 직언을 했는지는 잘 알려져있지 않다. 졸기에서도 신숙주가 세조를 섬김에는 승순만을 힘썼다라고 했다. 승순은 '예스맨'의 한자어다.

신숙주에게 운명처럼 덧씌워진 혹평과 악평이 여럿 있지만 그의 성격은 호방하고 배포가 남다른 면도 있어 눈길을 끈다. 졸기에 이런 내용이 나온다.

세종 때 일본 통신사 서장관으로 지명됐을 때다. 신숙주가 병들었다가 나았는데 세종이 "들으니, 네가 병으로 쇠약하다고 하는데, 먼 길을 갈 수 있겠느냐"라고 하니 "신의 병이 이미 나았는데, 어찌 감히 사양하겠습니까"라고 하였다. 일본에 도착하여 그 나라 사람들이 붓과 종이를 가지고 와서 시를 써 달라고 하는 자들이 모여들었으나 신숙주는 붓을 잡고 즉석에서 써 주었으므로 사람들이 모두 탄복하였다. 특히 아전출신으로 백전노장 71세의 이예가 대마도주와 담판해 조선에 입항하는 세견선의 수를 약정한 계해약조를 맺을 때 27세의 신숙주도 현장에 있었던 것으로 보인다. 이로써 무분별하게 출몰하던 왜구 문제를 일단락 지었고, 삼포를 통한 일본과 교린관계를 이어갈 수 있었다.

한편 귀국길에 풍랑이 거세지자 선원들은 몹시 당황했다. 그러나 신숙주는 태연자약하게 선상에 앉아 "내가 이미 일본국을 보았고, 또 이 바람으로 인해 명나라의 성(盛)함을 얻어 보는 것도 유쾌한 것이 아니겠느냐"라고 말했다. 이어 한 여자가 왜적에게 사로잡혔다가 임신을 했는데, 이때에 이르러 같은 태로 오게 되었다. 배 가운데에서 모두 말하기를 "아이 밴 여자는 배가 가는 데에 꺼리는 바인데, 오늘의 폭풍은 이 여자의 탓이다"고 하면서 수장시키고자 했으나, 신숙주가 "남을 죽이고 삶을 구하는 것은 차마 할 바가 아니다"며 진정시켰다. 얼마 있지 아니하여 바람이 자게 되어서 일행이 모두 무사했다.

신숙주는 이후 8년 동안 대일외교 최전선에 선 경험을 바탕으로 왕명을 받아, 사행록 『해동제국기』를 간행했다. 책 범위는 일본과 대마도는 물론, 유구국(오키나와)까지 아우르고 있다. 내용 또한 상세하고 치밀하다. 일본의 역사, 지리, 천황과 막부 체제의 이분법적 통치, 외교사절 접대방식은 물론, 지도까지 겸비해 완성도를 높였다.

그는 이미 일본인들의 호전성을 간파한 듯 책 서문에 '그들은 습성이 강하고 사나워 칼 쓰기에 능하고 배 타기에 익숙하며 우리와는 바다 하나를 사이에 두고 서로 바라보는 처지이기에 잘 어루만져 주면 예로써 사신을 왕래하고 잘못하면 번번이 강탈을 자행하였다. (중략) 일찍이 들으니 오랑캐를 대우하는 방도는 외부를 단속하는 데 있지 아니하고 내부를 닦는데 있으며, 변방의 방어에 있지 아니하고 조정에 있으며, 무력에 있지 아니하고 기강에 있다 하였는데, 그 말을 여기서 증험하였다. (중략) 지금 우리나라는 그쪽에서 오면 어루만져서 선물을 넉넉히 주며 대우를 후하게 하는데도 그들이 보통으로 여기고 진위를 마구 속이며, 곳곳에서 머물러 시일을 지체하여 변명을 갖가지로 부리고 있으니, 그놈들의 욕심은 끝이 없고, 조금이라도 그 뜻을 거스르면 문득 화를 낸다'라고 썼다.

임진왜란이 끝나고 낙향한 류성룡은 '환난을 경계하자'는 의미로『징비록』을 펴냈는데, 본문 첫 구절에 신숙주가 성종에게 임종 직전에 "원컨대 일본과의 화평을 잃지 마소서"라고 진언했다고 썼다.

술과 관련된 일화도 많다. 신숙주의 아버지 신장은 공조참판이었다. 그는 술로 인해 급사했다고 전해진다. 그래서 신장의 졸기에 '술이 어진 사람을 해쳤다'는 평가가 나온다. (『세종실록』59권 세종 15년 2월 8일)『필원잡기』등 야사에선 신숙주가 술에 취해 세조의 팔을 세게 비틀었다는 이야기도 있다. 같은 시대를 살다간 정인지는 아예 술에 만취해 세조에게 대놓고 "너"라고 말해 큰 물의를 빚기도 했다. (『세조실록』14권 세조 4년 9월 17일) 실록에 '술자리'를 검색하면 전체 973건(국역)중에 세조 때가 467건으로 조회된다. 이쯤 되면 거의 '술자리'에서 나랏일을 봤다고 할 만하다.

신숙주는 세종의 한글 창제에도 깊이 관여했다. 한어와 일어, 여진어, 몽

고어에 조예가 깊던 신숙주는 세종의 명을 받고, 성삼문과 함께 중국어의 어음과 자훈에 대한 의문점을 풀기 위해 당시 요동에 유배 중이던 명나라 학자 황찬을 수년간 찾아가기도 했다. (『성종실록』200권 성종 18년 2월 2일) 그 성과물로 신숙주는 한자음을 훈민정음으로 해설한 『동국정운』 서문을 맡았다. 『훈민정음 해례본』 서문을 정인지가 썼던 것과 대비된다.

군사 전략가 신숙주의 모습도 눈에 띈다. 세조 2년(1456년)에 병조판서로서 국방을 책임졌고, 세조 6년(1460년)에는 도체찰사로서 군사 8,000여명을 이끌고 함경도 일대의 여진족을 정벌하고 귀환했다. (『세조실록』21권 세조 6년 9월 11일) 일명 '경진북정'이다. 신숙주가 이끈 부대는 두목급 여진족 90여 명과 평민 여진족 430여 명을 붙잡거나 살해했으며 가옥 900여 채를 불태우는 전과를 올렸다. 이 모든 과정을 담아 오랑캐의 침입에 대비하자는 의미에서 『북정록』이란 책도 펴냈다.

계유정난 때는 합류하지 않았다. 그러나 수양대군이 거사 후 회유했을 가능성이 높다. 단종이 즉위하자 수양대군이 명나라에 고명(왕 책봉 공식문서)을 받으러 사신으로 갈 때, 그를 서장관으로 추천하면서 둘 사이가 급격히 가까워진 것으로 보인다. (『단종실록』2권 단종 즉위년 8월 10일)

수양대군의 쿠데타로 2등 공신에 오른 신숙주는 '노산군이 편히 살게 할 수 없다'는 초강경 발언을 주도해 단종 복위파와 완전히 갈라서게 됐다. (『세조실록』9권 세조 3년 9월 10일) 앞서 성삼문은 "신숙주는 나와 서로 좋은 사이지만 죽어야 마땅하다"라고 언급했다. (『세조실록』4권 세조 2년 6월 2일)

즉위 1년 만에 급사한 예종의 후임으로 누구를 왕위에 세울지 결정하지 못했을 때다. 세조의 왕비 자성대비가 조언을 구하자, 신숙주는 세조의 장남으로 요절한 의경세자의 큰 아들 월산대군을 제치고, 둘째 아들 자을산군을 후계자로 옹립하는데 결정적인 공을 세웠다. 그가 곧 성종이다.

신숙주는 자식 농사에선 아픈 가족사가 있다. 넷째 아들 신정이 아버지의 후광으로 벼슬이 도승지와 이조참판, 평안도 관찰사 등에 미쳤는데 매우 탐욕해 형제와 친척마저 그를 원수처럼 미워했다. 신숙주 역시 일찍이 '우리 집을 패망시킬 자는 반드시 신정이다'고 하였다. 과거시험 때도 부정행위를 해, 감독관이 답안을 버리려고 했으나 세조가 신숙주의 체면을 살펴 합격시켰다고 전한다. 그러나 신숙주 사후 7년 만에 차첩(관원을 임명할 때 발급한 문서)을 위조하고, 임금을 속인 죄로 결국 사사됐다. (『성종실록』 140권 성종 13년 4월 24일)

4

서거정

세조에게 "무슨 복을 더 원하십니까" 면박

우리 역사에서 문장으로 일가를 이뤘지만 가장 저평가된 인물을 꼽으라면 1순위로 사가정 서거정(徐居正·1420~1488)이 떠오른다.

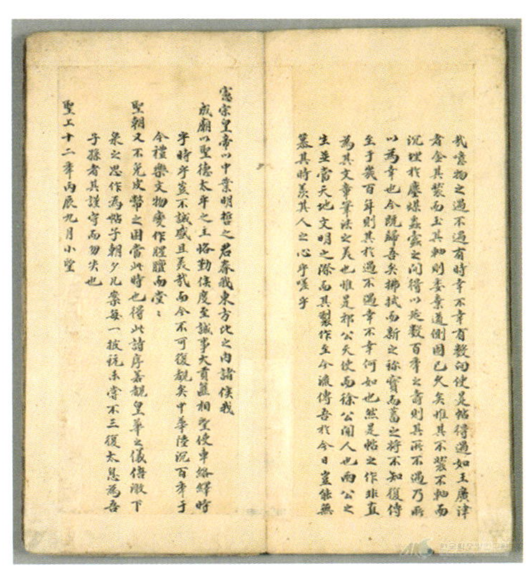

서거정 필적.[5]

5   출처 −[한국학중앙연구원], [https://www.aks.ac.kr]

서거정은 문장 중에서도 시에 능했다고 전한다. 그의 졸기에는 '서거정이 조맹부의 적벽부 글자를 모아서 칠언절구 시 16수를 지었는데, 세조가 읽고 "보통 사람이 아니다"라며 감탄했다'라고 적혀있다. (『성종실록』 223권 성종 19년 12월 24일)

서거정은 세종 20년(1438년)에 생원·진사 양시에 합격한 뒤, 세종 26년(1444년)에 문과 3등으로 급제한다. 첫 관직은 사재직장(궁중에 어류, 육류, 소금, 땔나무 등을 공급하는 책임자)이었다.

세조 14년에 왕이 영릉(세종대왕 릉)을 옮기고자 했다. 신하들 중에는 세조의 뜻을 좇아 마땅히 옮겨야 한다고 말하는 이가 많았다. 세조가 공조판서 서거정을 불러 의견을 물었다. 서거정은 "천장하는 것은 복을 얻기를 희망하는 것인데 왕자로서 다시 무엇을 바라겠습니까?"라는 '까칠한' 대답을 했다. 뜨끔한 세조가 "경의 말이 옳다. 내가 다시 능을 옮길 뜻을 두지 않겠다"라고 물러섰다. 실제 영릉 천장은 예종 대에 이루어진다.

서거정은 44년의 관직 생활 중 22년 동안 문형(대제학)을 맡아 국가의 전책과 사명 등이 모두 그의 손에서 나왔다는 극찬을 받는다. 대제학은 교육과 외교문서를 담당하는데, 과거시험을 통한 인재 발굴이 주요 업무다. 조선 왕조를 통틀어 문형직에서 10년 이상 근무한 사례가 드문데, 서거정은 22년을 재임했다. (『숙종실록』 62권 숙종 44년 9월 10일) 다른 관직에도 수차례 임명된 만큼 대제학을 겸직했다는 의미다.

실록에 '달성군 서거정이 사직장을 올렸으나 허락하지 않다'라는 기사에서 서거정은 "신이 나이가 70에 찼으니 (중략), 주문(대제학)을 맡은 것이 22년인데 (중략) 병이 쌓이고 정신이 쇠하며 행보가 어려워서 직무에 종사하

　　권력은 사라지고 기록은 남는다

기가 어렵습니다"라며 사직을 수차례 호소하기도 했다. (『성종실록』223권 성종 19년 12월 20일)

서거정은 세종~문종~세조~예종~성종까지 다섯 임금을 모셨다. 『단종실록』에는 서거정의 이름이 보이지 않는다. 5조(다섯 명의 임금)를 거치는 동안 관찬도서는 모두 그의 손을 거쳤다. 『경국대전』, 『동국여지승람』, 『삼국사절요』, 『동문선』, 『동국통감』, 『오행총괄』 등이다. 개인 저술은 『사가집』, 『필원잡기』, 『골계전』 등이 있다. 관찬도서는 학자들의 공동 저작물이지만 서문은 문형을 맡고 있던 서거정이 썼다.

서거정은 『삼국사절요』 서문에서 각국의 역사를 대등하게 다룬다는 점을 적시했다. 이에 따라 『삼국사절요』는 고구려, 신라, 백제 삼국의 세력이 서로 대등하다는 관점에서 서술했다. 신라를 '정통'으로 놓고 기술한 김부식의 『삼국사기』를 에둘러 비판한 역사서로 평가받는다.

또 『동국여지승람』 서문에서는 단군이 처음 우리나라를 세우고, 기자(箕子)가 봉토를 받은 이래로 삼국~고려시대에 넓은 강역을 차지했음을 서술하고 있다. 『동문선』 서문에서도 이 같은 자주성과 독창성이 드러난다. 서거정은 '우리 동방의 문장은 송나라와 원나라의 문장도 아니고, 또 한나라와 당나라의 문장도 아니며 바로 우리나라의 문장인 것입니다'라며 주체성과 자주성을 강조했다.

그의 관심사는 법과 역사, 지리, 문학은 물론 의학에까지 미쳤다. '세조가 서거정에게 『마의서』를 편집하게 했다'라는 기사가 있다. 세조가 말을 먹여 기르고 다스리는 법을 여러 신하들에게 물어본 후, 그 경험담을 서거정에게 책으로 편찬하라고 명했다. (『세조실록』38권 세조 12년 4월 14일) 요즘으로 치면 수의학 개론서에 해당한다.

이밖에 사헌부에서 국왕에게 올리는 간단한 서식의 상소문 차자도 서거정의 건의로 비롯됐다. (『성종실록』 26권 성종 4년 1월 21일) 6조 관서를 두루 역임한 행정의 달인답게 일의 효율성에 방점을 둔 취지다.

일가를 이룬 문장은 중국 사신을 만나면 더욱 빛을 발했다. '평양 선위사 임원준이 와서 복명하고 서거정이 명나라 사신에게 화답한 시를 바치다'라는 실록 기사에 '명나라 사신이 '평양회고'라는 장편 시를 지어 보이니, 서거정이 즉시 차운해서 바쳤다. 명나라 사신이 "그대가 시를 짓는 것이 매우 빠르고 교묘하니, 내가 미칠 수 없다"며 "나라 안에 이같이 시를 잘 짓는 사람이 몇이나 있느냐"고 물었다. (『성종실록』 64권 성종 7년 2월 16일)

『표해록』의 저자 최부가 만난 명나라 문인들도 서거정의 안부를 물었다고 전한다. 『표해록』은 태풍 때문에 항로를 잃고, 중국 해안에 표류한 최부가 귀국하면서 겪은 경험을 일기체 형식으로 기록한 책이다. 최부는 절강성에서 북경을 거쳤는데, 지나는 곳마다 지리, 교통, 인물 등에 대해 관찰했고, 지역 관료 등과 필담으로 대화를 나눴다. 조선과 인연이 있는 관료들은 서거정의 안부를 묻고는 "서거정의 문장은 해동의 인물입니다", "내가 조선에 사신을 여섯 번 다녀왔는데, 서거정 선생은 잘 계시는지요"라는 안부 인사를 건넸다고 최부는 『표해록』에 적었다.

그렇다면 서거정은 '완벽한' 인물이었을까? 실록은 그의 '흑역사'도 함께 남겼다.

'간통사건에 대해 제대로 조사하지 않은 형조좌랑·사헌부 관리 등을 추국하다'라는 기사가 있다. (『세조실록』 31권 세조 9년 11월 28일)

　　　　　권력은 사라지고 기록은 남는다

유생 정효온이 이성번의 아내 내은금을 길에서 만나 끌어안고 서로 대화를 나눴는데, 이성번이 포박하여 형조에 고하였다. 그런데 형조에서 간음한 행장(몸가짐)이 나타나지 않는다며 오히려 남편 이성번을 몇 달 동안 구류시켰다. 이에 이성번이 "정효온이 대사헌 서거정 처의 종제입니다. 형조에서 정효온은 석방하여 죄를 묻지도 않고, 또 저의 아내를 협박하여 무고한 죄를 조작하고 고문하면서 지금까지 구류 시켰습니다"라며 억울함을 토로했다.

이 사건은 세조의 귀에도 흘러 들어갔다. 세조가 "간통 여부는 반드시 물을 것도 없다. 형조에서 왜 정효온을 같이 가두지 않았는가"라며 의금부에 전지하기를 "정효온이 길에서 이성번의 아내 내은금을 만나서 간통했는데, 형조는 정효온을 가두지 않고 도리어 이성번을 함부로 곤장을 쳤고, 사헌부도 사실인지 거짓인지를 살피지 않고 한 통속이 되어 임금을 속였으니, 모두 추국하라"는 불호령을 내렸다. 그러나 후속기사가 보이지 않아 대사헌 서거정에 대한 처분은 확인할 길이 없다.

세조 9년이면 서거정의 나이 43세다. 거칠 것 없이 권력의 정점에 서 있었을 터. 서거정은 실제 세조의 '장자방' 한명회와 인연도 각별하다. 한명회와는 어릴 때부터 함께 공부했고 교분이 매우 가까웠다. (『연산군일기』 41권 연산군 7년 9월 17일)

권력의 핵심과 연결된 인맥이 서거정을 살렸을까?

당대 최고의 학자라는 자부심이 독이 된 측면도 있다. 졸기에서 사관은 '명망이 자기보다 뒤에 있는 자가 정승 자리에 오르면, 서거정이 불평했다'고 기록했다. 서거정에 대한 세평이 좋을 리가 없다. 사관이 '서거정은 그릇이 좁아서 사람을 용납하는 양이 없고, 또 일찍이 후생을 장려해 기른 것이 없으니, 세상에서 이로써 (그를) 작게 여겼다'고 꼬집은 이유다. (『성종실록』223권 성종 19년 12월 24일)

이에 반해 조선 태조에서 숙종대까지 역대 인물들을 평가한『국조인물고』에선 서거정을 두고 "입덕 입공 입언, 즉 삼불후의 아름다움을 겸비한 자가 드물지만 영원히 전해질 훌륭한 일이 되는데, 하물며 말은 학문의 모범이 되고 공은 관직의 일정한 직무를 지킨 데에 있으며 덕은 인망에 부응하는 달성 서공같은 분이야 더 말할 것이 있겠는가"라고 극찬했다.

성종 15년에 창경궁이 완공될 때 전각의 이름을 서거정이 지었다는 기록이 있어 흥미롭다. '좌찬성 서거정이 새 궁전 여러 전각의 이름을 지어 올리다'라는 기사에서다. (『성종실록』163권 성종 15년 2월 11일)

      권력은 사라지고 기록은 남는다

5

조말생

부패 관료 낙인 속에
"대마도를 정벌하소서"

사곡 조말생(趙末生·1370~1447)은 『태종실록』 1권 (태종 1년 1401년 4월 9일)에 처음으로 이름을 올렸다. 그의 이름은 태종대에 국역 180건, 원문 172건이 보인다. 이후 『세종실록』 116권(세종 29년 4월 27일) 졸기를 지나, 같은 해 5월 18일 세자(후일 문종)가 지내주는 제사를 받는 것으로 실록에 마지막으로 등재됐다. 이후 후대 왕대에는 뇌물 수수 사건의 반면교사로서 간간이 이름이 소환될 뿐이다.

조말생은 어떤 삶을 살았길래, 죽어서는 세자에게 제사까지 받는 은혜를 입었을까.

실록 데이터베이스에 조말생의 이름을 검색하면 국역(526건)과 원문(497건)을 모두 합쳐 1,023건이 검색된다. 이 중 최다 등재는 『세종실록』에서다. 총 652건이 조회된다. 국역과 원문이 차이나는 이유는 국역에는 이름만 등재됐어도 함께 노출되기 때문이다. 예를 들어 원문에는 조말생의 이름 말생(末生)만 등재돼 있으면 검색에서 제외되지만, 국역에는 조말생으로 함께 검색된다.

실록 전체를 통틀어도 조말생 관련기사는 비교적 상위 순번에 꼽힐 정도로 많은 편이다. 실록에 한 번 이름을 올리기도 힘든데, 더구나 조말생은 3정승(영의정, 좌의정, 우의정)에 오르지 못했는데도 말이다.

실록을 통해 조말생의 활약상을 살펴보면 왕의 전지, 혹은 전교에 관한 내용이 대부분이다. 임금의 메시지를 대신 전했다는 말이다. 반면 간언했다는 기사는 거의 보이지 않는다. 이를 의식한 듯 조말생 스스로도 '신이 오래 출납하는 지위에 있으면서 조금도 계옥(啓沃)한 것이 없사온데, 등급을 뛰어 제수하시오니 성은이 너무 지중하와 진실로 마음에 부끄럽사옵니다'라고 실토할 정도다. (『세종실록』 116권 세종 29년 4월 27일) 출납은 왕명을 전달하는 업무이고, 계옥은 왕에게 충성스런 말을 아뢴다는 뜻이다.

조말생은 태종 1년 중시 문과에서 장원급제해 관직에 나아갔다. 문장과 재기를 인정받아, 감찰, 정언, 헌납 등을 거쳐 이조정랑까지 엘리트 코스를 밟았다. 태종 3년(1403년)에는 서장관으로 명나라에 다녀오는 등 대외 견문도 넓혔다. 그의 큰아들 조선은 태종의 후궁 신빈 신씨의 둘째 딸 정정옹주와 결혼해 부마가 되기도 했다.

이어 형조판서(태종 18년)를 거쳐, 세종 즉위년에 병조판서와 함길도 관찰사, 동지중추원사, 판중추원사, 예문관 대제학 등의 고위직을 거친 뒤 영중추원사를 마지막으로 관직생활을 마쳤다. 그는 태종과 세종 두 임금으로부터 실로 두터운 총애를 입었지만 정승 자리에는 오르지 못했다.

졸기의 마지막 문장에도 그 점을 분명히 지적하고 있다. '말생은 기개와 풍도가 크고 너르며 일을 처리함에 너그럽고 후덕하여 태종이 소중한 그릇으로 여겼으나, 옥에 티가 신상에 오점이 되어 끝끝내 국무대신이 되지 못

 권력은 사라지고 기록은 남는다

하였다.'(『세종실록』116권 세종 29년 4월 27일)

그렇다면 조말생의 발목을 잡은 오점은 무엇일까? 그가 노비 수십 명을 불법증여(장죄) 받은 사건을 파헤쳐 보자.

1426년 세종 8년 3월 4일 사헌부는 '김도련(金道練) 노비소송' 사건을 조사하다가 병조판서 조말생이 김도련에게 노비 수십 명을 불법 증여받은 사실을 밝혀냈다. 우의정을 포함한 핵심 권력자들이 줄줄이 연루됐지만 조말생이 가장 많은 36명의 노비를 불법 증여 받았다. 당시 조말생은 병조판서를 8년째 재임하고 있었다. 선왕과 사돈 관계를 맺었고, 병권을 8년째 쥐고 있으니 위세를 짐작할 만하다.

진상을 조사한 사헌부와 사간원 관리들은 세종에게 조말생을 사형에 처해야 한다고 말했다. 그해 5월 5일부터 6월 6일까지 조말생 퇴출 상소가 쇄도했다. 대명률에 '뇌물 80관 이상이면 교수형'인데 조말생이 받은 뇌물은 드러난 것만 780관이었다. (『세종실록』32권 세종 8년 5월 28일) 게다가 60여 명에게 매관한 혐의도 추가로 밝혀졌다. (『세종실록』40권 세종 10년 윤4월 4일)

하지만 아우성치는 간언에도 세종은 꿈쩍하지 않았다. 조말생을 충청도 회인으로 유배 보내는 데에 그쳤다.

세종은 "대신으로서 이러한 일이 있을 줄은 생각지도 못하였다. 뇌물이 공공연히 행해지고 있으니 작은 문제가 아니다. (중략) 말생에게는 그를 중하게 기대하던 것이 판서로 있을 때뿐 아니라 대언으로 있을 때부터 태종께서도 신임하셨고, 나도 신임하기를 다른 신하의 비교가 되지 않을 정도였다. 이제 마침내 이러하였으니, 이는 옛적 정치가 잘 되던 세상에서는 절대로 없었던 일이다. 대체로 위에서 마음을 바르게 하는 도리가 있으면, 곧 대신이 보고 감화되는 것은 자연스러운 일이니, 나 자신에게 관계된 문제다”라며 자책하는 선에서 사건을 매듭지으려 했다. (『세종실록』 31권 세종 8년 3월 4일)

그러나 양사의 탄핵은 계속됐다.

이에 세종은 “조말생은 태종 때로부터 과인에 이르기까지 (정사를) 위임한 신하이다. 죄가 이임보(당나라 현종때 간신)와 같다면 비록 대신이라도 이를 목 베는 것이 옳겠지마는, 대신이 탐오를 범했다고 해서 이를 죽인다는 것은 옛날에도 없었다. 좌우 사람이 모두 말하기를 ‘죽일 만합니다’ 하여도 그를 죽일 만한 죄가 있는가를 보고 난 뒤에 죽이는 것인데, 지금 조말생의 죄는 이를 죽인다면 지나치고, 먼 지방에 귀양 보낸다면 꼭 알맞을 것이다” 하였다. (『세종실록』 32권 세종 8년 6월 2일)

세종은 선왕 때부터 그가 조정의 중책을 맡은 공로를 인정했다. 불과 2년 뒤 1428년에는 조말생을 유배에서 풀어주라는 명을 내렸다. 세종은 조말생을 진심으로 아꼈다. 다시 2년 뒤 1430년에는 조말생의 직첩을 도로 주라고 했다.

사간원과 사헌부 양사의 간원들이 아무리 상소를 올려도 귀담아들으려 하지 않았고, 윤허하지도 않았다. 우리가 알던 ‘성군’ 세종과는 너무도 다른 모습이었다. 양사 간원들은 항명 표시로 집단 사표를 내기도 했다. (『세종실록』 58권 세종 14년 12월 18일) 그러나 조말생을 다시 기용하겠다는 세종의 뜻을 꺾지는 못했다.

세종은 1432년 조말생을 동지중추원사에, 이듬해 함길도 관찰사로 임명했다. 63세의 조말생은 노구를 이끌고 5년간 북방 여진족을 소탕하는 임무를 성실히 수행했다. 조말생은 이후 충청 전라 경상도 일대의 축성 작업도 총괄했다.

하지만 사헌부도 조말생의 뇌물 사건을 잊지 않고 있었다. 1438년 3월 예문관은 과거에 합격한 조말생의 막내아들 조근의 합격자 등록을 지연시켰다. 같은 해 10월, 사헌부는 둘째아들 조찬의 사헌부 감찰 임명동의안(서경)도 처리하지 않고 버텼다. 당시 예문관 대제학이던 조말생이 직접 나서 자신의 노비상납 사건 재조사를 상소했지만, 세종은 끝까지 허락하지 않았다. 세종은 조말생의 재주를 아껴, 곁에 두고 비호했지만 정승 자리에서는 배제시켰다. 조말생은 비록 천수(78세)를 누렸지만, 역사는 그에게 권력형 부패 관료라는 꼬리표를 붙였다.

부패 관료 조말생도 외교 국방에 관해서는 단호한 목소리를 내기도 했다. (『세종실록』 4권 세종 1년 5월 14일) 태종과 세종이 함께 있는 자리에서 "허술한 틈을 타서 대마도를 치는 것이 좋을까 어떨까"라는 하문에 대신들이 "허술한 틈을 타는 것은 불가하고, 마땅히 적이 돌아오는 것을 기다려서 치는 것이 좋습니다"라고 하자 유독 조말생만이 "허술한 틈을 타서 쳐야 합니다"라고 강경대응을 주장했다. 이에 태종이 조말생의 의견을 좇아 이종무를 삼군 도체찰사로 명하여, 200척을 보내 대마도를 정벌케 했다. 기해동정이다. 조말생은 병조판서로서 상왕(태종)의 명을 받아 대마도주에게 '대마도는 조선 땅이며 경상도의 계림에 속한다'라는 서찰을 전달하였다. (『세종실록』 4권 세종 1년 7월 17일)

　　　　　　　권력은 사라지고 기록은 남는다

6

강희맹

서얼들의 벼슬길 가로막은 장본인

"종이를 잡기 무섭게 문장이 이루어졌다."

조선 전기 최고의 문장가로 꼽히는 사숙재 강희맹(姜希孟·1424~1483)에 대한 졸기의 평이다. 또 사신이 논평하기를 "강희맹은 책을 많이 보고 기억을 잘하며 문장이 우아하고 정밀하여 한때의 동년배들이 그보다 앞서는 자가 없었다. 다만 평생 임금의 뜻에 영합하여 은총을 희구했다"라고 썼다. (『성종실록』 151권 성종 14년 2월 18일)

강희맹에게서 '넘사벽' 문장가와 '아첨꾼'의 이미지가 겹친다. 그는 세종 6년(1424년)에 태어나 세종 29년(1447년) 24세로 장원급제한 뒤 성종 대까지 6대에 걸쳐 여러 관직을 거쳤다. 최고 관직은 종1품 의정부좌찬성에 이르렀지만. 그보다 눈길을 끄는 이력은 왕실의 그림을 담당하는 도화서 제조다.

강희맹은 그림에서도 발군이었다. 특히 소나무와 대나무를 소재로 한 산수화를 잘 그렸다고 전해진다. 일본 오구라(小倉) 문화재단이 도쿄 국립박물관에 기증한 '독조도'가 현존하는 그의 유일 작품으로 알려져 있다. '고사관수도'로 유명한 강희안이 그의 친형이다. 형제간에 그림으로도 한 시대를 풍미했다. 이들 형제는 세조와는 이종사촌이기도 했다. 어머니가 세종의 왕비 소헌왕후의 여동생이기 때문이다.

강희맹은 예법과 외교문서를 다루는 예조의 관직에서 빛나는 성과물을 냈다. 예조정랑, 예조참의를 차례로 밟고 세조 때에 예조판서에 올랐다. 이조와 병조판서도 지냈지만 그를 두고 '예조가 본관이나 다름없다'라고 평가할 정도다.

실제 부모의 상을 당해 시묘살이 중인데도 최항이 『경국대전』 편찬 과정에서 예전의 편집을 위하여 강희맹의 기복(상을 당해 휴직 중인 관리에게 직무를 보게 한 제도)이 필요하다고 임금에게 건의했다. (『세조실록』 16권 세조 5년 5월 13일) 성종 때 신숙주, 정척 등이 완성한 『국조오례의』 서문을 작성한 것도 이런 배경에서다. 사서삼경의 한글 언해를 담당했고, 신라 시대부터 조선 초기까지 유명한 시문을 모은 『동문선』 간행에도 신숙주, 서거정 등과 나란히 이름을 올렸다.

하지만 정작 눈에 띄는 대목은 낙향 후 개인적인 취향을 유감없이 드러낸 『촌담해이』라는 책이다. '동네 노인들에게 전해들은 턱이 쩍 벌어질 만큼 놀라운 이야기'라는 의미다. 조선 전기 골계(웃음을 자아냄) 문학의 흐름을 엿볼 수 있는 귀중한 자료로 평가된다.

『촌담해이』의 내용은 음담패설이 대부분이다. 등장인물은 과부, 기생, 첩, 스님, 종 등 서민층이다. 그들의 질펀한 애정행각을 거부감 없이 다루고 있다. 조선 최고의 예법 전문가가 이런 '야~한' 책을 펴냈다는 것이 의 아스럽다. 안팎에서 문장의 대가로 칭송이 높았지만, 강희맹은 아랑곳하지 않았다. 강희맹의 붓끝에서 인간의 본성을 담은 육담들이 해학적으로 되살아났다. 책은 양반사회에 널리 유통됐다. 필사본이 난무했으나 현재까지 원본은 오리무중이다. 10여 편만 전한다.

『금양잡록』은 또 어떤가. 역시 은퇴 후 시골 금양(경기 시흥)땅에 파묻혀 살면서 그곳 노인들에게 농사에 대해 묻고, 이를 기록한 책이다. 자신의 농사 경험은 물론, 80종의 작물을 품종별로 설명하고 있다. 주변에서 채집한 농요도 함께 실었다. 호기심과 세밀한 관찰력이 아니면 묘사하기 힘들다. 따라서『금양잡록』은『농사직설』과 함께 조선 전기 양대 농서로 꼽힌다.

그러나 대문장가 강희맹은 서얼들에게 치명적인 불이익을 안긴 장본인으로 실록에 기록돼 있다. 전 지평 홍찬섭 등이 서자에게 벼슬길을 열어줄 것을 청하는 상소문에 '성종 때에 와서『경국대전』을 반포할 때에도 서자의 자손은 벼슬길에 나오지 못하도록 하였으나, 증손자에게는 벼슬길을 막지 않았습니다. 그 후에『경국대전』에 대한 주해를 달 때, 강희맹이 자자손손이라는 말을 첨가해, 이때부터 영원히 벼슬길이 막히게 되었던 것입니다'라는 기록이 있다. (『고종실록』11권 고종 11년 2월 15일)

고종 14년에는 김기룡이 상소문을 올린다. '성종 대왕 16년인 을사년(1485년)에『경국대전』을 반포하면서 강희맹이 자자손손이라는 말을 주석에 첨가한 것이 그대로 영원히 금고의 폐단으로 되었습니다'라고 했다. (『고종실록』14권 고종 14년 4월 6일)

앞서『영조실록』에서도 서얼 진사 정진교 등 260명이 합동 상소문을 올렸다. 이들은 '태종조 때 서선이 비로소 전에 없던 의논을 주창하여 서얼의 자손을 현직에 서용하지 못하게 했고, 그 뒤 강희맹이『경국대전』을 찬차할 때 입사(관직에 나아감)·부거(과거를 보러감)하는 길까지 아울러 고색(가로막음)했던 것입니다'라며 억울함을 호소했다. (『영조실록』 2권 영조 즉위년 12월 17일)

서얼들의 '강희맹 성토' 결정판은 순조 26년(1823년)때다.

경기·호서지방 유생 김희용 등 9,996명이 연명하여 서얼허통을 상소했다. '서얼의 벼슬길을 막아야 한다는 논의를 제창한 자도 서선, 강희맹의 무리뿐이었다'며 그 부당함을 피 끓는 호소로 절절히 쏟아내고 있다. (『순조실록』 26권 순조 23년 7월 25일)

결국 고종은 1882년 6월 임오군란으로 흩어진 민심을 달래기 위해, '서북지방과 송도인, 서얼, 의원, 역관, 서리, 군오들을 현직에 통용하도록 하라'는 전교를 내려야 했다. (『고종실록』 19권 고종 19년 7월 22일)

조선 개국 491년 만에, 마침내 서얼에 대한 족쇄가 풀렸다.

한편 강희맹은 강희맹사안이란 제도에 자신의 이름을 남겼다.

양자 입양은 동성으로 하되 같은 항렬의 근친자로 하였고, 일단 입양되면 그 집의 아들이 된다. 그러나 양자로 입양됐다 하더라도 친가의 아들이 후손을 남기지 않고 죽으면 다시 돌려받는 관습이 있다. 이것을 '파계귀종'이라 한다. 이 논의의 출발점이 강희맹 자신이었다. 이전까지 없었던 제도다.

강희맹의 부친은 강석덕이다. 그는 희안과 희맹, 2남을 두었다. 그러나 석덕의 동생인 순덕이 아들이 없자, 석덕은 순덕에게 자신의 막내 아들 희맹을 양자로 보냈다. 하지만 석덕의 큰 아들 희안이 후사 없이 죽자, 이번에는 희맹이 자신의 둘째 아들 학손을 큰집 희안의 양자로 보냈다. 이를 두고 희안이 본가여서 희맹이 파계귀종해야 한다는 여론이 분분했다.

성종 7년(1476년)에 왕이 조정대신들에게 이 사안을 의논케 했다. 찬반이 팽팽했지만 성종은 강희맹이 다시 본가로 가서 후사를 잇게 했다. 파계귀종의 효시다. 이를 강희맹사안이라고 한다. 이런 가운데 강석덕, 강희안, 강희맹 부자와 형제 모두 졸기에 등재되는 드문 기록도 남겼다.

강희맹 선생 묘.[6]

6   출처 –[국가유산포털], [https://www.heritage.go.kr]

2부
경계인들

"이제부터 일호(一毫)라도 임금의 마음을
움직이지 아니할 것입니다."

양녕대군

7

이제

조선의 첫 적장자는 왜 '미쳐야' 했을까

양녕대군 이제(李褆·1394~1462)는 태종의 장남이자 조선의 첫 적장자다. 태종과 원경왕후 사이에서 태어난 4남 4녀 중에서 맏이다. 원래 8남 4녀였으나 4명의 대군은 일찍 죽었다. 이 중 3명은 양녕보다 먼저 태어났다.

태종은 후일 양녕대군을 왕세자에서 폐하면서 이렇게 말했다. '내가 젊은 시절에 아들 셋을 연이어 여의고 갑술년에 양녕을 낳았는데, 그도 죽을까 두려워서 본방댁에 두게 했고, 병자년에 효령을 낳았는데, 열흘이 채 못 되어 병을 얻었으므로, 홍영리의 집에 두게 했고, 정축년에 주상을 낳았다.' (『세종실록』 3권 세종 1년 2월 3일)

양녕대군은 실록에 태종 2년(1402년)에 처음 등장한다. 태종이 '맏아들의 이름을 제(褆)라고 지었다'는 단 한 문장이다. (『태종실록』 3권 태종 2년 3월 8일) 양녕대군의 나이 아홉 살 때다. 그전까지는 태종이 '큰놈이'라고 불렀다고 전해진다. 왕세자는 태종 4년(1404년) 11세에 책봉됐다.

양녕대군 이제 묘역 지덕사 부 묘소비.[7]

그 아버지에 그 아들이었을까. 한 '성깔'하는 태종은 태조 이성계의 다섯 번째 아들로 고려 말에 과거시험에 합격하는 등 다른 형제들에 비해 능력이 출중했다. 조선 개국때도 '창업'에 걸림돌이 되는 정적들을 앞장서서 제거하는 등 상당한 '지분'이 있었다. 그러나 차기 후계구도에서 밀리자, 그는 직접 움직이기 시작했다. 태종은 1, 2차 왕자의 난으로 경쟁자들을 물리치고 어좌에 올랐다. 이 과정에서 부왕 태조의 분노를 사, 왕으로서 인정받지 못했다.

양녕대군은 아버지 태종의 성격 이상이었다. 무엇을 상상하든 태종보다 심했으면 심했지, 덜하지는 않았다. 태종이 형제들 간의 골육상잔 끝에 왕

---

7   출처 −[국가유산포털], [https://www.heritage.go.kr]

위를 쟁취한 것을 가장 생생히 지켜보았을 터. 처절한 피바람 끝에 권력의 정점에 오른 아버지로부터, 10대 질풍노도의 시기 한복판에 있던 양녕대군은 무엇을 배웠을까.

그는 왕세자로서 갖춰야 할 기본적인 책 읽기도 거부하고, 밖으로 나돌기 시작했다. 그의 졸기에도 '활쏘기와 사냥으로 오락을 삼았다'라고 적혀 있다. (『세조실록』 29권 세조 8년 9월 7일)

여색을 탐하는데 거침이 없었고, 태종의 질책이 떨어지면 "아버지는 더 하지 않았느냐"며 대들었다. '세자가 내관 박지생을 보내 친히 지은 수서를 상서하다'라는 기사에 양녕대군은 "전하의 시녀는 다 궁중에 들이는데, 어찌 다 중하게 생각하여 이를 받아들입니까?"라며 직격탄을 날렸다. (『태종실록』 35권 태종 18년 5월 30일) 부왕의 기대에 조건반사적인 거부감이 그의 정신세계를 지배했을 가능성이 매우 높다.

외삼촌 집안을 아버지가 도륙하고, 민무구, 민무질 형제를 사지로 몰아넣을 때 양녕은 무기력하게 지켜볼 수밖에 없었다. 물론 민무구 등이 "세자 이외, 왕자 가운데 영기가 있는 자는 없어도 좋습니다"라고 말해 스스로 논란을 자초한 면도 없지 않았다. (『태종실록』 14권 태종 7년 7월 10일) 이해할 수 없는 것은, 세자가 앞장서서 남아있는 민무휼, 민무회 형제들을 법대로 처치하라고 주문했다는 점이다. (『태종실록』 31권 태종 16년 1월 10일)

선천적으로 물려받은 기질 측면도 있겠지만, 그것만으로 양녕대군의 파격과 기행이 온전히 설명되지 않는다. 그런 측면에서 다음과 같은 실록 기사가 주목된다. 세자의 나이 13세 때다.

'임금이 세자 이제에게 전위코자 하니 백관이 반대하다'라는 기사다. 백관들이 "아무 변고도 없었는데, 전위하시고자 하시니, 신 등은 그 이유를 알지 못하겠으므로 황공해하고 있습니다"라고 하자 '오늘 꼭 전하려는 것은 아니다. 내 다시 생각할 터이니, 경 등은 물러가는 것이 옳다'라며 한차례 선위 파동이 일단락되는 듯했다. (『태종실록』 12권 태종 6년 8월 18일) 그러나 불과 사흘 뒤 심각한 선위 행위가 재발했다. 실록은 '백관의 전위 불가 주장에 옥새를 잠시 대궐로 옮겼다가 다시 세자궁으로 보내다'라는 기사를 통해 옥새를 세자궁으로 보내는 등 선위를 위한 구체적인 행동까지 나섰다고 전한다. (『태종실록』 12권 태종 6년 8월 21일) 신하들의 잇단 철회 요구에 태종은 결국 8월 26일 선위 뜻을 접었다. 1차 선위 파동의 내막이다.

그러나 뜻밖의 소득도 있었다. 태조가 태종의 선위에 부정적 반응을 보이면서 서르의 진심을 확인하게 된 것. 이로써 왕자의 난으로 파탄 난 부자 관계도 회복됐고, 태종은 비로소 태조로부터 군왕으로 인정받았다.

태종의 기분이 좋아진 것일까? 태종 7년(1407년), 왕세자의 나이 14세 때 태종은 세자를 명나라 하정사로 보낼 사신단 대표로 지명했다. (『태종실록』 14권 태종 7년 9월 25일) 양녕대군은 황제 영락제를 만나는 등 외교적 성과도 냈다. 영락제는 세자에게 어제(御製) 시를 하사하는 등 세심하게 챙겼다. 이어 세자에게 어제 시를 읽게 한 후 "나는 네 아비와 같다"라고 말했다. 또 세자에게 "심심하지 않느냐"며 조천궁, 영곡사, 천희사 등을 구경하게 했다. (『태종실록』 15권 태종 8년 4월 2일) 후일 명나라 사신 황엄이 조선에 와 '태상왕(태조)에게 비단을 내린다'라는 황제의 칙서를 가져왔다. (『태종실록』 15권 태종 8년 4월 16일)

그로부터 3년 후 태종은 다시 선위 카드를 꺼냈다. 태종 9년(1409년) 8월

10일의 일이다. 태종은 "재상이 여러 번 (철회를) 청한다 하더라도 단연코 청종하지 않겠다"라며 굳은 결심을 내비쳤다.

이후 태종의 선위 의지에 맞서 신하들의 반대 목소리가 메아리쳤다. 하륜은 "반드시 선위를 하려 하신다면 미세한 사무는 세자를 명하여 처결하시고, 큰일은 마땅히 전하께서 스스로 청단하소서"라며 선위를 인정하는 듯한 뉘앙스를 풍겼다. 이숙번도 "사람의 나이 50이 되어야 혈기가 쇠하니, 50이 되기를 기다려도 늦지 않습니다"라며 선위를 하되 50세 이후에 하라고 말했다. (『태종실록』18권 태종 9년 8월 13일) 2차 선위 파동은 3일간의 비교적 짧은 기간에 마무리됐다. 이를 마지막으로 실록에 3차 선위 파동 기록은 보이지 않는다.

하지만 양녕대군의 입장에서는 어땠을까. 왕세자는 선위의 대상이다. 결코 선위 파동을 제3자의 관점에서 객관적으로 바라볼 수 없다. 당연히 안팎에서 지켜보는 눈이 많다. 물밑에 있던 양녕대군의 사람들도 커밍아웃하게 된다. 세자는 부왕이 자신의 처신을 시험해 본다고 생각하지 않았을까? 좌불안석에 불면의 밤이 지속됐을 것이다.

선위 파동은 세자의 입지를 극도로 약화시켰다. 세자를 비호하던 구종수, 구종지 형제와 이오방 등이 참형을 당했고, 장인 김한로와 재상 황희까지 내침을 당했다. (『태종실록』33권 태종 17년 3월 5일)

왕세자 자리를 박차고 나온 양녕에 대해 수많은 '카더라' 야사들이 쏟아졌다. '동생 충녕대군의 왕재를 간파하고 스스로 왕세자 자리에서 내려왔다' 혹은 '부왕의 침전으로 문안차 들어가던 중 충녕이 맏이였어야 할 것을 아쉬워하는 부모의 대화를 엿듣게 되었다'는 등이 골자다. 16세기 문인 김시양의 『자해필담』과 정조가 양녕대군의 사당에 내린 지덕사기에는 '(양녕대군은) 거짓으로 미친 척 하면서 10년을 하루 같이 술과 기생 속에서 보냈다'라는 문장이 있다. 정조의 문집 『홍재전서』에 수록된 글이다.

결국 여자 문제가 도화선이 됐다. 태종 17년(1416년) 2월 양녕이 어리(於里)라는 여자에 푹 빠지면서다. 양녕이 곽선의 첩이었던 어리와 간통을 한 사실이 태종의 귀에 들어갔다. 태종은 개과천선하겠다는 세자의 다짐을 받고 용서했다. 그러나 이듬해 세자는 다시 어리를 불러들여 딸까지 낳았다. 동생 성녕대군의 상중에 아이를 낳는 바람에 태종의 분노는 극에 달했다. 그러나 세자는 아랑곳하지 않고 '이제부터 스스로 새사람이 되어, 일호(一毫)라도 임금의 마음을 움직이지 아니할 것입니다'라는 폭탄 상서를 올렸다. (『태종실록』 35권 태종 18년 5월 30일)

태종은 탄항하는 세자를 더 이상 두고 볼 수 없었다. 그는 양녕의 자폭성 상서문을 읽고 난 뒤, 불과 수일 만에 세자를 폐했다. (『태종실록』 35권 태종 18년 6월 3일) 셋째 충녕에게 보위를 물려준 뒤 상왕으로 물러난 태종은 '양녕에게 매 2연(連)과 말 3필을 주고 매사냥이나 하며 원하는 대로 살게 해주겠다'라고 말했다. (『세종실록』 3권 세종 1년 2월 3일) 조선 첫 적장자의 폐위는 조선시대 내내 후폭풍을 낳았다. 당장 태종의 장손 문종이 단명하자, 수양대군이 조카 단종을 몰아내고 왕위를 차지하는 참극이 빚어졌다.

500년 왕조에서 적장자 승계는 총 27명의 왕 중에서 단 7명뿐이다. 문종, 단종, 연산군, 인종, 현종, 숙종, 순종이 그들이다. 게다가 명종이 후사 없이 승하한 후에는 후궁의 몸에서 난 왕자, 서자들이 왕위를 이었다. 선조가 방계 혈통 왕실의 선두주자였다.

경기도 광주로 유배된 양녕은 세종 18년에 과천으로 거처를 옮긴 뒤, 곧바로 해배(解配)됐다. 이후 조선 8도를 떠돌며 기행과 풍류를 즐겼다. 태종 사후, 세종은 큰형님 양녕을 자주 술자리에 초대했다. 세종은 양녕을 한양에서 살 수 있도록 허락해 주는 등 종실의 어른으로서 대접했다. 또 사저에서 양녕을 불러서 서로 회포를 풀었다고 한다. 양녕은 이후 계유정난에 깊이 개입해, 조카 세조의 즉위를 도왔고 단종과 안평대군의 사사를 적극 주청했다. 그 덕분인지 세조는 양녕대군이 지방에서 기행을 일삼고, 심지어 역모를 도모한다는 제보를 받고도 감싸주었다. 그런데 정작 양녕대군의 기행 끝판왕은 따로 있었다.

실록에 세종이 '서산윤 혜에게 술을 마시게 한 자는 제서유위로 논죄하고, 술 마시는 것을 보고 아뢰지 아니한 자는 응주불주로 논죄하겠다'는 기사가 있다. 혜는 양녕의 아들인데, 사랑하는 첩을 아비에게 빼앗기고 심화병을 얻어, 술김에 자주 사람을 죽인 까닭에, 이 명령을 내린 것이다. (『세종실록』 127권 세종 32년 2월 11일) 아들의 여자까지 건드렸다니. 이건 기행이 아니라, 만행이다.

한편 양녕대군은 시와 서에 능해 숭례문과 경회루의 현판을 썼다고 전해진다. 족기에 따르면 자녀는 정실에서 3남 4녀를 두고, 측실에서 6남 10녀(7남 11녀라는 설도 있음)를 두었다. 그는 세상사 부질없음을 깨달은 듯 '나라의 예장을 받지 말며 묘비도 세우지 말 것이며 상석도 놓지 말고 산소 치장을 극히 검소하게 하라'는 유언을 남겼다고 전한다. 양녕은 세조 8년(1462년) 69세를 일기로 사망했다.

　　　　　권력은 사라지고 기록은 남는다

양녕대군이 썼다고 전해지는 숭례문 현판 글씨.

8

이보

권력만 빼고 모든 것을 다 가진 남자

"형님은 지옥이 두렵지도 않습니까" 하니, 이제가 말하기를 "살아서는 국왕의 형이 되고 죽어서는 보살의 형이 될 것이니, 내 어찌 지옥에 떨어질 이치가 있겠는가." (『성종실록』 191권 성종 17년 5월 11일)

효령대군 이보(李補·1396~1486년)의 졸기에 나오는 내용이다.

효령대군은 태종과 원경왕후가 낳은 대군 4명 중에서 둘째다. 위로는 양녕이 있고, 아래로는 충녕과 성녕대군이 있었다. 양녕이 폐세자 되자, 충녕이 왕위에 올랐다. 성녕은 13세에 요절해서 존재감이 없다.

형 양녕은 아버지 태종과 대립각을 세우면서 자기만의 방식으로 인생을 즐겼다. 한 살 아래 동생 충녕은 우리 역사 최고의 성군으로 이름을 남겼다. 그렇다면 효령대군 이보는 어떤 삶을 살았을까.

태종은 양녕을 폐하고 처음에는 양녕의 큰아들을 왕세자로 삼으려고 했다. 태종은 적장자를 세우는 것은 고금의 법식이라며 제(禔)의 아들로서 대신 시키고자 한다고 말했다. 신하들도 가(可)하다고 하였으나, 오직 유정현만이 '어진 사람을 고르는 것이 마땅하다'라며 재고를 요청했다. 이에 충녕대군이 최종 낙점됐다. 태종은 그러면서 '효령대군은 자질이 미약하고, 또 성질이 심히 곧아서 개좌(자세하게 살핌)하는 것이 없다. 내 말을 들으면 그저 빙긋이 웃기만 할 뿐이므로, 나와 중궁은 효령이 항상 웃는 것만을 보았다. (중략) 중국 사신을 접대할 적이면 충녕은 술을 잘 마시지 못하나 적당히 마시고 그친다. (중략) 효령대군은 한 모금도 마시지 못하니, 이것도 또한 불가하다'라고 덧붙였다. (『태종실록』35권 태종 18년 6월 3일)

술도 마시지 못하고, 빙긋이 잘 웃던 효령대군은 조선의 모든 왕자들 중에 가장 오래 살아남았다. 조선 왕들의 평균 수명(46세)보다는 거의 두 배를 더 살았다.

태조 5년에 태어난 효령대군은 정종과 태종의 즉위를 보았다. 동생 세종에 이어 문종, 단종, 그리고 조카 수양대군이 세조로 등극하는 것도 목격했다. 이어 예종과 성종 대까지 천수를 누렸다. 9명의 왕들과 함께 91세를 살았다. 권력만 빼고 모든 것을 다 가진 남자였다. 불교에 귀의해, 욕심을 버리고 생애 마지막까지 자기 분수를 지키면서 살았다. 『연려실기술』에는 다음과 같은 일화가 있다.

처음어 양녕이 미친 체하고 방랑하니 효령대군이 장차 그가 폐위될 것이라 짐작하고, 깊이 들어 앉아 삼가고 꿇어앉아 글을 읽었다. 양녕이 폐위되면 다음 차례로 세자가 될 것이라고 생각했기 때문이다. 양녕이 지나다가 들어와서 발로 차면서 "어리석다. 너는 충녕에게 성덕이 있는 것을 알지 못하느냐" 하니, 효령이 크게 깨닫고 곧 뒷문으로 나가 절간으로 뛰어가서는 두 손으로 북 하나를 종일 두드려 북 가죽이 부풀어 늘어났다. 지금까지 세속에서는 부드럽고 늘어진 것을 보고 "효령대군 북 가죽이다" 하는 말이 전한다.

졸기에서 사관은 '이보는 불교를 혹신하여 머리 깎은 사람들의 집합 장소가 되었으며, 무릇 중외의 사찰은 반드시 수창하여 이를 영건하였다. 세조가 불교를 숭신하여 중들로 하여금 거리낌 없이 제멋대로 다닐 수 있도록 하였으니, 이보의 권유가 아닌 것이 없었다'라고 꼬집고 있다.

숭유억불을 지향하는 조선 사회에서, 그것도 왕실의 어른이 불교를 숭상하는 것이 신하들의 눈에 곱게 보일 리가 없었을 터다. 실록에는 효령대군 관련 기록이 대부분 불사와 연결돼 있다. 급기야 '효령이 가사를 걸치고 불문에 몸을 의탁하고 말았다'는(『선조실록』 160권 선조 36년 3월 9일) '가짜 뉴스'까지 등장한다.

불교에 심취한 효령대군 관련 실록 기사는 다음과 같다.

효령대군 이보가 성대하게 수륙재를 7일 동안 한강에서 개설하였다.(중략) 서울 안의 선비와 부녀들이 구름같이 모여들었다. (중략) 중의 풍속에는 남녀가 뒤섞여서 구별이 없었다. 전 판관 길사순이 글을 올려 "중지하라"고 간하였으나 듣지 아니하였다. (『세종실록』 55권 세종 14년 2월 14일)

효령대군의 회암사 불사를 금하게 해달라는 사헌부의 상소를 받아들이지 않았다. 사헌부의 요청은 사흘 연속 이어졌다. (『세종실록』 67권 세종 17년

　　　　　권력은 사라지고 기록은 남는다

3월 7~9일)

효령대군이 종을 주조해 용문산 상원사에 봉안하려는 것을 못하도록 사헌부에서 요청하다. (『단종실록』 4권 단종 즉위년 10월 13일) 사헌부는 "청컨대 장차 주조한 바의 종은 관가에서 몰수하고 무식한 무리들이 불교를 숭상하여 점염되는 것을 막으소서"라고 상소했다. 상원사는 효령대군의 원찰(망자의 명복을 빌기 위해 건립한 사찰)로도 잘 알려져 있다.

세조의 행차를 상원사로 이끌어, 관음보살이 현상하자 대대적인 사면조치를 취하게 한다. (『세조실록』 29권 세조 8년 11월 5일)

'다시 흥복사를 세워서 원각사로 삼을 것 등을 명하다'라는 기사에선 이적현상도 묘사했다. (『세조실록』 33권 세조 10년 5월 2일)

"근일에 효령대군이 회암사에서 원각 법회를 베푸니, 여래가 나타나고 감로가 내렸다. 황색 가사를 입은 스님 3인이 탑을 둘러싸고 정근하는데 그 빛이 번개와 같고, 대낮 같이 환해 채색 안개가 공중에 가득 찼다. 사리 분신이 수백 개였는데, 곧 그 사리를 함원전에 공양하였고, 또 분신이 수십 매였다. 이와 같이 기이한 상서는 실로 만나기가 어려운 일이므로, 다시 흥복사를 세워서 원각사로 삼고자 한다."

'효령대군 이보에게 노비를 하사하고 족친 등에게 자급을 대가하게 하다'에서는 원각사 조성 제조와 간경도감(불경언해) 제조에 대한 자급을 언급하

고 있다. (『세조실록』 42권 세조 13년 4월 10일)

효령대군은 불교계의 든든한 후원자로 영향력을 발휘했다. 일생에 걸쳐 사찰 창건과 중창, 불경언해 사업 등을 앞장서 펼쳤다. 졸기에서도 '이보가 부처를 좋아해 중들을 모아 불경을 강했는데, 세조가 크게 뒤를 봐줬다'라고 평했다.

그에 비례해서 유학자들에게는 많은 비판을 받았다. 그러나 효령대군의 향헌(鄕憲)이 향약(鄕約)의 효시라는 이야기도 있다. 실록에서도 '태조께서 함흥에 머물렀을 때 「향헌목 41조」를 직접 지으셨고 뒤이어 효령대군이 명을 받들어 「풍패향록안」과 「향헌 56조」를 지었으며, 또 향헌비를 세우고 직접 쓴 것이 오늘까지 전하고 있다'고 기록했다. (『고종실록』 40권 고종 37년 5월 25일)

아흔 평생을 살면서 추문도 있었다. 그는 손자 며느리 어우동의 간통 사건을 지켜봐야했다. 어우동은 효령의 다섯째 아들 영천군의 서자 이동에게 시집갔다. 그러나 버림받은 후 왕족부터 중인까지 지위고하를 막론하고 수십 명과 성관계를 맺었다. 조선 최대의 섹스 스캔들이었다. 또 사실 여부를 떠나 '(효령대군이) 밖으로 청렴한 것 같으면서도 속으로는 탐욕해서 가짜문서를 만들어 남의 노비를 빼앗은 것이 매우 많았다'고 졸기는 전한다. 이어 '이보가 죽은 지 얼마 지나지 않아 아들들이 재산을 다투어 화목하지 못했다'고 비틀었다. 재산 다툼과 관련해서 아래의 기사는 매우 이례적이다.

'효령대군의 종 동백이 신문고를 울려 사정을 호소하니 의금부에 내려 국문케 하다'라는 기사다.

        권력은 사라지고 기록은 남는다

계집종 등백이 하소연하기를 "상전(上典)의 시양부(侍養父)인 이미 사망한 의랑(議郞) 방여권(方與權)의 아내 권씨가 금년 3월에 유후사 사택에서 죽었는데, 그 겨레붙이인 전 사윤(司尹) 이맹유(李孟畦)와 전 부사정 남지(南智)가 그 재산을 차지하고자 하여 그 집의 노비(奴婢) 문서와 토지 문서를 감추어 놓고, 또 여권(與權)의 첩의 자식 가생(可生)을 꾀어서 상전(上典)이 여권(與權)의 시양자(侍養子)가 아니라고 사헌부에 무고(誣告)하였는데, 상전도 그보다 먼저 고소장을 내어 시비의 판단을 청하였으나, 사헌부에서 들어주지 아니하고 가생(可生)의 무고를 수리(受理)한 것이 이미 공정한 일이 아니오며, 맹유(孟畦)가 권씨의 초상 때 며칠 동안에 빈소(殯所)를 모시던 계집종 진주(眞珠)를 간통하여 첩을 삼아서 상복도 벗기고 고기도 먹이었는데, 사헌부는 그 죄를 면제해 주기 위하여, 거짓말로 진주(眞珠)의 상복을 벗긴 자는 계집종의 아들 석로(石老)였다고 하여 가지고 허위 날조로 문초를 하니, 석로(石老)가 그대로 복종하지 아니하므로 심하게 고문을 자행하며, 맹유(孟畦)의 종제인 겸집의(兼執義) 숙당(叔當)까지 자기가 맹유(孟畦)의 종제 되는 혐의도 생각지 않고 공공연히 참석하여 국문한 것도 심히 공정하지 못한 일이오니, 소관 관아로 하여금 그 사유를 국문하게 하시기를 빕니다"라고 하였다. 이에 세종은 의금부에 내려 국문하게 하였다. (『세종실록』36권 세종 9년 6월 23일)

실록은 열흘 후 '의금부에서 최호생·장수·이숙당·이맹유·남지의 죄를 논하여 아뢰다'라는 후속기사를 실었다.

"지평 최호생(崔虎生)·장수(張脩) 등이 행수 겸 집의(行首兼執義) 이숙당(李叔當)의 종형 이맹유(李孟畦)와 관련된 사송(辭訟)을 청수(聽受)하고 종[奴] 석로(石老)를 고문(拷問)하기까지 했으니, 죄는 태형 40대에 해당되며, 또 교지를 어기고 긴요하지 않은 잡송(雜訟)을 들어 다스렸으니, 죄는 형률에 의거하여 마땅히 곤장 60대에 해당되니, 중한 죄에 따라 논죄(論罪)하여야 될 것입니다. 남지(南智)와 맹유(孟畦)는 방여권(方與權)의 첩(妾)의 자식인 가생을 교사(敎唆)하여 문서를 훔쳐서 효령대군이 아버지를 시양(侍養)하지 아니한 죄를 무고하였으니, 수범(首犯)된 남지는 곤장 60대에 도형(徒刑) 1년에 해당되며, 종범(從犯) 맹유(孟畦)는 곤장 1백 대에 해당되고, 또 맹유가 상복(喪服)을 입은 여자 종을 간통한 죄는 곤장 70대에 해당되니 중한 죄에 따라 논죄하소서"라고 하니, 명하여 숙당(叔當)·호생(虎生)·장수는 관직을 파면하고, 맹유에게는 형률에 의거하여 죄를 과하게 하고, 남지는 공신의 자손이므로 논죄하지 말도록 하였다. (『세종실록』37권 세종 9년 7월 3일)

요컨대 효령대군의 시양부 방여권은 이미 사망하였고, 방여권의 아내 권씨도 죽자, 남지와 이맹유가 방여권의 재산을 가로채기위해 방여권의 서자 방가생을 꾀어서 효령대군은 방여권의 시양자가 아니라고 무고하게 하였다. 하지만 효령대군의 종 동백이가 신문고를 울려, 방여권의 재산을 강탈하려는 남지 등의 탐욕은 물거품이 되었다. 방여권의 재산은 결국 효령대군의 손안에 들어가지 않았을까?

효령대군은 정실에서 6남 1녀, 측실에서 1남 1녀를 두었다. 그가 생존해 있을 때 이미 손자 33명, 손녀 24명, 증손자 109명이 있었다고 한다. 전주

     권력은 사라지고 기록은 남는다

이씨(李氏) 내에서도 효령대군파 자손이 가장 많다. 양녕, 효령, 충녕 3형제의 최종 승자는 효령이라 할 만하다.

효령대군 영정.[8]

8   출처 −[한국학중앙연구원], [https://www.aks.ac.kr]

9

이극돈
무오사화 '수괴'를 위한 변명

'무오사화의 수악이냐, 가짜 정보의 희생자냐.'

사봉 이극돈(李克墩·1435~1503)에 대한 평가를 새롭게 해야 할지 모르겠다. 이극돈은 유자광과 함께 연산군을 부추겨, 무오사화를 일으킨 '수괴'라는 평가가 압도적이다. (『연산군일기』 48권 연산 9년 2월 27일) 지금까지 다른 가설이 끼어들 틈이 없었다.

무오사화 이후에는 간신과 '돈광'이라는 표현이 그의 성과 이름 앞에 수식어처럼 따라붙었다. 돈광은 이극돈과 유자광의 이름자 끝말을 묶어 부르는 말이다. 희대의 쌍두마차 간신배라는 의미다.

연산군 때 잇단 사화로 괴멸적 숙청을 당한 사림파는, 중종반정으로 드라마틱한 반전을 이룬다. 중종반정 이후 사림파는 훈구파들을 몰아내고 조정을 장악했다. 실록의 붓끝을 손에 쥔 사림파에 맞서 이미 죽은 이극돈을 옹호해줄 훈구파는 없었다. 이극돈의 항변이 실록 곳곳에 녹아있지만 아무도 보고, 들으려 하지 않았다. 오직 수악, 돈광으로 점철된 오명만 회자될

뿐이었다.

　그러나 이극돈이 역사속의 악인이 된 배경을 살펴보면 의구심이 들 수 있다. 발단은 김일손의 사초다. 김일손은 성종 때 사관으로 있으면서 스승 김종직이 쓴 『조의제문』을 사초에 포함시켰다. 여기에 충분(忠憤·충의에서 일어나는 분한 마음)이라는 자신의 의견을 덧붙여 『성종실록』을 편찬할 때 사초로 제출했다.

　『조의제문』은 초나라 장수 항우의 손에 죽은 초나라 회왕, 즉 의제를 조문하는 글이다. 『해동잡록』에 따르면 김종직은 자신의 꿈에서 영감을 받아 『조의제문』을 지었다. 회왕이 조선 사람인 자신의 꿈에 나타난 것이 신기해, 회왕을 위로했다고 전한다.

　하지만 『조의제문』은 유자광에 의해 왜곡, 재해석됐다. 회왕은 단종으로, 항우는 세조에 비유됐다. 유자광은 『조의제문』을 세조의 왕위찬탈로 희생된 단종에 대한 조문을 빗댄 것으로 간주해 연산군에게 보고했다.

　김종직의 본뜻과는 무관하게 『조의제문』은 유자광의 노림수, 사림파들을 축출하려는 의도대로 흘러갔다. 김종직의 제자 표연말은 '조의제문을 보았지만 글의 뜻을 해득하지 못했다'라고 말했다. (『연산군일기』 30권 연산 4년 7월 18일) 김종직의 처남이자 제자인 조위도 '조의제문이 국조의 일에 범촉되는 줄을 알지 못했습니다. 만약 부도한 문자인 줄을 알았다면 어찌 감히 그 글을 써서 성종께 올렸겠습니까'라고 말했다. (『연산군일기』 31권 연산 4년 9월 6일)

　성종 재위 때는 아무런 문제가 되지 않았던 『조의제문』이 유자광의 억지 해석으로 만신창이가 됐고, 무오사화의 불쏘시개로 도마에 올랐다. 이 밖

에도 김일손이 제출한 사초에는 세조 때의 고승 학조가 세종의 8남 영응대
군의 부인 송씨와 통정한 사실, 세조가 요절한 아들 의경세자(덕종)의 후궁
에게 흑심을 품었다고 오해할 만한 내용도 포함돼 있었다.

『성종실록』 편찬 책임자 이극돈은 사초 더미에서 김일손이 제출한 사초
를 보고 깜짝 놀랐다. 우선 이극돈 자신에 대한 비리 기록이 많았기 때문
이다. 김일손은 사실 여부와 상관없이 '이극돈이 세조 조에 불경을 잘 외
운 것으로 벼슬을 얻어 전라도 관찰사가 된 것과, 정희왕후의 상을 당한 시
점에 이극돈이 장흥의 기생을 가까이한 일'을 사초에 담았다. 김일손은 '듣
건대 (이)극돈이 이 조항을 삭제하려다가 오히려 감히 못했다'라고 적었다.
(『연산군일기』 30권 연산 4년 7월 12일)

그러나 이극돈은 "(김)일손이 쓴 것이 옳다면 신이 마땅히 (죄를)달게 받
겠지만 망령되다면 뭇사람이 다 아는 바이오니 신이 무엇을 근심하오리까.
또 입초한 낭청이 있고 또 초초를 쓴 낭청이 있고, 중초를 쓴 낭청이 있고,
정초를 쓴 낭청이 있고, 공의한 여러 낭청이 있사온데 여러 사람의 눈을 어
찌 가릴 수 있으리까"라며 억울함을 호소했다.

이극돈은 '신은 매양 낭청에게 말하기를 "본청의 당상이니 당청에 대한
잘못을 쓴 것이라면 비록 문자가 졸렬할지라도 한 자라도 고쳐서는 안 된
다"고 주문했다'고 말했다. (『연산군일기』 30권 연산 4년 7월 19일)

실록 기사는 이런 점을 염두에 두고 읽어야 한다. 역사적 '승자' 김일손의
일방적인 주장만을 받아들이면 실체적 진실은 미궁에 빠진다. 실록 편찬
당상관으로서 이극돈의 『조의제문』 해법은 무엇이었을까. 그는 김일손의
사초를 채택하지 않고 봉하려 했다. 그러나 김일손의 사초는 그의 손을 벗

 권력은 사라지고 기록은 남는다

어나, 유자광에 의해 정국 최대 쟁점으로 떠올랐다.

문득 김일손이 이극돈에게 악감정을 품었던 이유가 궁금해진다. 이극돈은 '김일손이 자신을 미워하는 이유' 3가지를 꼽았다.

첫째, 예조에서 시험 감독관을 할 때, 다른 시관들은 김일손을 1등으로 올렸지만, 자신은 2등을 주장해 김일손의 최종 성적은 2등이었던 것. 둘째, 김일손을 '경망스럽다'며 이조전랑 추천에 반대한 것. 셋째, 김일손의 사초를 봉한 것을 떠올렸다.

그러면서 이극돈은 "신은 (김)일손과 나이 차이(29세)가 많을 뿐더러 사는 곳도 한양과 시골이 각각 다른 까닭에 잠깐이라도 서로 구하는 일이 없었으니, 신이 일손에게 무슨 혐의가 있사오리까. 신이 하는 바는 다 공사로 인한 것입니다"라고 항변했다. (『연산군일기』 30권 연산 4년 7월 19일)

김일손의 사초는 봉해지지 않았다. 온갖 음해·허위 정보가 조정 안팎에서 확대 재생산되자 이극돈은 유자광에게 조언을 구했다. 사림파들에게 무시 당해온 유자광은 반격의 칼춤을 추게 된다. 유자광은 "어찌 머뭇거릴 일입니까"라며 훈구 대신들을 거느리고 연산군에게 직보했다. 연산군은 김일손의 사초를 가져오라는 명을 내렸다. 이극돈은 "임금은 사초를 볼 수 없다"라며 김일손의 사초에서 종묘사직에 관련되는 여섯 조목만을 절취해서 올렸다. (『연산군일기』 30권 연산 4년 7월 11일)

이윽고 무오사화의 피바람이 불었다. 김일손은 능지처사되고, 김종직은 부관참시형으로 두 번 죽임을 당했다.

이후 이극돈과 유자광은 어떻게 되었을까. 실록은 '사초 사건을 담당한 당상, 낭청 등에게 후한 포상을 하다'라는 기사에서 유자광에게는 반당 8

명, 남종과 여종을 아울러 10명, 구사 5명, 전 80결, 표리 1단, 내구마 1필, 죄인 가옥 1채와 그의 부모와 처자에게도 작을 내렸다고 전한다. 그러나 이 극돈은 김일손의 사초 내용을 알고도, 즉시 알리지 않았다는 이유로 오히려 파직 당했다. (『연산군일기』30권 연산 4년 7월 27일)

만일 이극돈이 유자광과 모략을 꾸며 무오사화를 일으켰다면 있을 수 없는 논공행상이다. 이극돈은 후일 복권되어 광원군에 봉해졌고, 연산 7년(1501년)에 병조판서를 지냈고 이듬해 사망했다.

『조의제문』 원작자 김종직은 유자광을 비천한 인물로 여겼다. 남이장군 옥사를 일으켜, 벼락출세한 하찮은 인간으로 폄하했다. 실록은 '유자광이 일찍이 함양 고을에 노닐면서 시를 지어 군재에게 부탁해 판자에 새겨 벽에 걸게 했는데, 그 후 김종직이 함양 고을 원님이 되어 와서 말하기를, "유자광이 무엇이기에 감히 현판을 한단 말이냐"하고, 철거하여 불사르게 하였다. 유자광은 성나고 미워서 이를 갈았다'라고 기록했다. (『연산군일기』30권 연산 4년 7월 29일)『조의제문』에 대한 견강부회(牽强附會)는 김종직으로 대표되는 사림파를 겨냥한 유자광의 복수극이었다. 이극돈에 대한 실록의 평가는 중종반정 전과 후로 나뉜다.

'이극돈의 사람됨은 상세하고 분명하며 정밀함이 그 형제보다 월등하여 (중략) 난처한 일을 만나면 반드시 이극돈에게 물었다. (중략) 이극돈이 숭정대부로 품계를 뛰어넘어 제배하여도 (중략) 모든 사람의 기대에 만족돼, 헐뜯는 말이 없었다.' (『성종실록』261권 성종 23년 1월 22일)

　　　　권력은 사라지고 기록은 남는다

‘(이)극돈이 실록을 쓸 때, 김일손이 쓴 것을 보고는 바로 유자광에게 알려주었다. (유)자광이 그 일을 가지고 죄목을 구성하여 폐주에게 올리자, 폐주는 즉시 김일손을 가두고 어진 사대부를 대죄에 얽어 넣어 많이 주살하였으니, 이는 실로 (이)극돈이 일으킨 일이다.’ (『중종실록』 32권 중종 13년 4월 28일)

졸기에는 ‘사물을 처리하는 재간이 있었고 관리의 행정을 환하게 습득했으며, 옛일을 익숙하게 알고 모든 일을 자세히 생각하여, 이르는 곳마다 업적이 있어서 한때의 추앙한 바가 되었지만, 도량이 협소하고 성격이 너무 까다로워 털끝만한 일도 파고들었다’라고 인물 됨됨이를 적었다. (『연산군일기』 48권 연산 9년 2월 27일)

이극돈의 광주 이씨(廣州李氏) 가문은 조선 전기 때 ‘팔극조정’이라 불렸을 정도로 위세가 대단했다. 형제와 사촌을 포함해 극(克)자 항렬 8명이 재상부터 판서까지 포진하고 있었다고 해서 생긴 표현이다.

심의겸과 김효원
조선 정치 지형을 바꾼 '그들의' 말 한마디

'조선은 당파 싸움으로 망했다.'

일제 식민지 시대 어용학자들이 내세운 논리 중의 하나였다. 노론·소론·남인·북인 사색당파로 나뉜 조선의 지배층이 민생은 외면하고, 권력다툼에만 골몰해, 나라를 망쳤다는 조롱과 비아냥이 담겨있다. 사색당파는 정치적 다양성 측면에서 일부 긍정적 요소도 있었지만, 과도한 당파 싸움으로 인한 부정적 요소가 훨씬 컸던 게 사실이다.

인조반정 이후 조선 후기 280년은 사실상 노론 일당 정치가 펼쳐졌다. 나머지 당파는 정권에서 소외된 채. 울분만을 토해내고 있었다. 오죽하면 영남 남인들은 노론의 영수 송시열을 저주하면서 기르던 개 이름에다 '시열이'라고 붙였을까.

그렇다면 사색당파의 첫 신호탄은 누가, 어떤 이유로 쏘아 올렸을까. 장본인은 심의겸(沈義謙·1535~1587)과 김효원(金孝元·1542~1590)이다.

심의겸은 명종의 비, 인순왕후의 남동생이다. 그의 조부는 명종 때 영의정을 지낸 심연원이고, 작은 할아버지 심통원도 좌의정을 역임했다. 외척 집안에 권신 가문 출신이지만 심의겸은 티를 내지 않고 겸손했다고 전한다.

졸기에서도 '심의겸은 자신이 귀척의 자리에 있었으나 천성이 본디 엄하고 근신하여, 밖으로는 조사(朝士) 가운데 선류(善類)를 부호하고 안으로는 궁금(宮禁)의 사적인 길을 막았으니, 일시의 사부(士夫)가 이로써 중하게 여겼다'라고 했다. (『선조실록』21권 선조 20년 9월 7일)

훈구파 가문의 도련님으로 입신했지만 신진 사림파들과 뜻을 같이해 젊었을 때 자못 명망이 있었다는 의미다. 그는 퇴계 이황의 문하에서 공부해 28세에 문과에 급제했다. 주목할 것은 명종 18년(1563년) 외삼촌 이양이 사화를 일으켜 사림을 숙청하려고 하자 심의겸이 이양을 탄핵해, 사림파를 보호했다는 점이다. '(중략) 만일 심의겸, 기대항이 미리 주선하여 이양과 그의 수족들을 내치지 않았다면, 을사년 같은 화가 다시 생겼을 것이니, 한심한 일이라 하겠다.' (『명종실록』17권 명종 9년 7월 30일)

1567년 33세 때 이조 참의를 첫 제수 받았다. 사관은 심의겸의 깜짝 승진에 대해 '국구(임금의 장인) 심강의 아들로 부귀한 가정에서 생장하였으나 조금도 교만하고 사치스러운 습성이 없었으며 은혜를 끊으면서까지 간신을 제거하였으니 자못 선을 좋아하는 마음이 있었다. 천성이 관후하여 가찰을 일삼지 않았으니, 이 점이 취할 만하다. 그러나 독실하고 조집하는 공력이 없으니 견정한 선비라 이를 수 없다. 그런데 출신한 지 5년 만에 문득 옥관자 차림으로 이조 참의에 이르렀으니 적합한 자리가 아니다'라며 뜻밖에 부적절한 인사라고 평했다. (『명종실록』34권 명종 22년 1월 5일)

심의겸은 선조 2년(1569년) 두 번째 이조 참의로 임명되는데, 사색당파의 기원이 사실상 여기에서 비롯됐다. 작은 성냥불 하나가 온 산을 태우는 발화점이 되듯이, 심의겸의 사려 깊지 못한 말 한마디, "(김효원이) 권신에 빌붙었다"가 김효원의 귀에 들어갔다. 율곡 이이의 『경연(석담)일기』에서도 심의겸이 김효원을 보고 "어찌 문학하는 선비가 권문의 무식한 자제와 같이 거처하는고? 결코 개결한 선비는 아니로군"이라고 말했다고 적었다. 결국 오해가 오해를 낳아, 조선의 정치 지형도를 사색당파 늪에 빠트렸다.

『연려실기술』『강한집』 등에 따르면 심의겸은 장원급제해 촉망받던 신진 사림 김효원이 1572년 이조전랑에 추천되자, 그가 명종 대의 훈구 척신 윤원형의 집에 머물면서 공부한 것을 추하게 여겨 거부했다. 김효원은 그러나 조정기의 추천으로 이조전랑에 오르게 된다. 3년 뒤인 1575년에는 심의겸의 동생 심충겸이 이조전랑으로 추천되자, 이번에는 김효원이 그가 인순왕후의 동생임을 들어 "전랑은 척신의 사유물이 되어서는 안 된다"라며 반대했다. 심의겸은 "외척이 원흉의 문객에게 지겠느냐"라며 맞받았다. 이 충돌을 계기로 김효원을 지지하는 신진 사림파와 심의겸을 지지하는 기성 사림파가 동인과 서인으로 갈렸다. 김효원의 집은 한양의 동쪽인 건천동에 있었고, 심의겸의 집은 서쪽인 정릉동에 있었기 때문이다.

조정에서도 이들의 충돌을 주의 깊게 살폈다. 동서 양당으로 갈라져 당쟁의 조짐이 일자, 율곡 이이가 나서 이들을 지방관으로 내보냈다. 이른바 '을해당론'이다. 실록에서는 '김효원과 심의겸의 틈이 갈라져 각각 부령 부사, 개성 유수로 삼다'라는 기사로 남아 있다. 이이는 다음날 김효원이 병이 있다는 이유로 북방의 부령 부사에서 삼척 부사로 옮겨줄 것을 선조에게 청하는 세심함을 보였다. 『선조실록』 9권 선조 8년 10월 25일, 『선조수정실

1572년 이준경이 "조정에 붕당의 징조가 있으니 그 사(私)를 깨뜨려야 한다"고 주장한 지 3년 만에 사림의 분열이 현실화됐다. '이들이 모두 외직으로 나가 있었으나 심의겸 쪽이 김효원 쪽보다 나아서, 김효원 쪽의 당하(堂下) 문신들 가운데 유명한 사람이 많이 배격되었다'라는 기사처럼 이듬해에도 동·서인의 갈등은 눈덩이처럼 커졌다. (『선조실록』10권 선조 9년 3월 3일)

선조는 결국 심의겸을 향해 동·서 분당 책임의 화살을 돌린다. 선조는 심의겸을 파직하면서 '시비가 전도되고 국세가 흔들린 지가 거의 10여 년 이상 오래되었으므로 조정이 안정되지 못하고 사론이 갈라져 점차 구제할 수 없는 지경에 이르렀다. 그가 외직에 부임한 뒤에는 오히려 조심할 줄 모르고 감히 한양에 들어와 친한 자들을 찾아다니며 밤중에 만나 시사를 논하고 다시 교란시킬 계책을 세우는 등 하지 않은 일이 없다. 이런 사람인데 어찌 아직도 봉작을 지니고 녹위를 보존하여 뒷날의 재앙을 일으킬 터전으로 삼게 할 수가 있겠는가'라는 전교를 내렸다. (『선조실록』19권 선조 18년 9월 2일, 『선조수정실록』19권 선조 18년 8월 1일)

그렇다면 동인 세력의 서막을 올린 김효원은 어떤 인물이었을까.

김효원은 명종 대 장원급제자로 실록에 등장한다. (『명종실록』31권 명종 20년 3월 20일) 2년 후에는 호조와 병조좌랑을 맡으며 신진 사림으로 명성을 쌓기 시작했다. (『명종실록』34권 명종 22년 5월 28일, 6월 24일) 이즈음 심의겸과 충돌이 시작된 것으로 보인다.

『경연(석담)일기』에 '심의겸의 방해로 김효원이 낭료가 된지 6~7년 만에야 (이조)전랑이 되었다. 김효원은 청류를 이끌어 진출시키기를 좋아하고, 일을 당하면 곧바로 행하여, 회피하거나 동요하지 않으니 후배 사류가 그를 추대하였다'라고 적었다.

실록은 '(김효원이) 조식과 이황 및 그 문하의 명사들을 두루 찾아 학문을 강론하고 사귐을 맺으니, 사람들이 칭찬했다. 오건이 전랑으로 한양에 올라올 때 조식이 (김)효원을 그에게 부탁했는데, 오건이 조정에 들어와서는 맨 먼저 청망을 열어 효원을 지평으로 삼았다. 대간이 효원을 탄핵하려 하자 대사헌 박응남이 만류하면서 이르기를 "그는 좋은 선비다. 지금 입대한 것도 오히려 늦은 감이 있다"라고 했다. 효원이 대랑으로 들어와서는 자못 풍성이 있었고 오래지 않아 이조 좌랑이 되었다'라며 김효원의 학맥을 짚었다. (『선조수정실록』 2권 선조 1년 1월 1일)

이조전랑 김효원의 일처리는 정직했다. '그간 소원했던 선비들이 대거 발탁되었는데, 영남 인재들이 더욱 많았다. 후배들이 흡족하게 여겨 칭찬했고, 명성과 위세가 성대해져 친하게 붙쫓는 자가 날로 많아졌다'라는 기록도 보인다. (『선조수정실록』 9권 선조 8년 7월 1일)

심의겸이 파직당할 무렵, 김효원은 지방직에서 선정을 베풀었다. 실록은 '황해도 암행어사 홍종록이 장계하기를, 안악 군수 김효원은 청렴 근실하고 처사가 강명하여 아전은 두려워하고 백성들은 사모하여 한 고을이 진심으로 추대하고 있습니다. 관청에 갖추어야 할 것은 모두 갖추어져 있고 일이 제대로 성취되었으니, 그 정치가 한 도에서 제일이 되기에 충분합니다'라는 기록을 남겼다. (『선조실록』 19권 선조 18년 4월 25일)

동인에게 비판적일 수밖에 없는 『선조수정실록』 김효원의 졸기에서도

'(김)효원은 벼슬살이에 있어서 청렴결백했고 일을 처리하는 데 있어서도 정결하고 민첩하게 했으며 세 고을을 역임했는데 치적이 우수했다. 젊었을 때 날렵하여 일을 좋아하였고 논의가 과격하였으므로 동류들이 두려워하여 모두 그의 밑에 있었는데 또한 이 때문에 여러 사람에게 원한을 사기도 하여 끝내 당파의 괴수라는 명목으로 죄를 얻어 외직에 보임되었다. 한직에 있으면서 잘못을 반성하여 낮은 벼슬을 하찮게 여기지 않았고 시사에 대해서 입을 다물고 말하지 않았으며, 친구에게 보내는 서찰 내용에도 조정의 득실에 대해서 조금도 언급하지 않았다'며 깔끔한 처신을 보였다고 평했다. (『선조수정실록』24권 선조 23년 4월 1일)

심의겸고- 김효원은 후일 서로에 대한 오해를 풀었다.

'좌의정 박순이 병을 이유로 사직하다'라는 기사에서 '(심)의겸도 (김)효원이 이조민과 본시 친구로서 서로 두터웠던 것으로 우연히 과거공부를 익히기 위해 그 방(윤원형의 집)에서 자게 되었던 것이고, 그의 뜻은 자신을 굽히지 않았다는 것을 들었기 때문에 매우 후회하였고, 도리어 그 말을 숨겨 효원의 등용을 배척하거나 저지하지 않았다.' (후략) (『선조수정실록』9권 선조 8년 7월 1일)

김효원의 졸기에서도 사관은 '그는 늘 탄식하면서 당초 전조(銓曹)의 석상에서 발언한 한마디 말은 단지 나라를 위해서였는데 어찌 이토록 분란이 생길 줄이야 생각했으랴. 나로서 책임을 회피할 수 없다. (중략) 야박스러운 습속이 떠들어대며 서로 선동한 것이지, 이 두 사람이 각자 당파를 만들어 불화를 일으킨 데서 이루어진 것은 아니다'라고 해명했다.

　10여 년 동안 이이는 심의겸과 김효원 양자를 중재시키려고 뛰어다녔지만 허사에 그쳤다.

　'어떤 이가 이이에게 말하기를 "천하에는 둘 다 옳고 그른 적이 없는 법인데, 공이 옳고 그름을 가리지 않고 둘 다 온전하게 하려고 힘쓰니 인심이 불만스럽게 여긴다"고 하자, 이이가 "(중략)김효원과 심의겸의 일은 국가에 관계되는 일이 아닌데도 불화하여 알력을 빚음으로써 조정이 평온하지 못하게까지 되었으니, 이는 둘 다 그른 것이다. 그러나 이들이 모두 그르지만 본시 사류들이니 당연히 화해하고 융합하는 것이 옳다. 그런데 반드시 저쪽은 그르고 이쪽은 옳다고 하면 자꾸만 생겨나는 말과 서로 알력을 빚는 정상이 어느 때에 그치겠는가" 하였다. 그러나 선배 사림은 이이가 김효원을 공격하지 않은 점을 탓하고, 후배 사림들은 이이가 김효원을 가벼이 밖으로 내보낸 점을 탓하여 조정의 의논이 더욱 틀어지게 되었다'고 전한다. (『선조수정실록』 10권 선조 9년 2월 1일)

　이이는 선조 12년(1579년) '동·서인의 화합에 대해 상소하다'라는 기사에서도 '을해년(을해당론)의 서인들은 이미 인심을 잃었고, 그 뒤에 동인들은 점점 청론을 주장하였으니, 서로의 다툼을 기다릴 것도 없이 승부는 결정난 것입니다. (중략) 그런데 요즘 (사)헌부가 올린 상소에서 비로소 감히 서인을 사당(邪黨)이라 현저하게 배척하고 (심)의겸을 소인이라 하여 의논이 극도로 과격하게 되었습니다. 김효원도 신이 아는 자이고, 심의겸도 신이 아는 자인데 둘의 사람됨을 논한다면 모두 쓸 만하고 그들의 실책을 논한

　　　　　　권력은 사라지고 기록은 남는다

다면 두 사람이 다 잘못했다고 할 수 있습니다. 만약 한 사람을 군자라 하고, 다른 한 사람을 소인이라 한다면 신은 그 말을 믿지 않겠습니다'라고 상소했다. (『선조수정실록』 13권 선조 12년 5월 1일)

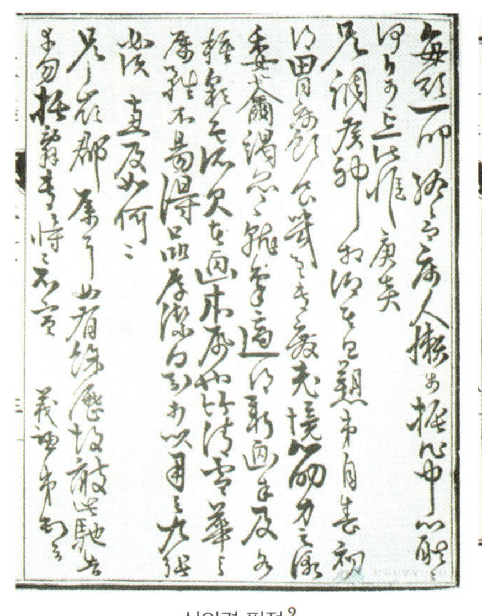

심의겸 필적.[9]

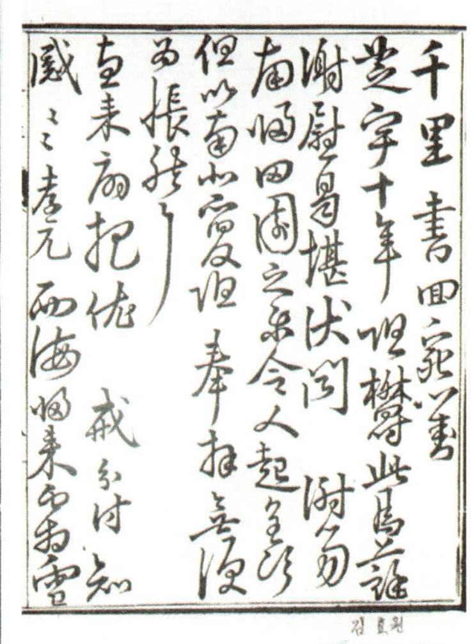

김효원 필적.[10]

9   출처 −[한국학중앙연구원], [https://www.aks.ac.kr]

10   출처 −[한국학중앙연구원], [https://www.aks.ac.kr]

정철

가사문학의 최고봉… 외교 참사로 지다

'희대의 아부꾼'은 어떻게 '한 뭉치의 독기'가 되었을까?

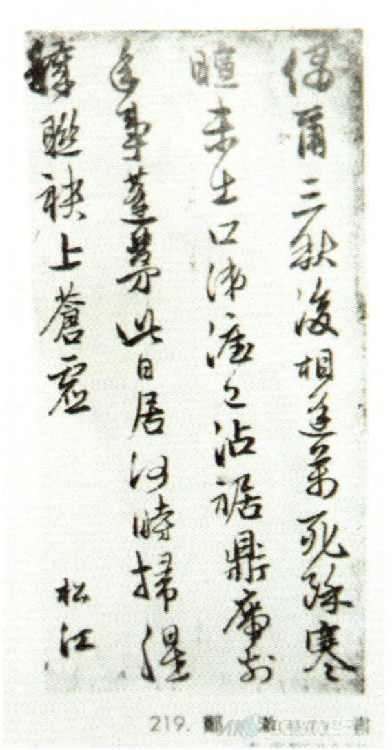

정철 필적.[11]

11   출처 –[한국학중앙연구원], [https://www.aks.ac.kr]

송강 정철(鄭澈·1536~1594)은 『사미인곡』, 『속미인곡』 등의 한글 작품을 써, 가사(歌辭)문학의 최고봉으로 불린다. 작품 내용은 임금을 향한 짝사랑이다. 정철은 외직으로, 혹은 탄핵으로 조정에서 쫓겨났을 때 주군에게 자신을 잊지 말아달라는 메시지를 가사문학으로 표현했다.

서인이었던 정철은 40대 후반에 동인으로부터 탄핵을 당해 선조 17년(1584년) 고향 전남 담양 창평으로 낙향했다. 이때 자신의 충절과 임금을 향한 사랑을 고백한 작품이 『사미인곡』이다. 『속미인곡』 역시 왕에 대한 신하의 충절을, 남편을 향한 부인의 애절한 사랑으로 표현했다.

문학 작품에서는 아름다운 말이 흘러넘치지만, 조정에서 정철은 정적들에게 정반대의 얼굴을 보였다. 그는 '악독한 정철'이라는 의미에서 독철로 불렸다. (『선조실록』 146권 선조 35년 2월 7일) 그의 『선조실록』 졸기에선 '죽을 때까지(그에 대한) 비방이 그치지 않았다'라고 했다. (『선조실록』 46권 선조 26년 12월 21일) 결국 그는 임진왜란이 한창인 1594년 유배지 강화도에서 최후를 맞이했다.

정철의 이름이 우리 문학사에서는 우뚝 솟았지만, 실록에서는 아름답지 못한 오명만을 남겼다.

그는 고향 창평에서 선조를 향한 러브레터를 수차례 띄웠지만 재야 생활을 4년여간 이어가야 했다. 절치부심하던 정철은 선조 22년(1589년) 정여립 역모 고변이 들어오자 '화려한 복귀'를 알렸다. 선조는 정철을 우의정으로 발탁, 수사 총책임자(위관)로 삼았다. (『선조수정실록』 23권 선조 22년 11월 1일)

정여립 모반사건은 기축년(1589년) 10월 2일 발생했다. 그래서 '기축옥사'로 불린다. 요컨대 정여립이 대동계를 조직해서 모반을 획책했다는 것. 위관 정철은 동인이 다수 포함된 혐의자들을 인정사정없이 물고 늘어졌다. 2년 동안 약 1,000여명이 목숨을 잃었다. 무엇보다 동인의 리더 이발과 최영경이 무고하게 죽었다. 이발은 멸문지화를 피하지 못했다. 동생 이길·이급은 물론, 82세 노모와 8세에 불과한 어린 아들까지 고문 도중 숨졌다.

김우옹은 '정철이 최영경을 죽였다는 것은 온 나라 사람이 아는 바입니다. 그는 생각을 짜내서 최영경을 해치려고 하는 일이면 못할 바가 없었습니다. 정철은 언젠가 술이 취했을 때 칼로 목을 베는 시늉을 하면서 "최영경은 내가 반드시 이렇게 죽이겠다"고 하였습니다'라고 선조에게 말했다. (『선조실록』 57권 선조 27년 11월 12일)

『선조실록』에서는 정여립 역모 조작설을 떠올리게 하는 기록도 있다.

'생원 양천회가 정여립의 옥사 등을 상소하다'라는 기사에서 '소(疏)는 정철 등이 자기들과 의견이 다른 사람들을 모조리 죽이기 위해 양천회를 사주하여 올린 것이다'라고 적었다. (『선조실록』 23권 선조 22년 10월 28일) 반면 수정실록에는 '생원 양천회가 역적과 교분이 있던 자의 처벌에 대해 상소하다'라는 기사 속에 위 문장은 빠져있다. (『선조수정실록』 23권 선조 22년 11월 1일)

실록의 편찬 주체에 따라 정철에 대한 평가를 다르게 했다는 것을 보여주는 대목이다.

'정여립 역모사건'인데 정작 정여립은 존재감이 없다. 정여립은 사건 초기에 수사망이 좁혀오자, 아들과 함께 자결했기 때문이다. 대신 불똥은 이발과 최영경에게 튀었다. 정여립에게 역모를 뒷받침할 만한 뚜렷한 증거가 나오지 않자, 정여립과 몇 차례 편지를 주고받은 이발과 최영경에게 화살

　　　　　권력은 사라지고 기록은 남는다

을 돌렸다. 실록에서도 '기축옥사는 정철과 이항복이 서로 짜고 일으킨 것임이 분명하다'라고 짚었다. 이어 '양천경이 공초하기를 정철이 신을 불러 말하기를 "네가 만일 최영경이 길삼봉이라고 말하면 좋은 벼슬을 할 수 있다"라고 회유했다'라는 기록이 있다. (『선조실록』146권 선조 35년 2월 7일)

길삼봉은 정여립의 핵심 측근으로 구설에 올랐지만 실존 여부 자체가 불투명한 인물이다. 그래서 정여립 역모사건은 비대해진 동인 세력을 꺾기 위해 선조가 서인 정철을 앞세워 벌인 참극이라는 설이 힘을 얻고 있다.

선조는 후일 모든 책임을 정철에게 뒤집어씌운다. "정철이 한 뭉치의 독기로 사람을 해쳤다는 것은 모르는 자가 없다"라고 한 선조의 발언은 그 완결판이다. (『선조실록』56권 선조 27년 10월 27일)

서인과 남인이 편찬한 수정실록에선 선조의 책임을 인정하는 듯한 사평이 있다. '옥사가 점차 번져가고 탄핵이 더욱 준엄하게 되자 정철이 진정시킬 수가 없었다. 수일 뒤에 이귀가 정철을 찾아가, 시론이 잘못된 것을 극력 말하니. 정철이 머리를 흔들며 말하기를 과연 내가 진정할 수 있는 것이 아니었다'라고 말했다. (『선조수정실록』23권 선조 22년 11월 1일) 위관 정철을 변호하는 뉘앙스다.

역모 혐의자로 몰려 대참사를 입은 동인은 이후 정철을 대하는 태도에 따라 남인과 북인으로 분열된다. 피해를 덜 입은 남인은 정철에게 비교적 관대했고, 북인은 '정철을 절대 용서해서는 안 된다'라고 말하는 강경파 그룹이다. 퇴계 이황 문인들이 남인으로, 남명 조식의 제자들이 북인으로 갈라섰다.

정철은 선조 24년(1591년) 왕세자 책봉 문제로 다시 한 번 도마 위에 오른다. 일명 '건저의 사건'이다. 서자 출신으로 첫 왕위를 승계한 선조는 왕세자로 적장자를 원했다. 그런데 하필 의인왕후는 자녀를 생산하지 못했다. 선조는 후궁에게서 임해군과 광해군, 그리고 신성군을 낳았지만, 의인왕후가 아직 젊어, 왕세자 책봉을 미뤘다. 정철은 선조의 뜻을 읽지 못하고 헛발질했다. 그는 광해군을 왕세자로 추천했다. 당초 이산해와 류성룡도 세자 책봉을 건의하기로 의견을 모았으나 그들은 선조의 속내를 읽고, 발을 뺐다.

선조의 역린을 건드린 정철은 동인의 탄핵을 받아 평안도 강계로 귀양 갔다. 그러나 임진왜란 발발로 다시 조정에 복귀하는데, 술에 취해 업무에 태만한 모습이 실록에 적나라하다.

선조 25년(1592년) '평양에서 급보가 오다'라는 기사를 보자. '밤 이경에 급보가 평양으로부터 왔다. 여러 대신을 불러 빈청에서 회의했는데, 정철은 술에 취하여 오지 않았다.' (『선조실록』 28권 선조 25년 7월 25일) 사관은 어떤 가치판단도 없이 오직 '팩트'만을 기술했다.

술 권하는 한글 가사 작품 『장진주사』를 쓴 정철답다. 『장진주사』는 인생은 허무하니, 후회하지 말고 죽기 전에 술을 무진장 먹어 그 허무함을 잊어버리자는 것이 주된 내용이다. 누란지위 국난을 당하고도 술에 취해 비상 국무회의에 불참했다는 이야기다.

'정철 등을 인견하고 평양성의 왜적, 요동 망명 등을 논의하다'라는 기사에서는 사관이 '정철이 길에 오른 지 열흘 만에 영유에 도착해 그곳의 계집종을 끌어다 앉히고 시를 지어 기증하기를 (중략) 아, 임금은 파천하고 종묘사직은 폐허가 되었는데 지금이 진실로 흥얼거리며 싯귀를 찾을 때인가'라

고 탄식했다. (『선조실록』 28권 선조 25년 7월 29일)

또 '유영길·김수를 인견하고 적병의 숫자, 영·호남의 전투 상황 등을 묻다'라는 기사에서도 동지중추부사 유영길이 "(중략) 체찰사 정철은 충청도 기생이 있는 고을에서 날마다 술에 취해 기무를 잊고 있는데도 주세가 고단하고 약해 논계한 사람이 없습니다"라고 보고했다. (『선조실록』 32권 선조 25년 11월 25일)

선조는 정철의 술버릇을 빌미로 죄를 주지는 않았다. 대신 정철은 외교 참사로 무너졌다. 수정실록 줄기 첫 문장에는 정철에 대한 변명이 장황하다.

선조 26년(1593년) '정철이 사은사로 (명나라에) 갔는데 동로군문이 화의를 주장하여 왜적이 이미 군사를 철수하여 바다를 건너갔다고 속여 말했으므로, 본국의 주문과 차이가 날 수밖에 없었다. 정철이 귀국한 뒤, 병부가 주문하기를, 전에 온 사신에게 물었더니 왜적이 철수해 돌아갔다고 말했습니다'라고 했다. (『선조수정실록』 27권 선조 26년 12월 1일)

동로군문은 조선에 파병된 명나라 최고사령관을 말한다. 즉, 송응창이 정철보다 앞서 황제에게 "왜군이 모두 물러났다"고 거짓 보고했는데, 정철은 송응창의 거짓 보고를 몰랐기 때문에 전혀 대응하지 못했다.

실제 류성룡은 "신이 지금 홍인상을 통해 중국에서는 왜적이 물러간 것으로 여긴다는 말을 듣고, 전후의 문서를 가져다가 보니, 정철이 가지고 간 문서에 삼도(한양 개성 평양)를 수복했고 강역을 재건했다고 한 말이 있었고, 황제도 '해국(조선)의 주문을 보고 짐의 마음이 기뻤다'는 말이 있으니, 지금 이렇게 군사를 유치시켜 놓은 것은 왜적이 다시 올까 싶어서인 것입니다. 이제 송 경략의 말대로 사은만 하소서. 다만 위급을 고하는 주문을

(송)경략이 저지하고 들여보내지 않으면서 왜적이 없다고 중국 조정에 꾸
며대다가 마침내는 허물을 우리에게 돌릴 것입니다”라고 선조에게 말했다.
(『선조실록』 44권 선조 26년 11월 28일)

동인들은 정철의 외교 참사를 좌시하지 않았다. 정여립 모반사건으로 자
파 인사들이 떼죽음 당한 것을 되갚아 줄 수 있는 호재로 판단했다.

사간원이 움직였다. ‘지난번 사은의 사행은 병부가 경략의 신보에 따라
적이 모두 바다를 건너갔다는 설을 물었으면, 사신으로서는 삼경(한양 개성
평양)은 회복되었으나, 적이 변경을 점거하고 있어서 사나운 수리가 날개를
움츠리고 있는 형세라는 것을 힘껏 말했어야 했는데, 위급한 정상을 호소
하지 않았습니다. 또한 상서의 제본에 남은 왜적이 없다고 했다는 말이 있
는데도 통렬히 변명하지 않았으니, 실책이 뚜렷합니다. 사은사 정철, 부사
유근, 서장관 이민각을 모두 추고하도록 명하소서’라며 탄핵의 서막을 올
렸다. (『선조실록』 45권 선조 26년 윤 11월 18일)

정철은 강화도로 유배됐고, 살아서는 다시 나오지 못했다.

강홍립

시대의 희생양인가? 단순 패장인가?

'강홍립의 투항은 대체로 미리 예정된 계획이었다.'

『광해군일기』의 한 귀퉁이를 차지하고 있는 사신의 논평이다. (『광해군일기』[중초본]139권 광해 11년 4월 2일) 사초에 근거해서 기록한 것이 아니라, 사신이 생각하기에 그렇더라는 이야기다. 팩트가 없으니, 역사적 사실로 신뢰하기 어렵다는 게 일반적인 평가다. 광해군을 몰아낸 서인 세력이『광해군일기』를 편찬하면서 정권의 부도덕성을 부각하기 위해 '슬쩍' 끼워 넣었다는 의미다.

이런 논평은 또 있다. '이때 강홍립과 김경서 두 장수가 이미 밀지의 내용대로 항복해, 오랑캐에게 사신을 가는 왕래가 끊이지 않게 되었다.' (『광해군일기』[중초본]155권 광해 12년 8월 13일) 밀지는 광해군이 강홍립에게 세(勢) 불리를 확인하면 후금에 항복하라는 메시지를 미리 내렸다는 것이다.

강홍립(姜弘立·1560~1627)은 명나라의 파병 요구로 조선이 후금을 정벌할 때 도원수로 파견된 문관 출신 장수다. 그를 둘러싼 핵심 논쟁이 광해군과 미리 짜고 항복했느냐, 아니면 오로지 자신의 판단 하에 항복했느냐다.

전자라면 그는 광해군의 중립 외교를 실천한 전략가이자 '시대의 희생양'이지만, 후자라면 '단순 패장'일 뿐이다.

중립 외교는 조선이 명나라와 후금, 어느 쪽 편도 들지 않고, 외교적 줄다리기를 유지하면서 상대에 따라 대응한다는 외교 방침이다. 광해군이 비록 축출된 폐주이지만 중립 외교는 그의 최대 치적으로 불릴 정도로 명성을 얻는 정책이기도 하다.

명나라는 북방의 신흥세력 건주여진의 지도자 누르하치가 세력을 키우자, 조선에 지원병을 요청했다. 임진왜란 때 명의 도움을 받은 조선은 거부할 명분이 없었다. 소극적으로 파병을 미루던 광해군은 1619년 1만 3,000명의 병력으로 원병을 출전시켰다. (『광해군일기』[중초본]130권 광해 10년 7월 4일, 137권 광해 11년 2월 21일)

'군사를 징발해서 날을 정하여 진격하되, 협공하는 형세를 이루기를 힘써, 하루빨리 평정하는 성과를 거두도록 하라'는 명나라 황제의 칙서가 도착한 이상 다른 선택지가 없었다. (『광해군일기』[중초본]137권 광해 11년 2월 13일)

광해군은 그러나 후금과의 전투 이후를 염려하고 있었다.

강홍립에게 '우리 군대가 한 명의 오랑캐도 보지 못하고 돌아오더라도 저 적은 우리가 이미 저들의 국경 안으로 들어간 사실을 알 것이 분명하니, 이후로 기미할 길은 영원히 끊어지고, 원한을 돋우는 화는 깊어질 것이다'라고 우려했다. (『광해군일기』[중초본]137권 광해 11년 2월 2일)

그러면서 광해군은 수시로 강홍립에게 지시를 내렸다. '중국 장수의 말을

    권력은 사라지고 기록은 남는다

그대로 따르지 말고 오직 패하지 않을 방도를 강구하는 데에 힘을 쓰라.'
(『광해군일기』[중초본]137권 광해 11년 2월 3일)

강홍립은 광해군에게 '(명군) 진영에 가보니 기계가 허술하고 대포와 대기
도 없었으며, 우리 군사들을 믿고 있을 뿐입니다.' (『광해군일기』[중초본]137권
광해 11년 2월 26일) '군량은 떨어져 가는데 군량과 건초가 보급되지 않았으
니, 앞으로의 일이 매우 염려스럽습니다.' '날이 저물도록 군량이 도착하지
않았으므토 (중략) 화가 눈앞에 닥쳤는데 어떻게 해야 할지 모르겠습니다.'
(『광해군일기』[중초본]137권 광해 11년 2월 27·28일) 등의 장계를 속속 띄운다.

패전 소식을 듣기까진 오랜 시간이 걸리지 않았다. 평안 감사 박엽이 급
보를 올렸다. '중국 대군과 우리 군대가 4일 심하에서 크게 패전하였습니
다. (중략) 강홍립은 편복차림으로, 김경서는 투구와 갑옷을 벗어 오랑캐 깃
발 아래에 세워 두고 오랑캐 진영으로 갔는데, 적은 홍립과 경서로 하여금
삼군을 타일러 갑옷을 벗고 와서 항복하게 하였습니다.' (『광해군일기』[정초
본]138권 광해 11년 3월 12일)

'적이 먼저 강화를 (요청)하고 무장을 풀자는 뜻을 전해와 우리 측이 항복
했다'라는 말이다.

『연려실기술』에는 '강홍립이 "우리나라가 너희들과 본래 원수진 일이 없
는데, 무엇 때문에 서로 싸우겠느냐. 지금 여기 들어온 것은 부득이한 것임
을 너희 나라에서는 모르느냐" 하니, 드디어 적과 왕래하면서 강화를 의논
하였다'라고 기록하고 있다.

밀지의 존재 여부는 여전히 미스터리로 남아있다. 『광해군일기』를 포함
한 실록에는 '밀지가 있었다'라는 사실은 없고, 있었을 것이라는 심증과 추

정만 넘친다.

　송시열은 '광해조에 이르러 강홍립과 김경서가 심하에서 오랑캐에게 투항하였을 때를 당해서는 밀지가 있다고 했었으니, (후략)'라는 전언을 임금에게 전하고 있다. (『숙종실록』18권 숙종 13년 2월 4일)『성호사설』은 '강홍립은 심하 싸움에서 폐조의 밀지를 받아 힘껏 싸우지 아니하고 북정에 구속되었는데, 정묘년에 군사를 이끌고 우리나라에 들어왔다가 곧 다시 귀순하였다'라는 기록을 남겼다. 강홍립의 부하 장수로 심하 전투에 출전했던 이민환도 자신의 문집『자암집』에 '주장(강홍립)은 이미 광해군의 밀지를 받들어 진격과 후퇴의 계책으로 삼았는데, 군중에서는 아무도 눈치 채지 못하였다'라고 적었다. 이들 기록은 아예 밀지가 있었다고 단정 짓고 있다.

　남의 나라 전쟁에 어쩔 수 없이 참전하게 된 조선군이 싸울 의지가 없어서 패했다는 생각은 단견이다. 전투는 치열했다. 전사자가 8,000~9,000명에 달했다고 실록은 증언하고 있다. 앞서 박엽의 장계에 다음과 같은 내용이 있다

'김응하는 혼자서 큰 나무에 의지하여 큰 활 3개를 번갈아 쏘았는데, 시위를 당기는 족족 명중시켜 죽은 자가 매우 많았습니다. 적은 감히 다가갈 수가 없자 뒤쪽에서 찔렀는데, 철창이 가슴을 관통했는데도 김응하는 활을 놓지 않아 오랑캐도 감탄하고, 애석해하면서 "만약 이 같은 자가 두어 명 더 있었다면 실로 감당하기 어려웠을 것이다"라며, 의류장군(依柳將軍)이라고 불렀습니다.'

　　　　권력은 사라지고 기록은 남는다

이로 미루어 '밀지는 없었다'라는 주장이 더 합당하다. 실제 병사들이 몰살당한 상황에서 밀지에 따라 항복했다는 논리는 앞뒤가 맞지 않다. 밀지가 있었다면 소규모 접전을 펼친 끝에 못 이기는 척 항복했어야 옳다. 그래야 명나라를 위해 출전했다는 명분도 살리고, 병사들의 목숨도 살리는 '밀지의 기대효과'를 거둘 수 있기 때문이다.

인조 다에 편찬한 강홍립의 졸기에서는 '기쁜 마음으로 오랑캐에게 항복하였는가 하면 적을 이끌고 나라를 침범하여 임금이 되려는 뜻을 가졌으니, 죄가 역적 예(豫)보다 지나치고 악이 역적 윤(潤)보다 심하여 실로 천하의 난적 중에 심한 자입니다'라며 '빨간 줄'을 그었다. (『인조실록』 16권 인조 5년 7월 27일)

안팎의 상황을 고려하면 '밀지는 없었다'는 주장에 무게 추가 기운다.

다시 문제는 광해군이다. 신하들은 패전의 책임을 물어 강홍립 등의 가족을 잡아서 구금하라고 주장했다. 그러나 광해군은 "고상한 말은 국사에 보탬이 되지 않는다. 강홍립 등의 죄를 논할 때가 어찌 없겠는가. 젊은이들의 부박한 논변은 잠시 멈추는 것이 좋을 것이다"라며 거절했다. (『광해군일기』[중초본]139권 광해 11년 4월 8일)

광해군은 또 '강홍립이 보낸 장계도 보지 못하게 되면 앞으로 적의 형세를 어떻게 알 수 있겠는가'라며 강홍립을 계속 두둔했다. (『광해군일기』[정초본]166권 광해 13년 6월 22일)

인조 역시 강홍립의 '죄'를 묻지 않았다. 강홍립이 후금군 4만 명을 앞세우고 쳐들어온다는 보고에 대해 "강홍립은 본국을 배반할 것 같지도 않고, 얼음이 언 뒤에 나온다는 말도 믿을 수 없다. 이들이 간첩이라면 어찌 이

말을 발설 하겠는가"라고 되물었다. (『인조실록』 3권 인조 1년 윤10월 25일)

강홍립은 패전 직후 장계를 올려 '명나라에게 재촉을 당해 여기까지 오기는 했으나 "항상 진지의 후면에 있어서 접전하지 않을 계획이다"라고 (후금 측에) 말했기 때문에 전투에 패한 후에도 서로 잘 지내고 있습니다'라고 적었다. (『광해군일기』[중초본]139권 광해 11년 4월 2일) 후금 측과 사전에 내통했다는 자백이다.

실제 강홍립의 전투 의지는 의심받고 있었다. 비변사에서 "적신 강홍립 등이 먼저 통역을 보내 미리 출병하는 까닭을 통지하는 등 마치 당초에 싸울 뜻이 없는 것처럼 하였습니다"라고 말하자 광해군은 "처음부터 알고 있었다. 경들은 이 적을 어떻게 보는가? 우리나라의 병력을 가지고 추호라도 막을 형세가 있다고 여기는가?"라고 되레 반문했다. (『광해군일기』[중초본]139권 광해 11년 4월 8일)

'밀지에 의한 항복'이라는 의구심에 대해 강홍립은 장계를 올려 적극 변명했다.

'일을 망치고 전쟁에서 패하고도 진지에서 즉시 죽지 못하였으니, 그 죄는 노륙을 당해도 변명할 말이 없습니다. 그러나 그 형세만 가지고 사실을 의심하고 그 일로 인하여 실정을 의심할 경우 또한 원통하지 않겠습니까. 신들이 면박 당하였다고 하는 것입니까? 항복하기를 빌었다고 하는 것입니까? 처음부터 끝까지 털끝만큼도 굴복한 일이 없었는데 투항하였다는 말은 무엇에 근거하여 운운한 것인지 알지 못하겠습니다.' (『광해군일기』[정초본]142권 광해 11년 7월 14일)

　　　　권력은 사라지고 기록은 남는다

『성호사설』에서도 '강홍립이 서자 도(璹)에게 준 편지에 "해가 위에서 비치고 귀신이 곁에 있는데 내가 항복했다는 말이 어찌하여 나왔느냐"고 하였으니, 항복했다면 반드시 머리를 깎고 벼슬을 가졌었다는 소문이 있었을 것인데, 아마 그런 일은 없었던 것 같다'고 했다.

항복 후 강홍립의 후금 생활은 어땠을까. 그는 후금의 변발을 거부하고, 8년간 포로 생활을 했다. 이 기간 그는 광해군과 인조에게 장계를 올려 후금 내부 상황을 알리고, 조선의 대응에 대해 훈수도 둔다. 강홍립은 정묘호란 때 후금군의 길잡이로 귀국했다. 그는 인조를 만난 자리에서 후금과의 화친을 당부했다.

비변사는 '강홍립과 박난영 등은 적에게 함몰당한 지 10년이 되도록 신하의 절개를 잃지 않았으며 지금은 또 화친하는 일을 강력히 주장하고 있으므로 화친이 완성되면 상을 주자고 인조에게 건의했다.'(『인조실록』 15권 인조 5년 2월 1일)

반면 양사(사헌부·사간원)가 오랑캐를 앞세우고 귀국한 강홍립을 참수하자고 하자 인조는 "강홍립이 오랫동안 오랑캐에게 있다가 국가를 위하여 나왔으니 정상이 용서해 줄 만한 점이 있는데, 지금 반신으로 지목하니 억울하지 않겠는가? 더 이상 이 같은 말을 하지 말라"고 목소리를 높였다. (『인조실록』 15권 인조 5년 2월 10일)

인조는 오히려 "이들이 잡혀간 지 10년이나 되었는데 끝까지 머리를 깎지 아니하였으니 그 뜻이 가상하다. 관작을 회복해 그의 성의를 나타내 주어야겠으니 대신에게 물으라"라고 하교하기도 했다. (『인조실록』 15권 인조 5년 3월 25일)

강홍립은 귀국 후 1년 만에 병사했다. 광해군의 밀지 존재 여부는 끝내
밝혀지지 않았다. 사망 후, 그의 자손들이 받은 불이익도 없었다.

 권력은 사라지고 기록은 남는다

김조순

서얼 허통 주장한 세도정치의 효시

김조순 초상.[12]

풍고 김조순(金祖淳·1765~1832)은 안동 김씨 세도정치의 효시를 쏘아올

12   출처 –[한국학중앙연구원], [https://www.aks.ac.kr]

린 인물이다.

안동 김씨 세도정치는 김조순의 딸 순원왕후가 헌종과 철종대에 수렴청정을 한데서 비롯됐다. 순원왕후는 순조의 정비다. 순조 승하 후, 손자 헌종이 8세의 나이로 용상에 오르자, 할머니 순원왕후가 수렴청정에 나섰다.

그는 헌종이 23세로 후사 없이 요절하자, '강화 도령' 철종을 헌종의 후계로 삼아 다시 한 번 수렴청정을 해야만 했다. 순원왕후는 두 번에 걸쳐 수렴청정을 한 유일한 왕후다.

후계구도 자체가 불투명한 상황에서 왕권은 한없이 초라해졌다. 이로써 위로부터 조선의 개혁 동력을 찾기란 불가능해졌다. 이 틈바구니에서 김조순이 국구(왕의 장인)로서 등장했다. 김조순이 의도했든, 의도하지 않았든 안동 김씨 세도정치는 왕권을 누르고, 줄서기 정치만 남게 했다는 비판을 받고 있다.

'개인' 김조순은 능력과 처신에서 흠잡을 데 없는 인물이다. 청음 김상헌의 후손으로 당색으로는 노론 시파에 속했다. 김상헌의 증손자 김창집이 김조순의 4대조다.

정조 9년(1785년) 21세에 관직에 입문한 김조순은 일찌감치 초계문신으로 뽑히는 등 정조의 총애를 받았다. 초계문신은 초급 관리를 선별해 규장각에서 재교육시키는 정조 특유의 인재 양성 프로그램이다.

정조는 김조순에게 "그대는 고(故) 상신(相臣)의 손자로서 과거에 급제하였으니 우연한 일이 아니다. 내가 가상하게 여긴다. 그대의 집안은 대대로 충효를 전수하여 나라의 세신(世臣)이 되었으니, 그대가 집안의 명성을 이어 부모를 욕되게 하지 않는다면 그대 일가의 복일 뿐만 아니라 장차 조정

　　　　　권력은 사라지고 기록은 남는다

의 다행이 될 것이다. 그대는 힘쓰라”라는 격려의 말을 전했다. (『일성록』 정조9년 11월 6일) 정조는 또 김조순의 초명인 ‘낙순’을 ‘조순’으로 개명해주었다. (『풍고집』)

임금의 눈도장을 확실히 받았지만, 김조순은 더욱 몸을 낮추고 자기관리에 소홀함이 없었다. 그러나 20대 혈기왕성한 청년 김조순의 모습도 실록에 남아있다. 그는 패관 소설을 읽다가 정조에게 적발된 적이 있었다. ‘김조순이 여문관에서 숙직하면서 당·송 시대의 각종 소설과 『평산냉연』 등의 서적들을 보면서 시간을 보내고 있었다. (중략) 상이 그것을 가져다 불태워버리도록 명하고서는 경전에 전력하고 잡서들은 보지 말도록 하였다.’ (『정조실록』 36권 정조 16년 10월 24일)

그러면서 서장관으로 청나라 사행 길에 나선 김조순에게 ‘관문(關文)을 띄워 그가 압록강을 건너기 이전에 답통(答通)을 받고 반성하는 글과 시도 지어 올리게 하라’는 엄명을 내렸다. (『정조실록』 36권 정조 16년 11월 3일)

김조순이 반성의 시문을 올리자, 정조는 ‘시와 문을 보니 문은 사람이 늘상 먹는 곡식 같고, 시는 비단이나 자개 같았다. 이미 전날의 잘못을 깨닫고 또 새로운 보람을 보였으니 이 뒤로는 더욱 힘쓰도록 하라’고 응원했다. (『정조실록』 36권 정조 16년 11월 19일)

김조순과 규장각에서 함께 근무한 유득공이 남긴 『고운당필기』에 일화가 있다. 김조순이 서장관으로 연경(북경)에 갔다가 돌아와 자신에게 했다는 이야기다.

“정양문 밖 모처를 구경하다가 한인 벼슬아치 여럿을 만나서 필담을 했지요. 그중 한 사람이 뚫어져라 쳐다보더니 묻더군요.

'선생은 어쩌면 그렇게도 한자에 익숙하신가요?'

제가 답문하였지요.

'한자에 익숙하지 않으면 무슨 글자에 익숙하겠습니까?'

'본국 글자는 없습니까?'

'없습니다.'

'황상(皇上)의 집안도 본국 글자가 있답니다.'

'우리나라는 기자(箕子)가 봉해진 이래로 예악 문물이 중국에 비길 정도이니 어찌 한자를 쓰지 않겠습니까. 황상의 집안에는 본디 한자가 없었지요.'

그러자 그 사람이 크게 웃었습니다."

김조순의 빼어난 문장력에 중국 관리들조차 감탄했다는 말이다. 그러나 '본국 글자는 없다'라는 김조순의 대답은 뼛속깊이 사대주의에 젖은 조선 엘리트의 민낯을 보는 것 같아 씁쓸하다.

정조는 초계문신들과 활쏘기 시합을 즐겼는데 『일성록』에 '예문관 검열 김조순이 6발을 맞혀 거수하였다'라는 기록이 있어 흥미롭다. 김조순은 관(貫)에 1발을 맞히고 변(邊)에 5발을 맞혀 호피(虎皮) 1령(令)을 상으로 받았다. 정약용도 변에 1발을 맞혀 전죽 50개를 받았다. 1발도 맞추지 못했다면 벌로 술 한 잔씩을 마셨다. (『일성록』 정조 13년 11월 21일)

실록은 정조의 남다른 활쏘기 실력도 보여준다. '춘당대에서 활쏘기를 하여 10순에 49발을 맞혔다. 작은 과녁은 1순 전부를 모두 맞히고 각신들에게 고풍(古風)을 내렸다'는 기록이 그것이다. (『정조실록』 36권 정조 16년 10월

    권력은 사라지고 기록은 남는다

20일·30일) '정조는 활쏘기에 있어서는 또 타고난 천분이어서 50발 중에 49발을 명중시켰는데, 이때 왕은 무엇이든지 가득 차면 못쓰는 것이다'라고 말하면서, (『정조실록』1권 정조 대왕 천릉 지문) 1발은 일부러 맞추지 않은 듯한 뉘앙스로 기록되어 있다.

정조는 이조와 예조참의를 지낸 김조순을 세자(후일 순조)의 교육을 담당하는 세자시강원겸보덕에 제수했다. (『정조실록』53권 정조 24년 1월 1일) 정조가 승하하기 불과 6개월 전이다. 김조순의 졸기에 정조가 경신년(1800년)에 세자의 손을 잡고 '지금 내가 이 신하(김조순)에게 너를 부탁했다'는 기록이 있다. (『순조실록』32권 순조 32년 4월 3일)

정조는 자신의 운명을 예감한 듯 세자의 국혼을 서둘렀다. 한 달 후에는 김조순에게 왕세자 책봉례와 관례 행사를 담당케 했다. (『정조실록』53권 정조 24년 2월 2일)

창경궁 집복헌에서 세자빈 초간택을 하는데, 김조순의 딸이 포함돼 있었다. 정조는 "내가 김조순 가문에 대해 처음에는 별 마음을 두지 않았었는데 현륭원 참배를 하던 날 밤에 꿈이 너무 좋아 마치 직접 나를 대하여 그렇게 하라고 하신 것 같았다. (중략) 오늘 간택 때도 그가 들어왔을 때 보니 얼굴에는 복이 가득하고 행동거지도 타고나 궁중 사람들 모두가 관심이 쏠렸으며 자전과 자궁도 한 번 보시고는 첫눈에 좋아하셨다"라며 사실상 간택을 뜻하는 발언을 했다. 김조순에게도 "경은 이제 나라의 원구(元舅)로서 처지가 전과는 달라졌으니 앞으로 더욱 자중해야 할 것이다"라는 수서(手書·손편지)를 전하기도 했다. (『정조실록』53권 정조 24년 2월 26일)

재간택 날에는 "사체가 별궁과 다름이 없으니 지친간이라 하더라도 함부로 들어가 보아서는 안 되며 관직을 가진 자가 어떤 사정이 있어 집에 찾아올 때는 공복을 갖추고 대문 밖에서 말을 내리도록 하라"고 김조순에게 친서를 내렸다. (『정조실록』 54권 정조 24년 윤4월 9일)

하지만 정조는 끝내 국혼을 보지 못하고 유명을 달리했다. 순조가 11세로 왕위에 올랐지만, 정순왕후 김씨가 수렴청정을 했다. 정순왕후는 김조순을 장용대장, 병조, 형조판서에 차례로 임명했다. 이때 김조순은 이조판서로서 총융사, 지경연사, 규장각 제학, 실록청의 지실록사, 비변사의 유사당상 등을 겸임하고 있었다. (『일성록』 순조 1년 8월 21일) 정순왕후는 김조순을 사실상 국구로서 중용했다.

2년 후 김조순의 딸은 정순왕후의 명으로 삼간택을 치른다. (『순조실록』 4권 순조 2년 9월 6일)

국혼이 성사되자, 김조순은 영안부원군에 봉해졌다. (『일성록』 순조 2년 9월 6일) 훈련대장, 호위대장에도 잇달아 제수되자 '안팎이 믿고 편안이 여겼다'는 기록이 있다. (『환재집』 제5권) 김조순은 그때마다 사직상소를 올렸다.

"지금 신이 겸임한 직임은 모두 긴중한 현관과 요직입니다. 즉시 해면해 주기를 청해야 마땅한데도 곧바로 조섭하시던 때와 겹쳤기에 감히 번독스럽게 해 드릴 수 없어서 어쩔 수 없이 지금에 이르렀습니다. 그러나 신이 능력이 없는 탓에 장차 날로 일을 그르치게 될 것입니다. 부디 깊이 헤아리셔서 겸임한 여러 직임을 모두 개차해 주소서." (『일성록』 순조 2년 11월 30일)

순조의 친정이 시작된 이후에도 김조순은 "태평한 세월이 오래 계속되다

 권력은 사라지고 기록은 남는다

보니 문신은 안일에 빠지고 무신은 놀고만 있습니다. (중략) 혹 군사를 사용해야 할 다급한 순간을 만나면 장차 어디서부터 어떻게 손써야 할지 헤아리지 못할 텐데 단지 백면서생으로 하여금 오랫동안 권력을 전담하게 하고도 근심할 것이 없다고 한다면 어찌 이치에 맞겠습니까”라며 8년 동안 맡아온 훈련대장 직임을 즉시 체차해달라는 상소를 올렸다. (『일성록』 순조 9년 4월 5일)

기득권의 정점에 있던 김조순은 서얼 허통에 관해서는 약자의 목소리에 귀를 기울였다.

‘서손의 벼슬길을 막는 것은 역대와 만국에 없었던 일일 뿐만 아니라, 건국 초기에도 그러지 않았습니다. (중략) 사람의 귀천과 궁달(窮達)은 모두 태어난 이후의 일인데, 이 사람들에 있어서는 태어나기도 전에 이미 천해져 있었고 명이 부여되기도 전에 이미 궁해져 있었으니, 어찌 하늘과 땅이 만물을 생성하는 이치가 본래부터 그런 것이겠습니까? 그들의 벼슬길을 터주는 것이 실로 천리를 밝히고 인륜을 바루며 훌륭한 인재를 다 쓰는 도리에 합당하다고 여깁니다’라며 서얼 출신들에게 벼슬길을 열어야 한다고 주장했다. (『순조실록』 26권 순조 23년 9월 9일)

순조 대에 김조순은 국구로서 조정 안팎에 영향력을 미쳤다. 자연스레 안동 김씨 외척세력이 득세하면서 세도정치가 시작됐다. 순조의 장남이자, 성군의 자질을 보였던 효명세자가 22세로 급서한 것도 세도정치를 가속화하는 요인이었다. (『순조실록』 31권 순조 30년 5월 6일) 순조의 후계 구도가 꼬이면서 왕권은 자연스레 약해졌다. 효명세자의 아들, 여덟 살 헌종이 즉위하자 순원왕후는 부친 김조순과 자신의 일족에 더욱 기댈 수밖에 없었다.

졸기에서는 그의 죽음을 애통해하는 순조의 하교가 각별하다. 순조는 '성복하는 날에는 창경궁 금천교에서 마땅히 망곡하여 한번 애통한 회포를 펼 것'이라고도 했다. 사관은 '김조순이 언행으로서 삼가고 조심함이 지극하여 일이 순상(循常·상규를 따르다)함이 많았으니, 대개 공업(功業·큰 공로가 있는 사업)을 자처하지 않았다'는 담백한 평을 남겼다. (『순조실록』 32권 순조 32년 4월 3일)

권력은 사라지고 기록은 남는다

3부
구도자들

"물 뿌리고 마당을 쓰는 쇄소하는 방법도 모르면서
어찌 감히 하늘의 이치를 논하리오."

조식

14

이황

퇴계의 졸기가 율곡의 석담일기에 실린 이유

물러나고, 물러나고, 또 물러남으로써 정치적 메시지를 발신한 이가 있다. 퇴계 이황(李滉·1501~1571)이다. 임금이 관직을 제수하면, 이황은 다음날 사직상소를 올린다. 겸양의 뜻으로 하는 '사직 쇼'가 아니다. 이황은 물러남 그 자체에 진심이었다. 그의 사직상소는 관직 무게가 무거울수록, 더욱 빈번해졌다. 임금이 10번을 부르면 11번 사직을 청했다. 관직 등급을 뛰어넘는 파격 승급에도, 그는 미동도 하지 않았다. 그의 졸기에는 '이끗이나 형세, 분분한 영화 따위는 뜬구름 보듯 하였다'라고 전한다. (『선조수정실록』 4권 선조 3년 12월 1일)

아이러니하게도 '동방의 대유' 이황의 전성시대는 선비들이 떼죽음을 당하던 중종부터 인종, 명종, 선조 대에 걸쳐있다. 사화와 사림의 시대였다. 말 한마디, 글 한 문장에 생사가 오간 암흑기였다.

그러나 이황의 몸가짐과 처신은 털끝만큼이라도 어긋나는 일이 없었다. '한양에 거주할 때 이웃집 밤나무 가지가 자신의 담을 넘어와 밤이 익어 열매가 마당에 떨어지면, 행여 자식들이 주워 먹을까, 주워서 밤나무 주인집으로 던졌다'라는 일화가 졸기에 실려있을 정도다.

권력의 비정함을 일찌감치 체험했기 때문이다. 이황은 초급 관료시절 훈구파들이 장악한 조정에서 사관으로 발탁됐다. 하지만 장인이 사림파라는 이유로 임명되지 못했다. 그러나 학문과 경륜이 깊어짐에 따라 조정에서도 그를 명유로 대우했다. 두어 차례 성균관 대사성에도 올랐지만 권간들의 발호에 이황은 외직을 희망했다.

이황이 낙향의 뜻을 굳힌 계기는 친형 이해(李瀣)의 영향이 컸다. 이해는 명종 5년(1550년) 모함 끝에 고문을 받고, 유배 가는 도중에 죽었다. 충격을 받은 이황은 정쟁으로 날을 지새우는 조정과 헤어질 결심을 굳혔다.

이황은 비교적 늦은 나이인 34세에 급제했다. 30대 후반이던 중종 36년(1541년)부터 명종 2년(1547년)까지가 조정에 머물며 왕성하게 의견을 개진했던 시기다. 그러나 명종 3년 단양군수와 그 후 풍기군수로 보임되면서 지방직으로 발길을 돌렸다. 이황이 단양군수로 나가자, 사헌부에서 오히려 "이황은 재주가 뛰어나서 (중략), 더더욱 잗다란 직임에 맞지 않습니다. 경사에 머물게 하여 고문에 대비하소서"라고 청원했다. (『명종실록』 7권 명종 3년 1월 13일)

명종 7년에 조정에 복귀한 뒤, 3년여 성균관 대사성, 형조와 병조참의, 상호군, 첨지중추부사 등의 버슬을 제수 받았다. 명종은 또 '경복궁 중수기'를 이황에게 짓도록 명했다. 실록은 '전각의 액자와 대보잠·칠월편 및 억계는 모두 이황이 쓴 것을 사용했다'고 전한다. (『명종실록』 17권 명종 9년 12월 14일)

드디어 명종 10년(1555년) 2월, 이황은 병을 핑계로 낙향한다. 그의 나이

53세 때다. 이황은 "벼슬은 더 높아지고 책임은 무거워져서 두 차례나 대사성이 되었지만 아무런 도움이 없었고 한 차례 병조참의가 되었으나 감당하지 못했습니다. 신은 고질병이 들어 몸은 나른해지고 나이는 저물어가며 고목 같은 형체는 무너져가고 있으니, 다시는 성은에 보답할 기회가 없어 외람되게 벼슬만 차지하고 있는 부끄러움이 깊어지기만 합니다"라며 사직 상소를 올렸다. (『명종실록』18권 명종 10년 5월 7일)

이황을 향한 명종의 부름은 눈물겹다. 10년 동안 수차례 관직을 내렸지만 이황은 모두 거절했다. 실록에서 명종은 "내가 불민하여 현자를 좋아하는 성의가 없었던 것 같다. 전부터 여러 번 불렀는데 늙고 병들었다는 이유로 사양하니 내 마음이 편치 않다. 경은 나의 지극한 마음을 받아들여 역말을 타고 올라오라"라는 글을 수차례 전했다. (『명종실록』31권 명종 20년 12월 26일)

명종은 이듬해에도 "경의 사장을 보니, 나의 마음이 섭섭하다. 경은 모쪼록 잘 조섭하고 서서히 올라와서 나의 누차 부르는 정성을 저버리지 말라"고 당부한 뒤 "이황이 올라올 때에는 지방관들이 특별히 그를 후대하라. 내의는 약을 싸 가지고 가서 문병하고 와서 아뢰도록 하라"는 특별지시까지 내렸다. (『명종실록』32권 명종 21년 2월 6일)

이황의 마음을 돌리지 못하자 명종은 독서당 학자들에게 '어진 이를 불러도 오지 않는데 대한 탄식'이라는 어제(御題)를 내고 시를 짓게 했다. 그러면서 어필로 '어진 이'는 이황을 가리킨 것이라는 주석까지 달았다. (『명종실록』33권 명종 21년 6월 15일)

이에 이르러 '이황이 임금의 뜻이 간절하고 은명이 자주 내리는 것에 감격해 소명에 응하여 왔으나, 은혜에 보답하기도 전에 상이 승하하니, 중외의 신민들이 그 현인을 좋아하는 뜻을 추모하여 더욱 비통한 마음을 금치 못하였다'라는 기록도 있다. (『명종실록』 34권 명종 22년 6월 28일)

퇴계를 향한 명종의 말은 간절하고, 깊은 울림이 있었으나, 정작 퇴계의 뜻을 받아들이지는 않았다. 실록에서 '이황 같은 사람들을 사표의 자리에 놓아둔다면 사기가 저절로 진작되어 구구하게 『소학』을 권하거나 학교를 일으키지 않더라도 저절로 성과가 있을 것이다. 애석하다! 한갓 이런 하교만 있고 일은 시행되지 않아 승전이 빈말로 되었으니 어찌 거듭 탄식할 일이 아니겠는가'라는 사평을 남겼다. (『명종실록』 19권 명종 10년 윤11월 21일)

명종에 대한 마음의 빚을 갚으려는 듯 퇴계는 선조의 부름에는 답했다. '이황에게 경연을 맡기기 위해 부르다'라는 기사에서 선조는 "새로운 정치를 하는데 있어서는 침체해 있는 사람도 모두 발탁해야 하는데 하물며 어진 재상이겠는가. 경은 역마를 타고 속히 올라오라"고 명을 내렸다. (『선조실록』 1권 선조 즉위년 10월 1일)

이황은 아침 경연에서 『소학』을 강조하며 조광조 등 기묘사림을 칭송했다. (『선조실록』 1권 선조 즉위년 11월 4일) 그러나 3개월 후 다시 물러남을 청한 뒤 낙향했다. 선조는 "경은 부디 진퇴를 가지고 혐의하지 말고, 올라와 병중에서라도 조정에 머물면서 나의 어리석은 재질을 도와 달라"고 말했다. (『선조실록』 2권 선조 1년 1월 28일)

이황은 그해 7월부터 이듬해 3월까지 선조의 곁을 지켰다. (『선조실록』 2권 선조 1년 7월 24일) 선조와 이황의 마지막 대화 주제는 기대승이었다. 선조가 "학문하는 사람 중에 아뢸 만한 자가 있는가"라고 하자 이황은 "기대승이 문자를 많이 보았고 이학에도 조예가 가장 높으니 통유입니다. 다만 그는 수렴공부가 부족한 것이 미진한 점인데, 소신이 평상시에 이 점을 부족하게 여겨서 좀 더 공부하라고 권면하였습니다. 이런 유자도 얻기 쉽지 않습니다”라고 추천했다. (『선조실록』 3권 선조 2년 3월 4일)

　퇴계는 임종에 임박해서는 아들에게 “내가 죽으면 조정에서 관례에 따라 예장을 하도록 청할 것인데, 너는 모름지기 나의 유령(遺令)이라 칭하고 상소를 올려 끝까지 사양하거라. 묘도에도 비갈(碑碣)을 세우지 말고 작은 돌의 전면에 ‘퇴도만은진성이공지묘’(退陶晩隱眞城李公之墓)라고 쓰고, 그 후면에 내가 지어둔 명문(銘文)을 새겨라”고 유언했다. 졸기에선 퇴계의 학문에 대해 이렇게 평했다.

　‘오로지 성리의 학문에 전념하다가 『주자전서』를 읽고서는 그것을 좋아하여 한결같이 그 교훈대로 따랐다. (중략) 제가 학설의 동이득실에 대해 널리 통달하고 주자의 학설에 의거해 절충했으므로, 의리에 있어서는 소견이 정미하고 도의 대원에 대하여 환히 통찰하고 있었다. 도가 이루어지고 덕이 확립되자 더욱 더 몸을 낮춰 그에게 배우려는 학자들이 사방에서 모여 들었다. (중략) 이황은 겸양하는 뜻에서 감히 작자로 자처하지 않아 특별한 저서는 없었다.’ (『선조수정실록』 4권 선조 3년 12월 1일)

　이황의 부고를 접하자, 선조는 영의정으로 추증했다. ‘상이 특별히 이황에게 영의정을 추증하였는데 거유명현을 추모해 포장’하는 뜻에서였다. (『선조실록』 4권 선조 3년 12월 19일)

　　　　　　권력은 사라지고 기록은 남는다

한편 임진왜란 때『승정원일기』를 포함한 사초가 대거 소실됐다. 심지어 피난 가는데 짐이 된다며 사관들이 직접 사초를 불태우기도 했다. (『선조수정실록』26권 선조 25년 6월 1일) 그래서『선조실록』에 있는 이황의 졸기는 매우 단출하다.

후일『선조수정실록』을 편찬하면서 내용이 보충됐다. 율곡 이이가『석담(경연)일기』에 이황의 졸기를 남겼기 때문이다. 이이는 이황보다 한 세대 아래로, 당시 경연에서 주고받은 대화와 인물평을 일기로 남겼다.『선조수정실록』에 실린 이황의 졸기는 전적으로『석담(경연)일기』에 의존했다.

이황 묘비명.[13]

13   출처 -[한국학중앙연구원], [https://www.aks.ac.kr]

15

이이

적폐청산 외쳤지만 돌아온 건 '오국소인'

나아가고, 나아가서, 임종 직전에서도 나아 간 율곡 이이(李珥·1536~1584). 퇴계 이황이 거듭 물러남으로써 사표가 되었다면, 율곡 이이는 거듭 나아감으로써 조선을 개혁하려 했다. 율곡과 퇴계는 조선 유학의 양대 산맥이지만, 현실의 권력투쟁에서는 율곡의 완승이었다.

자신의 죽음을 앞두고도 율곡은 나랏일을 염려했다. 그는 유언처럼 '6조 방략'을 읊었다. 북방 순무사로 떠나는 서익에게 건넨 말이다. 이이는 병이 위독하여 동생에게 받아쓰게 했는데, 이틀 후 49세를 일기로 숨졌다. (『선조수정실록』 18권 선조 17년 1월 1일)

졸기는 이이가 "나의 이 몸은 다만 나라를 위할 뿐이다. 설령 이 일로 병이 심해져도 이 역시 운명이다"라는 말을 남겼다고 전한다.

율곡의 관직 이력은 화려하다 못해 눈부실 정도다. 율곡은 9번 과거시험에 모두 장원급제한 조선의 천재였다. 첫 관직은 호조좌랑. 이후 예조좌랑, 홍문관 직제학, 사간원 대사간, 사헌부 대사헌 등을 거쳐 병조판서 두 차례, 호조, 이조, 형조판서를 역임했다. 30세부터 46세까지는 겸춘추를 맡아 경연장에서 오고 간 대화를『석담(경연)일기』로 정리했다.

　거의 모든 관직을 섭렵했는데도『선조실록』졸기에는 단 한 줄로 졸기를 갈음했다. '이조판서 이이가 졸하였다.'(『선조실록』18권 선조 17년 1월 16일)

　실록 편찬의 붓대를 잡은 세력이 아무리 정치적 반대파라 할지라도 매우 이례적인 졸기다. 졸기라고 할 수 없는 차라리 율곡의 존재를 애써 무시한 수준이다.『선조실록』편찬 당시에는 북인 정권, 광해군 집권 시기다. 그즈음 이이는 자신의 뜻과 무관하게 '서인의 영수'로 자리매김 되고 있을 때다.

　반면『선조수정실록』은 인조반정으로 정권을 잡은 서인이 편찬했다. 이이의 학통을 계승한 제자들이 국정의 중심에 선 까닭일까? 수정실록에서 이이의 졸기는 3,459자에 달한다. 이이의 전 생애를 오롯이 담았지만, 음과 양을 고루 살펴, 치우치지 않게 썼다.

　'(중략) 한 시대를 구제하는 것을 급선무로 여겼기 때문에 물러났다가 다시 조정에 진출해서도 사류를 보합시키는 것으로 자신의 임무를 삼아 사심 없이 할 말을 다하다가 주위 사람들에게 꺼리는 대상이 되었다. 마침내 당인(黨人)에게 원수처럼 되어 거의 큰 화를 면치 못할 뻔하였다. 이이는 인물을 논하고 추천할 때 반드시 학문과 명망과 품행을 위주로 했다. 그래서 진실하지 못하면서 빌붙으려는 자들은 후일 율곡을 배반했다. 그래서 세속의 여론은 그를 현실에 어둡다고 지목했다'라는 문장이 균형 감각을 갖춘 예다.

　『조선왕조실록』에서 이이는 2,239건(국역1,164·원문1,075)이 검색된다.『선조수정실록』에서 245건,『선조실록』에서 203건이 노출된다.『현종개수실록』(96건)과『숙종실록』(192건),『영조실록』(76건)에서도 높은 비율로 조회된다. 율곡에 대해『선조수정실록』과『선조실록』에서는 뚜렷한 양적 차이가 보이지 않는다. 그러나 내용에서는 큰 차이가 있다.

'이비가 정무의 부담을 아뢰다'라는 기사에서 사관은 참판 이기의 입을 빌어 '이이는 절에 뛰어들어 임금과 부모를 버렸으니, 이륜에 죄를 지은 자이지만 재주는 있었다. 만년에 세속으로 돌아와 과거에 합격하고 청반에 올라 찬성 지위에 이르러 오래도록 정권을 잡고 임금을 현혹시켜 200년의 법령을 하루아침에 변혁하였으니, 국가를 좀먹고 정치를 해친 죄는 참으로 한두 가지로 지적하여 꾸짖을 수 없고, 마음 씀과 일을 행한 자취는 왕안석과 똑같다'고 맹비난했다.(『선조실록』65권 선조 28년 7월 18일) 그러면서 사관은 '이기는 사람됨이 충성되고 너그러우며 맑고 깨끗한 지조로 한 점의 하자도 없으며 곧은 도리로 행하여 세속을 따라 부앙하지 않았다'며 무결점 위인으로 서술했다.

그러나 수정실록에는 '이기가 마음가짐이 모질고 권간의 당에 붙어 논의가 괴팍하였는데 당시 사람들이 종주로 삼았다'고 상반된 모습을 실었다.(『선조수정실록』29권 선조 28년 2월 1일)

실록과 수정실록이 당색에 따라 편파적으로 서술됐다는 점은 분명해 보인다.

율곡은 조선 건국 150년에서 200년 된 시점에 태어나고 활동했다. 그는 조선을 낡은 집에 빗대어, 국정 전반에 대한 과감한 개혁을 쉼 없이 주장했다.

'비유하건대 이는 마치 만 칸이나 되는 큰 집을 오래도록 수리하지 않은 것과 같습니다. 크게는 들보에서부터 작게는 서까래에 이르기까지 썩지 않은 것이 없는데, 서로 떠받치며 지탱하여 근근이 하루하루를 보내고는 있지만 동쪽을 수리하려 하면 서쪽이 기울고 남쪽을 수리하려 하면 북쪽이

 권력은 사라지고 기록은 남는다

기울어 무너져버릴 형편이라서, 여러 목수들이 둘러서서 구경만 하고 어떻게 손을 써야 할지 모르는 형편과 같습니다. 그러나 방치하고 수리하지 않는다면 날로 더욱 썩고 기울어져 장차 무너져 버리고 말 것이니, 오늘날의 형세가 이것과 무엇이 다르겠습니까'라며 「만언소」를 올렸다. (『선조수정실록』 8권 선조 7년 1월 1일)

율곡은 선조 14년(1581년)에도 병든 몸을 이끌고 경연에 나가 '한 가지 폐단도 고치지 않고 앉아서 망하기를 기다릴 따름이니, 어찌 보존될 수 있겠습니까'라며 통탄했다. (『선조실록』 15권 선조 14년 7월 미상)

신진 사림파 중에서 이이는 가장 큰 목소리로 적폐청산을 외쳤다. '이이가 을사년의 위훈을 속히 고칠 것을 청하다'라는 기사에서 영의정 이준경이 '선왕조의 일이어서 갑자기 고칠 수 없다'라고 하자 '대신의 말이 어찌 그리 모호하고 분명치 못합니까'라며 어전에서 면박을 주고 있다. (『선조실록』 3권 선조 2년 9월 25일, 『선조수정실록』 3권 선조 2년 9월 1일)

실록과 수정실록에 수록된 율곡의 상소문 핵심 키워드는 민생과 국방이다. 선조가 '민생이 과거에 비해 어떠한가'라고 묻자, 이이는 '공부(貢賦)와 요역(徭役)의 법이 사리에 어긋나서 날로 잘못되어 백성이 폐해를 입고 있으니, 고치지 않는다면 날마다 백성을 사랑하라는 전교를 내려도 소용이 없을 것입니다'라고 대답했다. (『선조실록』 9권 선조 8년 10월 24일)

율곡은 해법으로 공안 개정을 주장했다. '무엇보다 공안(貢案)을 개정하여 전역(田役)으로 하여금 7/10, 8/10 정도를 절감한 후에 경우에 따라 가세할 것은 가세하도록 해, 국용에 여유가 있게 해야 할 것입니다.' (『선조실록』 17권 선조 16년 2월 15일)

공안은 거둬들여야 할 공물의 품목과 수량을 기록한 장부다. 현실에 맞게 개정하고, 공물도 현물 대신 쌀로 거두자고 제안한 것이다. 이른바 '대공수미법'이다. 이는 후일 대동법으로 발전한다.

이 밖에 이이는 경제사를 설치할 것을 제안했다. '폐정 개혁에 계책이 있습니다. (중략) 경제사를 설치해 사류 가운데 시무를 잘 알고 국사에 마음을 둔 자를 택해, 선임케 하고 모든 건백한 사항은 다 그 관사에 내려서 논의하고 확정하여 폐정을 개혁하게 한다면 천심을 돌이킬 수 있을 것입니다.'(『선조실록』 15권 선조 14년 10월 16일, 『선조수정실록』 15권 선조 14년 10월 1일)

'경제'라는 이름을 딴 기관을 만들자는 것인데, 경제기관 발상의 효시가 이이로부터 비롯됐다.

10만 양병설에 대해서는 『선조실록』에는 기록이 없고, 『선조수정실록』에서 보인다.

'이이가 4가지 시폐의 개정을 논한 상소문'에서다. 사관은 '이이가 일찍이 경연에서 "미리 10만의 군사를 양성하여 앞으로 뜻하지 않은 변란에 대비해야 한다"고 말하자, 류성룡은 "군사를 양성하는 것은 화단을 키우는 것이다"라며 반대했다. 이이는 "류성룡은 재주와 기개가 특출하지만 우리와 더불어 일을 함께 하려고 하지 않으니 우리들이 죽은 뒤에야 반드시 그의 재주를 펼 수 있을 것이다"고 말했다'고 적었다. (『선조수정실록』 16권 선조 15년 9월 1일)

이듬해에는 병조판서 이이가 시무 6조를 상소했다.

1. 현능을 임용할 것.

　　　　　권력은 사라지고 기록은 남는다

2. 군민을 양성할 것.

3. 재용을 충족시킬 것.

4. 번병을 굳건히 할 것.

5. 전마를 준비할 것.

6. 교화를 밝힐 것.

(『선조수정실록』 17권 선조 16년 2월 1일)

『선조실록』에서도 '병조판서 이이가 관리의 잦은 교체, 양병, 재용, 전마, 수세 등에 대해 상소하다'라는 글이 있다. (『선조실록』 17권 선조 16년 2월 15일) 수정실록의 '시무 6조를 아뢰다' 기사와 같은 맥락이다. 이 중 전마 확충에 대해서 율곡은 구체적인 아이디어까지 제시했다.

'신의 생각으로는, 경외의 무사들 중 기사(騎射)에 능한 자들을 골라 재주를 시험하여 그중의 우등자를 뽑은 다음 그들을 목장으로 보내 본도의 도사 또는 본읍의 감목관과 함께 감목(監牧)을 하게 하면서 그 무사들로 하여금 목장에서 전용(戰用)에 적합한 장마(壯馬)를 스스로 고르게 하되 입격한 성적 순위로 나누어 준 다음 말의 털빛과 크고 작음, 높고 낮음 등의 척촌수(尺寸數)를 기록한 적(籍)을 3부 작성, 1부는 병조로 올리고, 1부는 사복시로 보내고, 1부는 본관에다 비치하게 합니다. 그리고 자신이 타는 말은 자신이 잘 먹이게 하여 매년 말에 서울은 사복시에서, 외지는 본읍에서 각각 그 비척(肥瘠)을 살펴 상과 벌을 내리고, 만약 말이 죽었을 경우에는 관에 고하여 검시를 받고, 그것이 지급 받은 후 5년 이내에 죽은 것이면 값을 따

3부 구도자들　　　123

져 징수하고 5년이 넘어서 죽었으면 값을 징수하지 않습니다. 그리고 사변이 닥쳤을 때는 적(籍)을 살펴 그것들을 전마로 수용하며 그 사람이 만약 종군을 한다면 그 말은 자신이 타게 합니다. 그렇게 하면 섬의 말들이 쓸모없이 버려지지 않을 뿐만 아니라 전시에는 탈 말이 있게 될 것입니다.' (『선조실록』 17권 선조 16년 2월 15일)

양병에 대해서도 이이는 '서얼과 공천·사천 중에서 무재(武才)가 있는 자를 모집해 스스로 식량을 준비해서 남도와 북도에 들어가 방수하게 하되, 북도는 1년, 남도는 20개월을 기한으로 하여 응모자가 많도록 하는 한편 병조에서 시재(試才)한 뒤 보내게 하소서. 그리하여 서얼은 벼슬길을 허통하고 천례(賤隷)는 면천(免賤)하여 양인(良人)이 되게 하며, 사천인 경우에는 반드시 본 주인이 병조에 단자를 올린 다음에 시재(試才)를 허락하여 주인을 배반하는 종이 없게 하고, 그 댓가는 자원(自願)에 따라 골라 주도록 하소서. 그리고 만약 무재가 없는 경우에는 남·북도에 곡식을 바치게 하되 멀고 가까운 거리에 따라 그 많고 적은 수를 정하고, 벼슬길을 허통하고 양인이 되게 하는 것도 무사와 같게 하소서. 그러면 군사와 양식이 조금은 방어에 대비할 수 있게 될 것입니다'라며 방법론을 제시했다. (『선조수정실록』 17권 선조 16년 4월 1일)

이이에겐 '준비된' 병조판서로서 자격이 차고도 넘친다. 종합하면 율곡의 10만 양병설은 병조판서 재임 당시부터 누누이 언급됐을 가능성이 크다. 10만 양병이란 '딱 떨어지는 표현'이 후대에 나왔다고 해서 본래 취지마저

　　　　권력은 사라지고 기록은 남는다

없었다고 폄하하는 것은 부당하다.

수정실록 졸기에서는 '난리의 조짐이 있음을 분명히 알고는 (중략) 무비(武備)를 닦는 것으로 급무를 삼았다'고 기록하고 있다.

이이가 병조판서를 사직한 배경도 주목된다. 1583년 겨울, 이이는 북방 오랑캐의 침략에 대비해 군비를 서둘렀다. '이때 서울에서 활 잘 쏘는 사람들을 뽑아 북도로 보낼 때, 병조에서는 뽑힌 사람들이 전마(戰馬)를 사서 바치면 면제시켜 주었는데 이 사실을 선조에게 보고하지 않고 마음대로 하였다.'(『선조실록』 17권 선조 16년 6월 11일) 이를 빌미로 양사에서 '군정(軍政)은 중대한 일인데 아뢰지도 않고 마음대로 행하였고 또 예궐하여 대죄하지도 않았음을 논박하고, 아울러 부름을 받고 궐내에 왔으면서도 내조에만 들르고 끝내 지척 사이에 있는 승정원에 들러 상교(上敎)를 받지 않았음을 논박하면서 임금을 업신여긴 죄가 크니 파직을 명하기 바란다고 여러 날에 걸쳐 논박했다. 옥당은 이이를 오국소인(誤國小人)에 비유하기에 이르렀다.(『선조실록』 17권 선조 16년 6월 20일)

결국 다음날 선조는 "병조판서는 갈아야 한다. 이이는 이미 나라를 그르친 소인이 되어버렸는데 무슨 영명이라는 것이 또 있겠는 가"라며 사직을 받아들였다. (『선조실록』 17권 선조 16년 6월 21일) 국경 방어가 급해, 먼저 조치했을 뿐인데, 돌아온 건 오국소인이라는 비난이었다. 임진왜란 발발 10년 전 위정자들의 모습이다. 율곡은 이듬해 2월 타계한다.

율곡은 동·서 분당 원인 제공자라는 혐의도 받고 있다. 『선조실록』에서도 홍문관에서 차자를 올려 '이이는 편사(偏私)에 빠져 서를 부추기고, 동을 억

누르는 마음을 하루도 잊지 않고 있었던 것입니다'라는 표현이 있다. (『선조 실록』 17권 선조 16년 7월 21일) 졸기에서는 '이이가 졸한 뒤에 편당이 크게 기세를 부려 한쪽을 제거시키고는 조정을 바로잡았다고들 하였는데, 그 내부에서 다시 알력이 생겨 사분오열되어 마침내 나라의 무궁한 화근이 되었다'라는 사평이 있다.

그러나 이이는 동·서 분당 시발점이 된 신진관료 김효원과 심의겸에 대해서 '두 사람은 모두 사류로서 흑백·사정(邪正)이 서로 대립하는 것과 다르고 또 참으로 틈이 생겨 서로 해치고자 하는 것도 아닙니다. 다만 말세의 풍속이 시끄러워 약간의 틈이 벌어진 것일 뿐인데, 근거 없는 뜬소문이 교란하고 조정이 조용하지 못하니, 마땅히 두 사람을 외직으로 내보내 근거 없는 의논을 진정시켜야 할 것입니다'라고 조언했다. (『선조실록』 9권 선조 8년 10월 24일, 『선조수정실록』 9권 선조 8년 10월 1일)

이에 두 사람은 각각 부령 부사, 개성 유수로 발령이 났다. 그러나 이이는 바로 다음날 '동인' 김효원에 대해서 건강상 문제로 재발령을 건의해 선조의 윤허를 받아내는 정성을 보였다. (『선조실록』 9권 선조 8년 10월 25일, 『선조수정실록』 9권 선조 8년 10월 1일)

이이는 '동·서인의 화합에 대해 상소하다'라는 기사를 통해 "동인이 군자의 이름을 얻고 서인이 소인의 이름을 얻는다고 하더라도 그것이 곤궁한 백성들에게 무슨 보탬이 되겠습니까"라며 질타했다. (『선조수정실록』 13권 선조 12년 5월 1일)

동·서인은 율곡 사후 격렬하게 갈라섰고, 동인·서인·남인·북인을 넘어 노론과 소론으로 분열을 거듭했다. 인조반정으로 정권을 잡은 서인 중에서도 노론 세력이 최종 승자가 됐다.

오리 이원익은 말년에 사람들에게 "동·서 의논이 있던 처음에 이이가 심하게 패한 것은 그가 두 당 사이에 중립을 지켜, 양편으로부터 공격 받았기 때문"이라고 말했다. (『선조수정실록』 13권 선조 12년 6월 1일)

조식

"유학공부 앞서 청소하는 법부터 가르쳐라"

남명 조식(曹植·1501~1572)은 '칼 찬 선비'로 통한다.

그는 평생을 경(敬)과 의(義)에 의지에 실천적 삶으로 '만세의 사표'가 되었다. 경은 안으로 마음을 밝히는 것이요, 의는 밖으로 행동을 결단하는 것이다.

졸기에 따르면 조식은 일찍이 『성리대전』을 읽고 느낀 바가 있어, 과거 시험을 포기하고 평생을 산림에서 은거했다. (『선조수정실록』6권 선조 5년 1월 1일) 그래서 동시대, 동갑내기 유학자 퇴계 이황과 곧잘 비교된다. 조식이 유학의 실천을 강조한 반면, 이황은 유학의 이론을 규명하는데 평생을 바쳤다. 영남 우도에 조식이 있다면, 영남 좌도에는 이황이 있다는 세평이 나오는 이유다.

성리학에 대한 조식의 입장은 명료하다.

'중국 송나라대의 대학자 주희, 주돈이, 정이 등에 의해 성리학의 이론적 탐구는 이미 완성됐다. 남은 문제는 이를 실천하는 일이다'라고 선을 그었다. 조식은 유학의 실천에 도움이 된다면 노장사상에 대해서도 포용적이었다. 반면 이황은 성리학을 정밀하게 탐구해 오직 주자의 학설을 추구했다. 이황이 기대승과 8년 동안 벌인 사단칠정논쟁이 대표적이다.

조식은 이들이 추구하는 성리학에 동의할 수 없었다. 현실에 아무 도움이 안 되는 '뜬구름 잡는 소리'라고 일축했다. 고담준론에 빠져, 물 뿌리고 마당을 쓰는 쇄소(청소)하는 생활 방법도 모르면서 하늘의 이치를 논한다고 비판했다. 그의 졸기에는 '성리의 오묘함을 궁리하려 한다면 (중략) 결국 아무런 실지 소득이 없을 것이니 깊이 경계해야 한다'라는 조식의 말이 생생하다.

실록에도 '요즘 초학하는 선비들은 고원한 얘기를 좋아하면서 쇄소응대하는 절차도 모른다'고 조식이 개탄했다는 기록이 보인다. 그러면서 이황에게 편지를 보내, 이런 풍습을 경계하려 했다. (『명종실록』 33권 명종 21년 12월 2일)

즉, 퇴계가 젊은 선비들을 야단치고 제대로 이끌어 주지 않으니 (이런 풍습이) 더 심해진다고 힐난한 것이다. 앞서 퇴계가 남명에게 서한을 통해 '그대는 오만하여 중용의 도를 기대하기 어렵고, 노장에 물든 병통이 있다'라고 비판하자 조식이 '당신 제자들에게 쇄소응대하는 법부터 가르쳐라'고 답한 것이다.

여기에 조식의 수제자 정인홍이 '이황은 과거 급제로 출신하여 완전히 나아가지 않고, 완전히 물러나지도 않은 채 서성대며 세상을 기록하면서 스스로 중도라 여겼습니다'라고 빈정거렸다. (『광해군일기』 [중초본] 39권 광해 3년 3월 26일)

남명과 퇴계는 같은 영남에서 몸을 일으켜 그의 제자들이 초기에는 동인으로 분류됐다. 그러나 서인 정철에 대한 처벌 수위를 놓고 남명학파와 퇴계학파는 각각 북인과 남인으로 갈라서게 된다. 정철은 기축옥사 때 재판관으로서 동인에 대한 탄압을 주도했다.

호방한 성격으로 잗단 예법에 구애받지 않았다는 조식은 실제 삶에서도 좌고우면하지 않았다. 옳다면 옳은 것이고, 그르다면 그른 것이다. 그에게 중간지대는 없었다. 옳은 일은 옳은 일이기에 해야 마땅하고, 그른 것은 잘못된 것이기에 하면 안 되는 것이다. 이에 따른 이득의 유무는 남명에게 전혀 고려의 대상이 아니었다.

조식의 이름을 역사에 새긴 「단성소」가 탄생한 배경이다. 「단성소」는 명종 10년(1555년)에 조식이 임금에게 올린 「단성현감 사직소」를 줄인 말이다.

조식은 「단성소」에서 '자전께서는 생각이 깊으시지만 깊숙한 궁중의 한 과부에 지나지 않으시고, 전하께서는 어리시어 단지 선왕의 한낱 외로운 후사에 지나지 않습니다'라는 돌직구를 날렸다. (『명종실록』 19권 명종 10년 11월 19일)

명종이 모후 문정왕후의 수렴청정을 끝내고 친정에 나선지 불과 2년, 여전히 권간들이 나라를 틀어쥐고 있을 때다. 조식은 큰 틀에서 나라의 형세를 짚었고, 이에 대해 '이미 망조가 든 집안'이라는 냉정한 평가를 내렸다. 목숨을 건 결기가 없었다면 입에 담기 힘든 발언이 어전에 벼락처럼 내리쳤다. 명종은 「단성소」를 읽고 '새파랗게' 질렸다.

명종은 '자전에 대해 공손하지 못한 말이 있으니, 군신의 의리를 모르는 듯하여 매우 한심스럽다. (승)정원에서는 이와 같은 소를 보았으면 신하로서 마땅히 통분하며 처벌을 주청했어야 할 것인데 평안한 마음으로 펼쳐

보고 한마디도 그것을 아뢰지 않았으니, 더욱 한심스럽다. 이런 사람을 군신의 명분을 안다고 하여 천거했는가? 임금이 아무리 어질지 못하더라도 신하로서 어찌 차마 욕설을 하는가? 이것이 현인군자가 임금을 사랑하고 윗사람을 공경하는 일이겠는가?'라며 분노했다. 「단성소」가 전하는 메시지는 보지 못하고, 거친 표현만 살핀 것이다.

그러나 명종은 다음날 '조식을 일사(재야의 선비)로 여기기 때문에 너그러이 용납하고 죄를 다스리지는 않는다'라고 물러섰다.

사관은 '이때에 상이 대단히 노여워했기 때문에 안색이 온화하지 않았고 음성도 고르지 않았다'고 깨알같이 주를 달았다.(『명종실록』 19권 명종 10년 11월 20일) 그러면서 사관은 '조식은 오늘날 유일(遺逸) 중에서 가장 어진 사람이다. (중략) 초야에서 가난하게 살았으나 영리를 생각하지 않았고, 여러 차례 불렀지만 나오지 않고 그 뜻을 고상하게 하였다. (중략) 곧은 말로 상소를 올려 당시의 폐단을 바로 지적하였으니, 이 어찌 군신의 의리를 모르는 사람이겠는가. '자전은 깊숙한 궁중의 한 과부이다'고 한 말은 조식이 새로 지어낸 것이 아니고 선현의 말을 인용하여 글을 지은 것이니, 이것이 어찌 공손하지 못한 말이겠는가'라며 명종의 말을 조목조목 반박했다. 사관은 본인이 하고 싶었던 말을 조식에 '빙의'해서 쏟아냈다.

이에 대한 퇴계의 평도 남아있다. 퇴계는 '남명의 상소는 참으로 지금 세상에서 얻기 어려운 바이지만, 말하는 것이 정도를 지나쳐 헐뜯고 비난하는데 가깝다. 임금이 보고 화를 낸 것은 당연하다'라고 말했다.(『한중필록』)

명종 고아, 문정왕후 과부 발언으로 조정을 발칵 뒤집어 놓았지만, 조식의 현실 진단은 가장 앞섰고, 정확했다. 조식은 선조 1년(1568년)에 이른바

「무진봉사」 상소를 올려 '지금 시대처럼 서리(胥吏)가 나라를 마음대로 했던 것은 들어보지 못했습니다. (중략) 군민의 서정과 나라의 기무가 다 도필리(刀筆吏·서리)의 손에서 나와 아무리 작은 일이라도 대가를 주지 않으면 행해지지 않으니, 안으로는 재물을 모으고 밖으로는 백성을 흩어지게 하여 열에 하나도 남지 않았습니다. 심지어는 각기 주와 현을 나누어 제 것으로 삼고 문권을 만들어 자손에게 전하기까지 합니다'라며 '나라는 한갓 텅 빈 그릇처럼 앙상하게 서 있다'라고 통탄했다. (『선조실록』 2권 선조 1년 5월 26일)

조식 사후, 율곡 이이도 선조 7년(1574년)에 「만언봉사」를 올리면서 조식의 '서리 망국론'을 인용했다. (『선조수정실록』 8권 선조 7년 1월 1일) 서애 류성룡 역시 선조 28년(1595년) 어전회의에서 조식의 서리 망국론을 소환했다. (『선조실록』 59권 선조 28년 1월 22일)

평생 관직에 나아가지 않았지만, 조식의 눈은 조정과 민생을 향해 부릅뜨고 있었다. 당대의 학자들은 조식을 어떻게 평가했을까. 이황은 조식을 '뜻이 높아 남에게 굽히지 않는 선비'라고 평했다. 그러나 조식의 학문은 인정하지 않았다. (『광해군일기』 [중초본] 26권 광해 2년 3월 21일)

율곡은 '진실로 한 시대의 일민(학덕을 갖춘 은자) 이지만 논저를 보면 학문에 내실 있는 견해가 없고 상소한 내용을 봐도 역시 경세제민의 방책은 못 된다'라고 말했다. (『석담(경연)일기』) 고봉 기대승은 '조식은 기질이 꼿꼿하여 천길 절벽이 우뚝 서 있는 것 같다. 무딘 자를 흥시키고 나약한 자를 일으켜 세울 만하나 학문은 법도를 따르지 않는 병통이 있다'고 말했다. (『선조실록』 1권 선조 즉위년 11월 17일) 후대의 성호 이익은 '우리나라 기개와 절조의 최고봉'이라고 상찬했다.

임진왜란이 터지자 유독 조식의 제자들이 의병장으로 떨쳐 일어난 이유가 스승의 기풍을 이어받았기 때문이 아닐까? 정인홍, 곽재우, 김면 등 50여 명에 달하는 제자들이 사재를 털어 대일항쟁에 나섰다. 그래서 『조선교육사』를 집필한 이만규 박사는 조식을 우리 역사에서 가장 성공한 교육자로 꼽았다. 이만규는 조식의 '제자 복'을 높이 평가했다.

의병장뿐만 아니라 당대의 학자들도 조식의 문하를 자청했다. 오건·김우옹·최영경·정구 등이다. 김우옹과 정구는 조식과 이황의 문하를 넘나들었는데 김우옹은 "치지(致知)의 공부는 이황처럼 넓고 크지는 못할 듯합니다만 몸소 실천하는 공부는 매우 독실하여 정신과 기백이 사람을 깨우치는 점이 있습니다. 그의 문하에서 공부한 사람 중에는 절행이 있어 일을 맡을 만한 자가 많이 있습니다"라고 했다. (『선조수정실록』7권 선조 6년 9월 1일)

정구는 "퇴계는 덕우가 혼후하며 행실이 독실하고, 남명은 재기가 호걸스럽고 고매하여 우뚝 서서 홀로 행하는 어른이다"고 말했다. (『광해군일기』[정초본]148권 광해 12년 1월 5일)

조식은 김해 처가살이와 고향 창녕 삼가현을 거쳐, 1561년 지리산 기슭 산청군 시천면으로 옮겨 '산천재'를 짓고 후학 양성에 힘썼다. 그는 항상 방울을 차고 다니며 주의를 환기시키고 칼끝을 턱 밑에 괴고 혼매한 정신을 일깨웠는데, 말년에 이르러 방울은 김우옹에게, 칼은 정인홍에게 넘겨주면서 이것으로 심법을 전했다. (『선조수정실록』7권 선조 6년 5월 1일)

선조는 그의 부음을 듣자, 그를 사간원 대사간에 추증하였고, 광해군은 영의정에 추증하면서 문정이란 시호를 내렸다.

주목할 것은 정치적으로 반대파들이 집권한 당시에 쓴 졸기의 내용이다.

『선조실록』은 조식의 문하생들이 집권한 광해군 북인정권 때 썼고,『선조수정실록』은 인조반정으로 북인정권을 뒤엎은 서인과 남인들이 서술했다.

정치적 대척점에 선 두 세력이 쓴 졸기 내용이 조식의 경우에는 내용과 양, 모두 비슷하다. 매우 이례적이다. 다만 『선조실록』에선 마지막 문장에 '친구들과 제자 수백 명이 사방에서 찾아와 조상하고 사문을 위하여 애통해하였다'라는 표현과 '문집 3권을 세상에 남겼다'고 전했지만 수정실록에선 이 같은 내용이 빠졌다. 대신 '조식의 저서는 없고 약간의 시문만 세상에 나돌 뿐'이라는 문장을 덧붙였다.

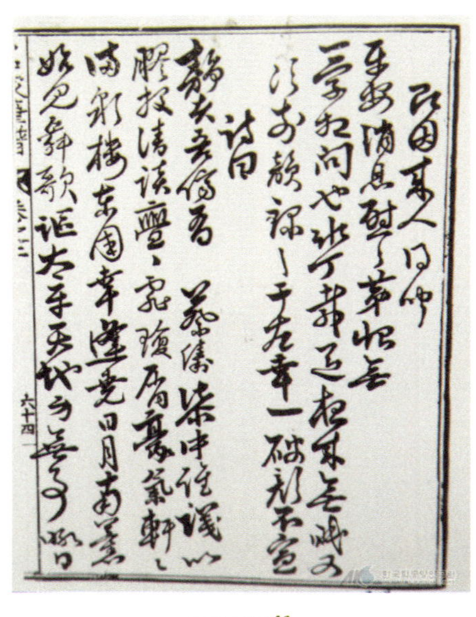

조식 필적.[14]

14   출처 ―[한국학중앙연구원], [https://www.aks.ac.kr]

17

기대승

을사위훈 삭제 반대 미스터리

기대승 선생 위패를 모시고 있는 빙월당.[15]

예송 논쟁은 현종의 계조모 자의대비(장렬왕후) 상복을 둘러싼 정쟁이다.

15 출처 −[한국관광공사], [https://korean.visitkorea.or.kr]

모두 2차례 발생했는데 서인과 남인이 각각 1승1패를 나눠 가졌다.

효종이 죽고 현종이 즉위한 직후, 인조의 계비 자의대비가 아들의 장례에 입어야 할 상복 격식이 '정국의 핵'으로 떠올랐다. 효종이 인조의 둘째 아들이라는 이유에서다. 서인은 『주례』에 따라 차남이기 때문에 1년 복을 입어야 한다고 말했다.

반면 남인은 효종이 차남이지만 왕위에 올랐기 때문에 큰아들로 인정해, 3년 복을 입을 것을 주장했다. 1차 예송(기해예송)이다.

현종은 1차 예송 때는 서인의 손을 들어줬다. 『경국대전』에서 장·차자를 가리지 않고 1년 복으로 규정했기 때문이다.

15년 후 며느리인 인선왕후가 죽자, 시어머니 자의대비의 상복이 또 다시 쟁점으로 떠올랐다. 2차 예송(갑인예송)이다. 『주례』와 『의례』에 따르면 맏며느리는 9개월, 둘째 며느리는 5개월이다. 반면 『경국대전』은 맏며느리는 1년, 둘째 며느리는 9개월로 규정했다.

서인은 둘째 며느리로 판단해 9개월 상복을 주장했고, 남인은 맏며느리로 인정해, 1년 복을 앞세웠다. 현종은 1차 예송 때와 마찬가지로 『경국대전』을 근거로 했다. 현종은 1년 복을 주장한 남인의 손을 들어줬다. 정국 주도권이 서인에서 남인으로 넘어가는 후폭풍이 뒤따랐다.

그러나 이보다 92년 전에 예법 논의를 주도한 이가 있었다.

고봉 기대승(奇大升·1527~1572)이다. 왕위를 넘겨받은 선조가 모친의 제사를 지내려했다. 이때 기대승이 경연에서 홀로 쓴 소리를 던졌다. 조정 대신들은 침묵하거나 오히려 계청하고 있었다.

『선조수정실록』에 상(선조)이 『예기』를 강했는데, 기대승이 "후세에 와서는

　　　　　권력은 사라지고 기록은 남는다

예를 잘 알지 못하고 감정 내키는 대로 행동하기 때문에 구차한 일들이 많았습니다. 상께서도 현재 사상(모친상) 중에 계시다가 입궐해 대통을 이으셨으니 이제는 대통이 중한 것입니다. 그런데 나라 초상(명종 국상)도 치르기 전에 대신들이 사친에 대하여 제사를 지내도록 계청하였으니, 예의 당연한 것을 모르는 것입니다. 원래 나라 초상이 나면 종묘의 제사도 폐지하는 것인데 하물며 사친이겠습니까. (중략) 이미 지난 일이야 어쩔 수가 없지만 앞으로는 그리 않아야 할 것입니다"라고 말했다는 글이 있다. (『선조수정실록』1권 선조 즉위년 10월 5일) 기대승이 임금에게 '예법 훈수'를 둔 장면이다.

퇴계 이황도 같은 문제를 제기했다.

'석강에서 『예기』를 강하고 이황이 선조 사친에 대한 예가 어긋남을 지적하다'라는 기사에 따르면 "(중략) 한번 예를 잃게 되면 만사가 잘못되기 때문에 옛날의 성인은 예를 중하게 여겼던 것인데 (중략) 반드시 예를 신중하게 한 뒤에라야 무궁토록 후세에 법도를 전해 줄 수 있을 것입니다. 들어와서 계승하신 뒤에는 대통이 중하므로 사친에 대해서는 예를 굽혀 그 정을 펼 수가 없는 것입니다. 그런데 초상 장례도 치르기 전에 대신이 계달하여 사친의 제사를 올리기까지 하였으니 온당하지 않습니다. 국군(國君)의 초상에는 종묘의 제사까지도 폐하는 것인데 하물며 사친에게 치전할 수 있겠습니까. 신이 외방에 있으면서 소식을 들었는데 지금에야 아룁니다. 지나간 일은 어쩔 수 없더라도 앞으로의 일은 경계할 수 있을 것이니, 상께서 그것이 예가 아님을 아시고서 경계하시면 됩니다. 그리고 제문을 예조에서 자세히 고찰하지 않고 정했으니 역시 온당치 않습니다"라고 유감을 전했다. (『선조실록』1권 선조 즉위년 11월 4일)

기대승의 발언은『선조수정실록』에, 이황의 말은『선조실록』에 적혀있다. 고봉과 퇴계가 미리 입을 맞춘 듯 내용 또한 거의 비슷하다.

그러나 기대승과 이황은 인성왕후 복제를 놓고선 의견을 달리했다.

1567년 명종이 승하하자 명종의 형수가 되는 인성왕후(인종의 비)의 복제가 도마에 올랐다. 대신들은 명종이 시동생인 만큼 인성왕후가 상복을 입지 않아도 된다고 의견을 모았다. 이황 또한 수긍하는 분위기였다. 그러나 기대승의 생각은 달랐다. 명종이 비록 인성왕후의 시숙이기는 하지만, 형제가 임금의 자리를 계승할 경우 군신 간의 관계가 되므로 마땅히 기년복을 입어야 한다고 주장했다. 이황은 '기대승이 아니었다면 자신이 예를 그르친 천고의 죄인이 될 뻔하였다'라고 고백했다. 당시의 상황을『현종실록』은 다음과 같이 전한다.

"공의전(인성왕후) 복제를 이황이 처음에는 명종대왕이 수숙 사이의 복을 입어야 맞다고 했다가, 기대승으로부터 '계체의 뜻으로 보아 신하 뻘이 되기도 하고, 자식 뻘이 되기도 한데 어떻게 수숙 사이의 복을 입을 수 있다는 말인가?' 하는 힐난을 당하고는 '눈을 휘둥그레 뜨고 깜짝 놀라, 하마터면 천고의 죄인이 될 뻔했다'고 하였다."(『현종실록』2권 현종 1년 4월 2일)

같은 날짜『현종개수실록』에도 '우리나라에서도 명묘상사 때 기명언(기대승)이, 공의전은 당연히 계체의 복을 입어야 한다고 했다. 퇴도(이황)도 그의 말을 옳게 여기고 따랐다'고 전한다.

기대승의 설명을 듣고 이황이 이를 받아들였다는 이야기다. 당시 이들은

8년에 걸친 사단칠정논쟁을 마무리하고, 서로에 대한 신뢰가 무르익고 있었다. 사단칠정논쟁은 기대승의 나이 32세 때에 시작돼, 8년 동안 편지를 주고받으며 전개됐다. 신진 관료 기대승의 상대는 유학 종장 퇴계 이황. 당시 퇴계의 나이 58세였다. 이 논쟁에서 퇴계는 '이와 기가 각각 따로 발현한다'는 이기호발설(理氣互發說)을, 기대승은 '이와 기가 함께 발현한다'는 이기공발설(理氣共發說)을 주장했다. 이들은 한국사 최장의 사상 토론을 이어갔다.

인성왕후 상복 격식과 선조의 사친 제사에 관한 예법 논쟁도 그 연장선에서 나왔다. 그로부터 2년 후 1569년, 43세의 기대승은 낙향하는 69세의 퇴계를 봉은사까지 따라가 눈물로 송별했다. 사상적 공감으로 깊이 신뢰하게 된 두 사람에게 스물여섯 살이란 나이 차는 아무런 장애가 되지 못했다. 이듬해 1570년, 기대승은 이황의 부음을 접했다. 2년 후 고봉도 46세를 일기로 졸기를 남긴다.

기대승은 선조 즉위와 함께 새 시대를 향한 기대감을 키웠다. 무엇보다 인종의 문소전 부묘에 목소리를 높였다. 그는 "인묘를 문소전에 같이 부묘한 일은 곧 인심과 천리의 지극한 일입니다"라며 재임 1년도 안 돼, 승하해 존재감이 없던 인종의 적통 회복에 앞장섰다. (『선조실록』3권 선조 2년 5월 21일)

기대승은 관료의 전문성을 높이기 위해 임기를 늘릴 것을 주문했다.

'옛날에는 병조 판서가 되면 4,5년에 비로소 갈리었으므로 무신들의 현부와 병사의 수말(首末)을 다 자세히 알 수가 있었는데, 근래에는 이조·병조 판서가 1년만 지나면 교체됩니다. 호조 판서는 10여 년 동안 바꾸지 않앉기 때문에 국가 예산이 많은지 적은지, 해가 풍년인지 흉년인지를 자세히 알아 그때그때 알맞게 처리할 수가 있었으므로 나라의 용도가 마치 한 집안의 용도처럼 훤하고 차질이 없었는데, 근자에는 5,6개월이면 금방 갈아치우기 때문에 관부의 물건이 소모되는 것이 태반이 넘습니다. 바라건대 뜻을 세우고, 어진 이를 찾고, 책임을 지우는 세 가지 일에 대하여 항상 체념하소서.'(『선조수정실록』 2권 선조 1년 4월 1일)

사림의 기수로서 명성이 높던 기대승은 뜻밖에 을사위훈 삭제에 반대 의견을 내면서 사림 안팎에서 배척당했다.

'기대승은 "을사의 녹훈은 거짓이 아니고, 또 선왕이 정한 것이니 삭제할 수 없다" 하여 식자들이 자못 좋지 않게 여겼다. 이에 식자들이 복종하지 않는 바가 되고, 임금도 또한 심상하게 대하므로 우울해하다가 벼슬을 버리고 갔다.'(『명신록』)

'대사헌 기대승이 관직을 그만두고 시골로 돌아갔다. (기)대승이 대신의 비위에 거슬린 데다 구신의 비난까지 받자, 병을 핑계로 사직하고 나주로 돌아가 산 속에 집을 짓고 학도를 모아 학문을 강하는 것으로 여생을 보내고자 했다. 그는 "말해야 할 일은 경연 석상에서 다 진달했다. 더 이상 쓸데없는 말로 명예를 얻고 싶지 않다"라는 말을 남겼다.'(『선조수정실록』 4권 선조 3년 2월 1일)

'임신년에 뜻을 잃고 남으로 돌아가니, 당대의 명사들이 한강에서 전송했는데, 이때 사대부가 조정에 서서 종신토록 행해야 할 것을 묻는 자가 있었다. 이에 답하기를, "기(幾)·세(勢)·사(死) 세 자면 족히 다할 것이다" 하였

 권력은 사라지고 기록은 남는다

는데, 그 뜻은 대개 먼저 그 기미를 살피고 시세를 알며 죽음으로써 지키고 도를 선하게 하는 것이다.' (『명신록』)

기대승의 졸기에는 '선악 호오가 분명하고, 너무 강직하고 과대하여 말을 쉽게 해서 기로(耆老)들을 악평하여 구신과 대신들에게 큰 미움을 샀다'라는 사평이 있다. (『선조실록』 6권 선조 5년 11월 8일)

동시대를 살다 간 율곡 이이도 '바야흐로 을사위훈을 논할 때 (기)대승이 홀로 그르다 하니, 간사한 무리들이 대승으로 종주를 삼았다. 이때에 이르러 벼슬을 버리고 가다가 도중에 팔뚝에 종기를 얻어 객지에서 죽으니, 세상 사람들이 그 재주를 애석하게 여겼다. 비록 실용의 재주는 아니었으나 뛰어나게 영특하였다'라고 평했다. 율곡은 일찌감치 '기대승의 재주는 호방하나 기질이 거칠어 학문이 정밀하지 못하고 자부심이 지나쳐서 사류를 경시하였다. 의견이 다른 사람은 미워하고 같은 사람은 좋아하니, 만약 임금의 신임을 얻는다면 그 집요한 병통이 장차 나라를 잘못되게 할 것이다'라고 내다봤다. (『석담(경연)일기』)

기대승이 인정한 관료와 학자는 아마도 퇴계뿐이 아니었을까? 다른 사람을 인정하지 않으니 인정받을 수도 없고, 배척당하는 외로움을 홀로 삼켜냈을 것이다. 사림이 장악한 조정에서 펴낸 『선조실록』에서도 기대승의 졸기는 단 한 문장에 그친다. 다만 주(註)를 달아 보충 설명했을 뿐이다. 기대승도 사화를 겪은 가문의 후손(숙부가 기묘사화 때 희생)인데 졸기의 양과 질이 너무 인색하다. 기대승은 조광조를 필두로 기묘사화 때 화를 입은 이언적, 송인수, 노수신, 정황, 유희춘의 명예 회복을 건의하기도 했다. (『선조수정실록』 1권 선조 즉위년 10월 5일)

그러나 수정실록 줄기에선 내용이 자못 풍성하다. 『선조실록』에서의 악평도 수정실록에선 '대신과 의견이 맞지 않아' 정도로 완화시켰다. 수위 조절에 신경을 쓴 흔적이 보인다. '어떤 자가 기대승의 행동이 그의 지식에 미치지 못한다고 하자, 이황이 적극 나서 고봉을 변호하다'라는 말이 사뭇 인상적이다. 다음은 퇴계의 일갈이다. "기명언은 임금을 예로써 섬기고 진퇴를 의로써 하는데 어찌 지식에 미치지 못한다고 하는가." (『선조수정실록』 6권 선조 5년 10월 1일)

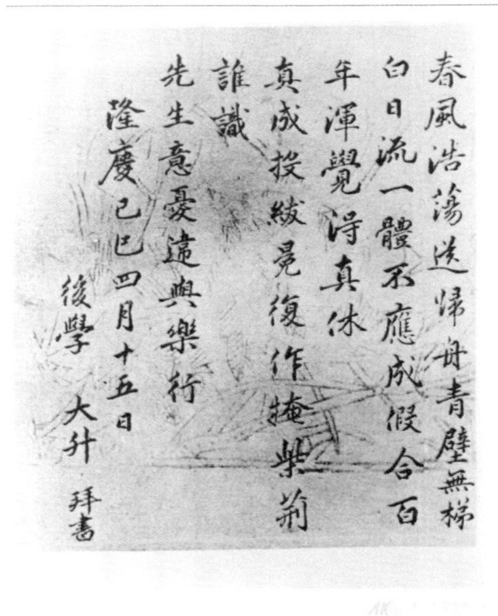

기대승 필적.[16]

16   출처 --[한국학중앙연구원], [https://www.aks.ac.kr]

이준경
붕당정치의 폐해를 예견한 '꼿꼿' 재상

퇴계 이황을 산새(山禽)에 비유한 동고 이준경(李浚慶·1499~1572). 그는 퇴계를 향해 "나는 자네를 인정하지 않네"라는 말을 면전에서 할 정도로 대가 쎈 인물이었다.

『선조실록』과 『선조수정실록』 모두, 이준경에 대한 졸기를 남겼지만 평이 다르지 않다.

사평이 엇갈리는 게 두 개의 실록을 편찬한 본래 취지인데 그에 대한 졸기는 희한하게 찬양일색이다. 실록에서 '근래의 영의정 중에서 업적이 가장 많았다'고 했는데 수정실록에서도 '참으로 사직지신이라 할 만하다'고 기록했다.

그러나 이준경의 초년은 '참혹함' 그 자체였다.

여섯 살 때 조부 이세좌와 부친의 4형제가 모두 갑자사화에 연루되면서 집안이 풍비박산됐다. 이세좌는 연산군의 생모 폐비 윤씨에게 직접 사약을 가져다 준 인물로, 사화를 피할 수 없었다. 이세좌는 물론, 아들 4형제가 모두 참형에 처해졌다. (『연산군일기』53권 연산 10년 5월 13일) 이준경과 그의 형 이윤경은 충북 괴산으로 유배되었다가 중종반정 이후에야 풀려났다. 이준경은 조광조 문하에 들어갔지만 기묘사화 때, 스승이 사약을 받는 참화로 다시 한 번 위기를 맞았다. 다행히 그에게는 직접 화가 미치지 않았다.

관직에 진출해서는 조광조와의 인연으로 사림파에 몸담았다. 출신 배경은 광주 이씨 훈구파였지만 사화로 멸문지화를 당하면서 사림파와 연이 닿았다. 그는 특정계파에 얽매이지 않고 처신해 권력 안팎에서 존경을 받았다. 권력의 눈치를 보지 않았다는 점이 그의 가장 큰 장점이었다. 소윤이 대윤을 꺾고 권력의 정점에 달했을 때도 이준경은 몰락한 대윤의 윤임을 옹호하기도 했다.

'이준경은 평소 존중받았기 때문에 그대로 청현한 관직에 있게 된 것이니, 마땅히 공구성념 해야 할 것인데, 도리어 윤임의 일에 대해 '윤임이 어찌 반역을 했겠는가. 다만 자신을 보존하려는 계책을 했을 뿐이다'고 말했다. (『명종실록』10권 명종 5년 5월 15일)

이준경은 윤원로의 주살을 계청하는 여론에 대해서도 '지금 (윤)원로의 주살을 계청한다면 대비(문정왕후)의 마음이 편하겠는가. 그렇게 할 수는 없다'라며 홀로 반대했다. (『명종실록』1권 명종 즉위년 7월 7일)

윤원로는 문정왕후의 남동생이자, 당대의 세도가 윤원형의 친형이다. 수정실록 졸기에 '(을사)사화가 일어나 수많은 사류가 참화를 당했으나, 준경은 평안감사로 좌천되기만 하였다. 윤원형이 항상 앞서의 일을 고맙게 생각하고 이끌어 정경(正卿)에 앉혔으며 마침내 정승에 이르렀는데, 준경은 조정에서 꼿꼿하게 집정하며 끝내 굽히는 일이 없었다'고 적었다. (『선조수

　　　권력은 사라지고 기록은 남는다

이준경은 이황, 조식과는 한두 살 차이로 같은 시대를 살았다.

조식이 임금의 부름을 받고 한양에 왔을 때 준경은 찾아가지 않았다. 조식이 방문해 고별하고 말하기를 "어찌 정승 자리를 가지고 스스로 높이려 하는가?"라고 하자 이준경은 "조정의 체모를 폄하할 수 없다"라고 말했다. 이준경이 이황에게도 "도성에 들어오신 지 오래되었는데 어찌 이제야 찾아오십니까?"라고 하자 이황이 "사대부들을 응접하느라 그럴 틈이 없었습니다"라고 변명했다. 이에 이준경은 "조정암(조광조) 이외에 그 누구도 나는 인정하지 않습니다"라고 쏘아붙였다.

'꼿꼿' 저상 이준경은 이황이 관직에 임명됐음에도 거듭 사퇴를 청하자 그를 아예 산새에 비유하는 도발을 하기도 했다. '이준경은 기묘사화를 징계 삼아 과격한 처사를 억제하려는 뜻을 지니고 있었다. 그러나 성품이 원래 고집스럽고 완강하였으므로 자기는 중립을 지킨다고 자신하면서, 유자(儒者)를 조롱하고 비평하여 심지어 이황을 산새에다 비유해, 신진들과 사이가 좋지 않았다.' (『선조수정실록』3권 선조 2년 6월 1일)

이황 스스로도 자신이 산새라고 비난받는다는 것을 알고 있었다. 이황의 상소문에 다음과 같은 내용이 있다. "이름 내기를 좋아한다고도 하고, 혹은 꾀병을 한다고도 하고, 혹은 산새와 비교하기도 하고, 혹은 이단으로 배척하기도 하였으니, 이것은 신이 신하된 도리를 잃은 것으로 어진 이들에게 죄를 얻음이 큰 것입니다." (『선조실록』2권 선조 1년 1월 28일)

율곡 이이는 『경연(석담)일기』에서 이준경에 대해 '네 임금을 모신 원로 신으로 몸가짐을 청백하게 하고 일하는 데 굳세며 권간을 내쫓고 성군을 섬

겨왔으니, 누가 어진 재상이라고 하지 않겠는가, 다만 거만하여 혼자만 똑똑하다 하고, 선비에게 굽히지 않으며, 선비들과 말썽이 쌓이고, 끝내는 나라 망할 말로 임금을 그르쳐 명예를 잃었으니 참으로 애석한 일이다'라는 평을 남겼다.

이준경은 사림파의 분화를 일찌감치 내다봤다. 그래서 이이와도 부딪쳤다. 한 세대 아래인 이이는 을사위훈을 비롯한 잘못된 조처를 신속히 해결하자는 입장이었다. 반면 이준경은 구시대의 적폐청산도 완급조절이 필요하다며 서두르면 나라의 걱정거리가 된다고 경고했다. 졸기에서 임금에게 올리는 '4가지 유언' 중에 네 번째 항목이 그것이다. (『선조실록』 6권 선조 5년 7월 7일)

그는 "사사로운 붕당을 깨뜨려야 합니다. 사람들은 간혹 잘못된 행실이나 법에 어긋난 일이 없는 사람이 있더라도 말 한마디가 자기 뜻에 맞지 않으면 배척하고 용납하지 않으며, 행검을 유의하지 않고 독서를 힘쓰지 않더라도 고담 대언으로 붕당을 맺는 자에 대해서는 고상한 풍치로 여겨 마침내 허위 풍조를 빚어내고 말았습니다. 그렇지 않으면 끝내는 국가의 구제하기 어려운 걱정거리가 될 것입니다"라는 유언을 남겼다.

이준경은 이 상소로 인해 사림들로부터 공격을 받았다. (『선조수정실록』 6권 선조 5년 7월 1일) 이이는 "옛사람은 죽을 임시에 하는 말이 선하였는데, 지금 사람은 죽을 임시에 하는 말이 악하기만 하다"라고 혹평했다. (『숙종실록보궐정오』 18권 숙종 13년 9월 10일)

붕당의 폐해를 내다 본 이준경의 혜안은 정확했다. 이준경 사후, 동인·서인 분당이 확실해지자, 이이는 이준경의 유언이 옳았다며 부끄러워했다고 전해진다.

이준경은 하성군 이균을 명종의 후계자로 정하는데도 조정의 중심을 잡았다. 실록에 당시의 긴박한 상황이 묘사돼 있다.

'정묘년(1567년) 명종대왕의 병이 위중했다. 영의정 이준경이 관복을 갖추고 대기하고 있다가 부름을 받고 들어왔다. 상의 손을 잡았으나 상께서는 말을 하지 못했다. 이준경이 울면서 인순왕후께 대계(大計)를 정할 것을 청하니, 중전이 "을축년(1565년)에 결정한 대로 한다"고 말했다. 이준경이 "대계가 결정되었으니 더 아뢸 말씀이 없습니다. 시위할 관원들에게 세자 행차에 필요한 의장물을 갖춰 사제(私第)에 가서 하성군을 모시고 오도록 했다. (중략) 요행을 바라는 무리가 수레 뒤를 따랐다. 이들의 이름을 기록한 것이 한 두루마리나 되었는데, 어떤 자가 이들을 녹공할 것이라고 했지만 이준경은 "예전에 결정된 일인데 신하가 무슨 공이 있단 말인가?" 하고 불에 태워버리게 했다.'(『선조실록』 1권 총서)

이준경은 원상으로서 선조 초반 국정을 이끌었다. 수정실록은 '준경은 정승으로 있으면서 진정시키는 일에 힘을 쓰고, 대단한 공은 세우지 못했다. 사림에서는 그를 변변치 않게 여겼다. 그러나 집에 뇌물이 오가는 일이 없었으므로 세상에서 현상이라고 불렀다'(하략)고 적었다. (『선조수정실록』 5권 선조 4년 5월 1일)

율곡의 『경연(석담)일기』에 나오는 일화 한 토막을 보자.

중국 황제의 등극을 알리는 사신이 안주 땅에 이르렀는데, 명종의 부음이 들렸다. 중국 사신은 역관에게 "대를 이를 아들이 있는가" 묻고 "없다"는 답을 듣자, "그렇다면 누가 다음 수상인가" 물었다. 이에 "이준경인데 사람들이 신임한다"는 말에 사신은 "그렇다면 염려 없다"고 했다.

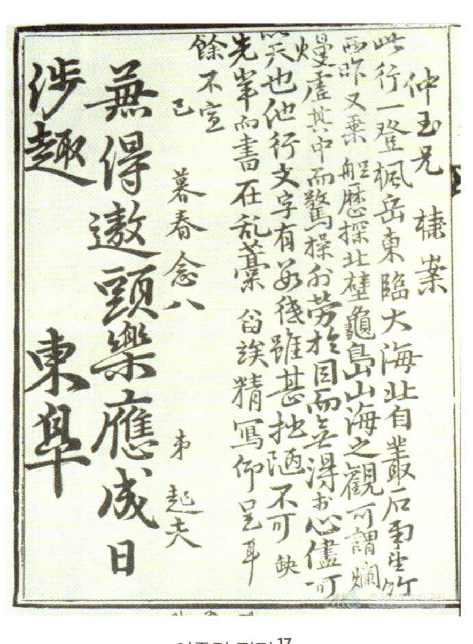

이준경 필적.[17]

17   출처 –[한국학중앙연구원], [https://www.aks.ac.kr]

19

김인후

호남 선비로 유일하게 문묘에 배향

'인종을 향한 일편단심.' '기묘사화에 희생된 사림파 신원 호소.'

하서 김인후(金麟厚·1510~1560)의 생애는 이 두 문장으로 요약할 수 있다.

인종은 중종과 장경왕후의 적장자로 태어나 흠잡을 데 없는 정통성을 지녔지만, 모후 장경장후가 산후병으로 일찍 타계하는 불운으로 계모 문정왕후의 손에서 자랐다. 왕세자 시절 동궁에 의문의 화재가 발생해 (『중종실록』 100권 중종 38년 1월 7일) 생명의 위협을 받는 등 숱한 고비를 넘고 왕위에 올랐지만, 즉위 8개월 만에 숨졌다. 문정왕후의 등살에 시름시름 앓다가 30세 푸른 청춘으로 승하해, 조선시대 가장 단명한 왕으로 기록돼 있다. 비록 존재감이 없는 왕이지만 25년 동안 왕세자로 지내면서 성군의 자질을 보였다고 전해진다.

인종이 세자 시절 스승 김인후에게 그려준 묵죽도.[18]

김인후는 인종이 왕세자 때부터 사제의 연을 맺었다. 세자는 스승 김인후에게 자신이 직접 그린 묵죽도 한 폭을 건네주었고, 김인후는 그림에 시를 남겼다. 묵죽도는 목판본으로 남아있는데, 현재 국립광주박물관에서 소장하고 있다.

실록은 '인종이 동궁에 있을 때 (김인후가) 오랫동안 강관으로 있었는데, 아주 깊이 인정을 받았다'고 기록했다. (『현종실록』14권 현종 9년 4월 13일, 『현종개수실록』9년 4월 13일) 이어 '김인후는 인종이 승하하자 벼슬을 버리고 집에 있었는데, 여러 차례 옥당에 제수하여 불렀으나 끝내 나오지 않았다. 매년 인종의 제삿날이면 혼자서 산속으로 들어가 통곡하고서 돌아왔다. 그래서 해마다 7월이면 온 산중에 통곡소리라는 시구가 있게 되었다. 논자들은 을사사화 이후 사류로서 출처가 올바르기로는 김인후만한 사람이 없다고 평가했다'라며 극찬했다.

졸기에도 '김인후는 중종과 인종의 국상을 만나 몸을 가누지 못할 정도로 훼척하여 을사년 겨울, 마침내 병으로 사직한 뒤 집으로 돌아가 잇단 (벼슬) 제수에 모두 나아가지 않았다'라고 적었다. (『명종실록』 26권 명종 15년 1월 16일)

졸기에는 특히 그의 생김새에 관한 언급이 있어 눈에 띈다. '사람들은 그의 용모만 바라보고도 이미 속세의 사람이 아닌 것을 알았다'라는 문장이다. 김인후의 용모는 그를 문묘 18현에 종사할 때 선포한 교서에도 등장한다.

'맑은 용모와 곧은 기상의 아름다운 영혼을 문묘에 봉안하며, 깨끗한 제수와 정결한 제사로 멀리서 술잔에 정성을 담아 올리는 바이다.' (『정조실록』 45권 정조 20년 11월 8일)

김인후는 일찍이 김안국에게 배웠다. 김안국은 김굉필 문하에서 조광조와 동문 수학한 절친이다. 김안국은 전라도관찰사 부임 때 열 살 무렵의 김인후를 가르쳤다고 전해진다. 그래서 김인후는 조광조와도 연결된다.

김인후의 이름은 중종 34년(1539년) 실록에 첫 등장한다. 그의 나이 29세 때다. 중종실록에는 김인후의 이름이 총 7번 보인다. 이 중 김인후의 발언은 4번 기술되는데, 3번이 기묘사화 때 희생된 이들의 신원을 요구하는 것이었다.

　기묘사화는 중종 14년(1519년)에 조광조·김식·기준 등 8명의 신진 사류가 겉으론 남곤·심정 등 훈구파에 의해 숙청당한 사건이다. 그러나 실제론 중종 자신이 기묘사화를 일으킨 장본인이다. 신진 사류들이 도학정치를 앞세워 왕권을 위협한다고 판단했기 때문이다. 기묘사화 이후 20년 동안 중종의 눈치를 보면서, 이들에 대한 신원 요구를 아무도 입 밖으로 꺼내지 못했다.

　이런 가운데, 34세 홍문관 부수찬 김인후가 왕의 면전에서 처음으로 이들의 신원을 언급한 것 자체가 목숨을 건 행위였다. 상언한 톤은 부드러웠다. '근래 이를 데 없는 소인으로서 죽어도 죄가 남을 자는 다 복직되고, 한때 잘못한 일은 있더라도 그 본심은 나라를 속이지 않은 자는 상은을 입지 못하였습니다. 상은을 입지 못하였을 뿐 아니라 그 사람들이 숭상하던 글도 모두 폐기하고 쓰지 않으니, 매우 온편하지 못합니다.' (『중종실록』 101권 중종 38년 7월 20일)

　중종은 불호령 대신 예상 밖의 반응을 보였다.

　실록에 중종은 "김인후가 아뢴 전말을 잘 듣지 못했으나 과연 어느 사람을 가리킨 것인가?"라며 관심을 보였다고 적혀있다. 김인후는 사흘 후 "신의 말소리가 작아서 분명히 아뢰지 못하였으므로 지극히 황공합니다. (중략) 기묘년 사람은 오히려 상은을 입지 못하니, 신은 홀로 온편하지 못하다고 생각합니다. 이 뿐이 아니라 그들이 한때 숭상하던 소학·향약의 글도 모두 폐기하고 쓰지 않습니다"라고 말했다. 중종은 "소학·향약을 사람 때문에 폐기할 수는 없다"라며 김인후의 손을 들어주었다. (『중종실록』 101권 중종 38년 7월 22일)

　중종은 이에 앞서 기묘사화의 주동자 심정을 사사했다. 하지만 희생된 사류들을 신원하는 데까지는 이르지 못했다. 뜻을 이루지 못한 김인후는 낙향을 결심했다. 부모 봉양을 이유로 외직을 신청해, 고향 근처 옥과현감으로 제수됐다. 이듬해 중종이 죽고, 인종이 즉위했다. 인종은 김인후에게 제술관을 제수했다. 김인후는 제자이자 성군의 자질을 보인 인종에게 부푼 기대감을 안고 한양에 입성했다. 그러나 인종이 돌연 병석에 눕자, 희망은 물거품이 됐다.

정재륜이 효종~경종까지 4대에 걸쳐 궁중에 출입하면서 보고 들은 바를 기록한 『공사견문록』에는 '임금이 몸이 편안치 못하니 김인후가 약 제조를 논의하는 어의들의 회의에 참석하기를 청했으나, 약방에서 거절하자 (김)인후가 소리를 내고 가슴을 치면서 청하고 또 청하였다'고 전했다. 김인후는 인종의 독살 가능성을 배제하지 않았다.

김인후는 재차 낙향했다. 인종은 임종을 한 달여 앞두고 조광조를 비롯한 기묘사화 때 희생된 선비(기묘명현)들을 신원시키라는 전교를 내렸다.

"조광조 등의 일은 내가 늘 마음속에서 잊지 않았으나 선왕께서 전에 허락하지 않으셨으므로 내가 감히 가벼이 고치지 못하고 천천히 하려했다. 이제는 내 병이 위독하여 날로 심해지고, 살아날 가망이 없으므로 비로소 유언하여 뒤미처 인심을 위로하니, 조광조 등의 벼슬을 일체 전일의 중의처럼 회복할 수 있으면 다행이겠다. 현량과도 전에 아뢴 대로 그 과를 회복해 거두어 등용하도록 하라." (『인종실록』 2권 인종 1년 6월 29일, 『영조실록』 54권 영조 17년 8월 28일)

인종은 김인후가 평소 기묘명현의 신원 요구에 누구보다 앞장서 목소리를 높인 것을 잘 알고 있었다.

인종의 '최후의 결단'으로 기묘명현은 신원 됐지만, 주군이 승하한 이상 벼슬은 의미가 없었다. 김인후는 모든 관직과 벼슬을 거부하고 낙향해 후학 양성에 전념했다. 제자로는 정철, 조희문, 변성온, 오건 등이 있다. '송강 정철은 젊어서 하서에게 배우고, 기고봉(기대승)과 더불어 놀았다. 공(정철)이 하서를 높이 사모하여 말하기를 "출처의 대절은 아무리 퇴계라도 미칠 수 없다"라고 했다'라는 말이 『연려실기술』에 전한다.

하서는 명종이 여러 차례 관직을 내렸으나 끝내 응하지 않았다. 자손들에게는 옥과 현감 이후의 관직을 (묘비명에)쓰지 말라고 유언했다.(『하서집』) 김인후는 현실정치와 담을 쌓았고, 술과 시로써 세월을 보냈다. '(중략) 을사년 이후로 김인후는 벼슬하지 않고 매양 (인종의) 제삿날이 다가오면 산중으로 가서 통곡했다'(『영조실록』 54권 영조 17년 8월 28일)라는 기록도 보인다.

그는 명종 대에 퇴계 이황과 함께 여러 차례 천거됐다. (『명종실록』 19권 명종 10년 11월 7일) 그와 퇴계와의 인연은 성균관에서 시작됐다.

'이때는 기묘의 화를 거친 뒤였으므로 선비들의 풍습이 부박해서, (퇴계) 선생의 법도 있는 행동거지를 보고 많은 사람들은 비웃을 뿐이요, 서로 상종하는 이는 오직 하서 김인후 한 사람뿐이었다. 선생이 고향으로 돌아갈 때, 하서가 작별 시를 지었다. 이에 따르면 그대는 영남의 수재요, 이(이태백)·두(두보)의 문장에 왕(희지)·조(맹부)의 글씨라는 구절이 있다.'(『퇴계집』)

고향 장성에 안착한 김인후는 담양 소쇄원의 주인이자, 조광조의 제자 양산보와 사돈관계를 맺었다. 양산보의 둘째 아들 양자징을 사위로 맞았고, 후일 필암서원에는 장인과 사위의 위패가 함께 봉안된다.

김인후는 정조 대에 호남 선비로는 유일하게 문묘종사 18현에 배향됐다.

　　　　권력은 사라지고 기록은 남는다

정조는 김인후를 '증 이조 판서 김인후를 영의정에 추증하고, 천묘하지 않고 영구히 제사지낼 수 있도록 허락한다'(『정조실록』 45권 정조 20년 9월 17일)고 하면서 '김인후를 문묘에 종사하는 바이니, 나라 사람들이 본보기로 삼고 선비들이 모두 귀의할 곳이 생겼다. 공자·정자·주자의 도통을 접하여 그 연원이 멀기에 정암(조광조), 퇴계(이황), 우계(성혼), 율곡(이이)의 반열에 올려서 봄가을로 제사를 지내도록 하는 바이다'라는 교서를 선포했다. (『정조실록』 45권 정조 20년 11월 8일)

후일 흥선대원군이 호남 지방을 둘러보고 난 후에 소감을 시로 남겼는데 김인후의 고향 장성을 두고 문불여 장성(文不如 長城)이라고 했다. 장성에 가서 글 자랑하지 말라는 뜻이다. 흥선대원군의 '호남 팔불여'(湖南八不如) 내용은 다음과 같다.

호불여 영광(戶不如 靈光)/ 곡불여 광주(穀不如 光州)/ 지불여 순천(地不如 順天)/ 결불여 나주(結不如 羅州)/ 인불여 남원(人不如 南原)/ 전불여 고흥(錢不如 高興)/ 여불여 제주(女不如 濟州)/ 문불여 장성(文不如 長城).

인구로는 영광만 한 데가 없고/ 곡식으로는 광주만 한 데가 없다/ 기름진 땅은 순천만 한 곳이 없고/ 세금을 거둬들이기에 나주만 한 곳이 없다/ 인심으로는 남원만 한 데가 없고/ 돈이 많기로는 고흥만 한 데가 없다/ 여자가 많기로는 제주만 한 곳이 없고/ 학문으로는 장성에 견줄 만 한 곳이 없다.

당시 제주는 호남지방으로 분류됐다. '문불여 장성'은 김인후 선생을 염

두에 둔 말이다. 김인후는 51세에 졸했다. 저서로는 『하서집』이 세상에 전
한다.

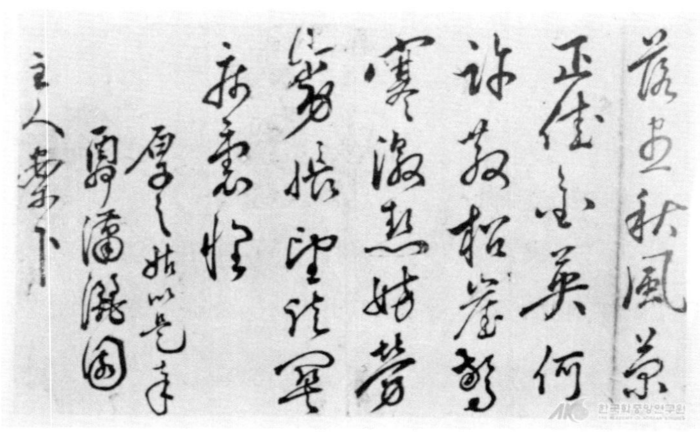

김인후 필적.[19]

19   출처 －[한국학중앙연구원], [https://www.aks.ac.kr]

20

맹사성

구명운동으로 구사일생 "역군은이샷다"

'세종이 『태종실록』을 내가 보려고 하는데 어떤가" 하니 우의정 맹사성·
대제학 윤회·동지총제 신장 등이 아뢰기를 "전하께서 만일 보신다면 후세
의 임금이 이를 본받아서 고칠 것이며, 사관 또한 군왕이 볼 것을 의심하여
그 사실을 모두 기록하지 않을 것이니 어찌 후세에 진실함을 전하겠습니
까" 하니, 상이 따랐다.' (『세종실록』 51권 세종 13년 3월 20일)

조선 초기 청백리의 상징으로 회자되는 고불 맹사성(孟思誠·1360~1438)에
관한 실록 기록이다. 실록에 나오는 맹사성의 거의 유일한 '반대' 목소리다.

맹사성에게는 태종 8년 11월, 사헌부의 수장 대사헌에 올랐을 때 참형 직
전까지 갔다가 대신들의 집단 구명운동으로 살아난 트라우마가 있다. 태종
은 당시 "맹사성의 죽음을 아낄 필요가 없다"며 분노를 쏟아냈다.

맹사성은 '사건' 발생 6개월 전만 해도 왕세자를 수행해 사신단의 일원으
로 명나라에 갔다 오기도 했다. 그의 앞날에 순탄한 벼슬길이 펼쳐지는 듯
했다. 그러나 대사헌에 임명된 지 불과 한 달 만에 일어난 '조대림 사건'으

로 인생 최대 위기에 처한다.

조대림은 개국 일등공신 조준의 아들이자 태종의 둘째딸 경정공주의 남편이다. 그는 관노비 출신 목인해와 가까이 지내면서 화를 당했다. 목인해는 활을 잘 쏘는 등 무인 기질이 있어 태종이 수하로 거뒀다.

이런 인연으로 목인해는 조대림의 집에도 출입하게 됐다. 이후 목인해는 당시 22세에 불과한 조대림이 '나이 어리고 어리석으니 모함하면 부귀를 도모할 수 있을 것'으로 생각해 군사를 움직이게 한 다음, 반역자로 밀고했다. (『태종실록』16권 태종 8년 12월 5일)

조사 결과 목인해의 모함이 밝혀졌고, 그를 처형하는 것으로 결론 났다. 태종의 사위 조대림은 무죄 방면됐다. 그런데 대사헌 맹사성이 돌연 조대림도 잘못한 점이 있으니, 목인해의 처형을 연기하고 두 사람을 다시 조사할 것을 주장했다. (『태종실록』16권 태종 8년 12월 8일)

사헌부 수장의 주장인 만큼 태종은 재조사를 명령했지만 결과는 달라지지 않았다. 태종은 "맹사성이 조대림을 역모에 연루 시키려했다"고 맹비난했다. 이어 왕실을 약화시키려는 음모를 꾸몄다며 오히려 맹사성을 국문했다. 고문을 이기지 못한 맹사성이 거짓 자백을 하자, 그를 처형하도록 지시했다. 당시 감찰직에 있던 맹사성의 큰 아들 맹귀미도 잡혀와 조사를 받았다. 맹귀미는 결국 고문 후유증으로 숨졌다.

같은 혐의로 국문을 받던 대제학 박안신이 감옥에서 안절부절 못하는 맹사성에게 "죽고 사는 것은 명줄에 달려 있으니 무얼 근심하고 두려워하시오"라고 위로했다고 박안신의 졸기에 전한다. (『세종실록』118권 세종 29년 11월 10일)

          권력은 사라지고 기록은 남는다

그러나 권근, 이숙번, 하륜 등 조정 대신들의 벌떼 같은 구명운동에 힘입어 태종은 "다시 생각해 보겠다"라고 한발 물러섰다. (『태종실록』16권 태종 8년 12월 11일) 하륜은 "동방에 이런 임금이 있을 줄은 미처 알지 못했다"라며 태종의 면전에서 대놓고 항의했다. 이숙번은 "이 사람들을 처형하면 머리를 깎고 도망가겠다"라고 초강경 대응을 선언했다.

왕세자 양녕대군도 나섰다. 세자가 "맹사성이 신을 따라 중국에 사신단으로 갈 때, 그의 성품이 고지식하고 주변머리가 없는 것을 알았습니다"라며 "너그럽게 용서해 달라"고 말하자 태종이 기꺼이 받아들였다. (『태종실록』17권 태종 9년 1월 1일)

죽음의 문턱에서 구사일생한 맹사성은 2년 후, 향악과 당악 등 음악을 관장하는 관습도감제조로 관직에 복귀했다. 잠시 판충주목사에 임명됐으나, 예조에서 맹사성은 음률에 정통해, 그를 내직에 두어 정악을 가르치도록 할 것을 건의했다는 기록이 보인다. (『태종실록』22권 태종 11년 윤12월 7일)

맹사성은 이듬해 풍해도 관찰사로 나갔는데, 영의정 하륜은 "오직 맹사성만이 오음을 제대로 가르칠 수 있다. 맹사성에게는 정악 교습의 임무를 맡겨야 한다"고 하면서 그의 지방직 제수에 반대했다. 그러나 태종은 맹사성이 임기를 마치고 교대가 되면 악곡을 가르치게 하겠다고 반박했다. (『태종실록』23권 태종 12년 5월 3일)

이 밖에도 세종이 아예 "우리나라는 본디 향악에 익숙한데, 종묘 제사에 당악을 먼저 연주하고 삼헌할 때에 이르러서야 겨우 향악을 연주하니, 조상들이 평상시에 들으시던 음악을 쓰는 것이 어떨지, 맹사성과 상의하라"고 지시할 정도로 맹사성은 음악에 밝았다. (『세종실록』30권 세종 7년 10월 15일)

'사신회례에 사용할 음악에 대해 논의하다'라는 기사에서도 맹사성은 먼저 아악을 연주하고 향악을 겸해 쓰는 것이 옳다고 의견을 밝혔다. (『세종실록』 53권 세종 13년 8월 2일)

맹사성은 또 퉁소를 잘 불었다고 한다. 퉁소 소리가 나면, 맹사성이 집에 있음을 알 수 있었다고 『필원잡기』에 전한다. 졸기에도 '음률에 능해 스스로 악기를 만들 줄도 알았다'고 기록돼 있다. (『세종실록』 83권 세종 20년 10월 4일)

3년여간 재야에 파묻혀있던 맹사성은 '조대림 사건'의 트라우마를 씻고 본격 중용됐다. 태종 16년부터 3년 동안 이조참판, 예조와 호조판서, 충청도관찰사, 공조판서 등을 두루 역임한다.

눈에 띄는 대목은 '문신 맹사성을 도진무로 임명하다'라는 기사다. 세종이 삼군도진무(군무를 총괄하던 정2품)에 맹사성을 지명했다. 문신으로서 도진무에 보임된 것은 맹사성이 처음이다. (『세종실록』 29권 세종 7년 8월 14일)

맹사성에 관한 실록 기사 980건 중 429건이 세종 시기에 집중되어 있다. 그의 나이 60세부터 70세 후반까지다. 세종은 수시로 맹사성을 찾아, 자문을 구했다. 앞서 태종실록 열람에 관한 세종의 자문이 대표적이다. 맹사성 등의 반대에 세종은 실록 열람 뜻을 접었다.

72세 때인 세종 13년(1431년) 9월 황희와 맹사성은 나란히 영의정과 좌의정을 제수 받고 국정의 중추로 올라섰다. 세종 17년(1435년) 8월, 늙고 병듦을 이유로 맹사성이 스스로 물러날 때까지 4년 동안 호흡을 맞췄다. 맹사성이 온화한 어투로 세종을 보좌했다면, 황희는 직언하는 스타일이었다. 실록에 맹사성과 황희를 함께 검색하면 457건(국역231·원문226)이 노출된다.

     권력은 사라지고 기록은 남는다

맹사성이 조정에 머물던 날, 절반 가까이 황희도 함께 있었다는 이야기다.

　맹사성은 은퇴 후 우리나라 최초의 연시조,『강호사시가』를 남겨 국문학사에도 뚜렷한 족적을 남겼다. 시조는 강호에서 자연을 즐기며 임금의 은혜에 감사한다는 내용이다. 봄 여름 가을 겨울 한 수씩 노래했는데, 종장마다 후렴처럼 나오는 '역군은이샷다'가 특징이다. 이 또한 임금의 은혜 덕분이란 의미다. 주군(세종)을 향한 자신의 충성심을 문학적으로 표현한 것이리라. 이 작품은『청구영언』,『병와가곡집』등에 전한다.

아산시에 있는 맹사성 고택.[20]

20　출처 ─[아산시], [https://www.asan.go.kr]

송시열

주자학 절대주의가 쏘아올린 분열의 정치

송시열 초상.[21]

21 출처 ―[국가유산포털], [https://www.heritage.go.kr]

『조선왕조실록』을 통틀어 가장 많이 언급되는 인물은 우암 송시열(宋時烈·1607~1689)이다. 총 5,397건(국역2,847·원문2,550)이 조회되는데 한명회(4,525건)와 신숙주(3,691건)가 뒤를 잇는다.

경릉참봉 송시열은 인조 14년(1636년) 최명길의 추천으로 역사의 전면에 등장한다.(『인조실록』 32권 인조 14년 6월 11일) 병자호란을 6개월 앞둔 시점이었다.

인조는 송시열을 둘째 아들 봉림대군의 스승으로 임명했다. 봉림대군은 병자호란 때 강화도로 피난했지만, 송시열은 인조를 호종해 남한산성에 들어갔다.(『현종개수실록』 1권 현종 즉위년 9월 5일) 그는 오랑캐에게 쫓겨 들어간 남한산성에서 무엇을 보았을까? 군사력이 뒷받침 되지 않는 나라가 어떻게 치욕을 겪는지 생생하게 목격했을 터다.

항복 후 산성을 빠져나온 송시열은 속리산에 사는 친척을 방문했다. 이때 복천사 앞에서 훗날 정적이 되는 백호 윤휴를 만나 "오늘의 치욕을 잊지 말자"라고 서로 다짐했다.(『백호전서』) 송시열은 삼전도의 치욕을 겪은 인조 대에는 출사하지 않았다. 그는 오랑캐에게 무릎을 꿇은 인조를 왕으로 인정하기 싫었던 것이 아니었을까?

송시열은 그러나 효종부터 현종, 숙종 대에는 그의 이름이 탑전에서 단 하루도 빠지지 않을 정도로 조정의 중심에 섰다. 효종은 사부로서 그를 예우했다.(『효종실록』 1권 효종 즉위년 5월 14일)

효종은 스승에게 수차례 관직을 내렸지만 송시열은 그때마다 사양했다. 송시열은 대신 상소문을 올려 정국 현안에 대해 의견을 밝혔다. 때로는 입궐해 자신을 둘러싼 오해를 적극 해명하고, 시사도 논했다. 그의 활동 무대는 고향 충청도 회덕이었다. 그곳에서 후진을 양성했고, 제자들은 관직에 나아가 조정을 장악했다.

'호조 판서 허적이 송시열이 지은 지문과 관련해 차자를 올리다'라는 기사에서 효종과 송시열의 특수 관계 일단을 엿볼 수 있다. 효종이 송시열에게 총재(冢宰·이조판서)를 제수하고 '온 나라를 맡겼다'라는 대목이 나올 정도였다. (『현종개수실록』 1권 현종 즉위년 9월 5일)

'이조판서 송시열을 불러 보고 시사에 대해 의논하다'라는 기사에선 '독대했다'는 기록도 남겼다. '효종이 사관과 환관에게 물러가라고 분부한 후 송시열만을 머물라고 말했다.' (『효종실록』 21권 효종 10년 3월 11일) 후일 송시열의 문집 『악대설화』에 전하는 기해독대다.

효종은 이 자리에서 오랑캐가 틀림없이 멸망할 형세라며 북벌론 카드를 꺼냈다. 송시열이 "모든 재력에 관계되는 것은 일체 낭비해 쓰지 말고 모조리 군수로 돌리면, 군수가 점차 풍족해지게 될 것입니다. 보오(保伍)의 법을 행해 민정(民丁)으로 하여금 누설이 없게 한 연후에, 3인마다 장정한 사람을 가려 군사로 삼아서 활쏘기와 말 타는 기예를 익히게 하고, 나머지 두 사람은 포(布)를 내어 그 한 병사를 기르게 하기를 지금 어영군의 방법처럼 한다면, 병사로써 병사를 양성하는 것이므로 농민을 침해하는 일이 없을 듯합니다"라며 북벌론에 호응했다. 그러나 송시열은 "반드시 먼저 기강을 세운 연후에야 이 일을 할 수가 있습니다. 기강을 세우는 방법은 또한 전하

 권력은 사라지고 기록은 남는다

께서 사심이 없느냐에 달려 있습니다"라고 사족을 붙였다. (『현종개수실록』1
권 현종 즉위년 9월 5일)

북벌에 앞서 내치에 전념하라는 의미다. 기실 송시열에게 북벌은 군사
적, 물리적 북벌이 아니라, 명분론적, 정신적 북벌이었다. 이 같은 독대 내
용은 숙종 1년(1675년) 송시열이『악대설화』를 통해 공개하면서 세상에 드러
났다. 숙종 9년(1683년) 완성된『현종개수실록』에서도 인용했다. 이에 대한
장문의 사평도 주목할 만하다.

'현종실록에는 기해독대를 모두 삭제한 뒤(중략) 허적의 차자내용을 기록
했다. 아, 시열의 경륜과 큰 지략은 독대할 때의 대화에서 알 수 있고, 지문
을 지어 바쳤을 적에 사관이 전달한 유지에 대한 회계 내용을 읽어 보면 당
당한 기세를 느낄 수 있다. (중략) 단지 허적의 차자만 기록해, 마치 시열은
두려워했고 허적만 혼자 말한 것처럼 하였다. 그들 마음 씀의 간사하고 편
벽됨이 한결같이 이에 이르렀으니, 그것으로써 후세를 믿게 하고자 한들
어찌 되겠는가.' (『현종개수실록』1권 현종 즉위년 9월 5일)

남인이 갑인환국으로 집권한 뒤, 숙종 3년(1677년)에 편찬한『현종실록』에
는 기해독대 내용이 통째로 빠졌다고 사관은 증언하고 있다.『현종개수실
록』은 경신환국(1680년)으로 서인이 재집권한 뒤 편찬했다.

효종의 승하와 함께 군사적 북벌론은 사실상 소멸됐다. 대신 송시열의
정신적 북벌론 해법은 '주자의 나라' 완성이었다.

송시열은 망해가는 명나라에 밀사를 파견할 것을 청하는 상소문을 올렸

다. ‘망극한 은혜를 입기로는 우리 조정과 명나라의 사이보다 더 큰 것은 없을 것입니다. (중략) 오늘날 한 줄기 정통이 중국의 남녘 외진 곳에 붙어 있다고 합니다. (중략) 만 리 길 거센 파도에 소식을 전하기가 어렵겠지만 정성이 있으면 먼 곳이라도 미치는 법입니다. (중략) 전하께서는 신묘한 계책을 세우시어 심복의 대신들과 은밀히 의논해 도모하소서.’『효종실록』19권 효종 8년 8월 16일)

그는 명나라가 망한 이후에도 청나라를 인정하지 않았다. 송시열의 눈에 청나라는 공·맹의 도를 모르는 오랑캐일 뿐이었다.

명나라가 최종적으로 망하자, 송시열은 조선을 ‘중화의 나라’로 대체하려 했다. 조선이 곧 ‘소중화’라는 논리다. 그는 임진왜란 때 원군을 파병한 신종(만력제)과 마지막 황제 의종(숭정제)을 기리기 위해 사당을 세우려 했다. 제자 권상하에게 유언으로 남겼는데 ‘만동묘’라고 이름 지었다. (『경종수정실록』2권 경종 1년 9월 2일) 만동묘는 ‘만 번 꺾여도 반드시 동쪽으로 흘러 간다’는 만절필동(萬折必東)에서 따왔다. 제후가 천자에게 바치는 충성서약, 혹은 백절불굴의 의지를 나타내는 말이다.

급변하는 국제 정세에는 눈감고 ‘정신 승리’로 달려간 셈이다. 송시열은 주자학 이외 모든 학문과 학설을 이단으로 몰았다. 이때 희생된 이가 윤휴다.

송시열은 윤휴가 ‘이황·이이의 말을 배척하고 (중략) 주자의 주설(註說)을 옳지 않다 하여 반드시 자기의 소견대로 바꾸어 놓았고『중용』에 대해서는 장구(章句)를 없애버리고 자신이 새로 주(註)를 만들어 그의 무리들에게 주었다’며 그를 사문난적으로 몰아 죽음에 이르게 했다. (『숙종실록』18권 숙종 13년 2월 4일) 이에 앞서 ‘윤휴가 항상 말하기를 ‘자사의 뜻을 주자가 혼자 알

았는데, 나만 혼자 모르겠는가?' 하였으니, 이는 진실로 사문의 반적이다'
라는 노론 측 사관이 남긴 사평도 있다. (『숙종실록』 6권 숙종 3년 10월 17일)

송시열의 문집 『송자대전』에서는 윤휴가 중용의 주(註)를 고치자, 송시열
이 엄히 책망하니, 윤휴가 '경전의 오묘한 뜻을 주자만이 알고 어찌 우리들
은 모른다는 말이냐?' 하자 송시열이 관계를 끊었다고 했다.

송시열과 윤휴는 청장년 시절에는 친밀한 관계였으나 현종 즉위년(1659
년)에 발생한 예송논쟁(기해예송)으로 등을 돌렸다. 효종이 승하하자, 자의
대비(효종의 계모)가 상복을 입는 기간을 놓고 송시열과 윤휴는 격렬히 맞
섰다. 송시열과 서인은 효종이 왕위를 계승했으나 장자와 적통은 아니라는
'체이부정'(體而不正)을 앞세워 1년 복을 입어야 한다고 주장했다. 윤휴와 허
적을 대표로 하는 남인들은 효종이 대통을 승계했으니 장자로 보고 3년 복
을 입어야 한다는 입장을 내세웠다. 현종은 서인들이 『국조전례』(국조오례
의)와 『경국대전』에 큰아들, 둘째 아들을 구분하지 않고 1년 복을 입는다는
근거를 내세우자, 송시열과 서인의 손을 들어주었다.

그러나 현종 15년(1674년) 효종의 왕비 인선왕후가 사망하자, 시어머니
자의대비 상복 기간을 놓고 2차 예송논쟁(갑인예송)이 벌어졌다. 남인들은
인선왕후를 큰 며느리로 인정해 1년 복(기년복)을 주장했다. 서인들 역시 처
음에는 1년 복에 동의했다.

그러나 '1년 복은 송시열의 기해예송 때 주장(체이부정)과 다르다'는 박세
당의 상소가 올라오자, 서인들은 부리나케(遽) 9개월(대공복)로 입장을 바꿨
다. (『현종개수실록』 27권 현종 15년 2월 28일)

바로 이 대목에서 송시열과 서인의 '검은 속셈'이 드러났다. 『국조전례』와

『경국대전』은 큰 며느리일 경우 1년 복을, 둘째 며느리일 경우 9개월이라고 못박아놓고 있었다.

환갑을 눈앞에 둔 대구 출신 유생 도신징이 송시열의 체이부정 주장에 담긴 속셈을 간파했다. 그는 '불꽃같은 더위를 무릅쓰고' 도성에 달려와 상소문을 올렸다.

"대왕대비께서 인선왕후를 위해 입는 복에 대해 처음에는 기년복으로 정하였다가 나중에 대공복으로 고쳤는데, 이는 어떤 전례를 따라 한 것입니까? 대체로 큰아들이나 큰며느리를 위해 입는 복은 모두 기년의 제도로 되어 있으니 이는 국조 경전에 기록되어 있는 바입니다. 그리고 기해년 국상 때에 대왕대비께서 입은 기년복의 제도에 대해서 이미 '국조 전례에 따라 거행 한다'고 했는데, 오늘 정한 대공복은 또 국조 전례에 벗어났으니, 왜 이렇게 전후가 다르단 말입니까.(중략) 과거에 기년복으로 정할 때 근거로 한 것은 국조 전례였는데 지금 대공복으로 정한 것은 상고해 볼 데가 없으니, 맹자가 이른바 '예가 아닌 예'란 것이 이를 두고 한 말입니다. 대공복이 잘못되었다는 것은 미천한 자들도 알 수 있는데 잘 알고 있을 (승)정원으로서 이렇게까지 막아 가리고 있으니, 전하께서 너무 고립되어 있습니다. 재야의 아름다운 말이 어디에서 올 수 있겠습니까."(『현종실록』22권 현종 15년 7월 6일)

도신징이 '피를 토하는' 심정으로 올린 상소문의 후폭풍은 정권교체로 이어졌다.

　　　　권력은 사라지고 기록은 남는다

현종은 서인들이 부왕 효종과 인선왕후를 둘째 아들과 둘째 며느리로 보고 상복 기간을 정했다는 것을 뒤늦게나마 알아챘다. 격노한 현종은 서인을 축출한 뒤(갑인환국), 남인의 1년 복 주장을 받아들였다. 현종은 이로부터 한 달여 만에 승하했다.

적장자로서 14세에 즉위한 숙종은 노신 송시열을 겨냥했다. 때마침 진주 유생 곽세건이 상소를 올렸다. '사론(邪論)에 붙은 김수흥도 오히려 편배(編配) 되었는데, 사론을 창도한 송시열이 어찌 헌장(憲章)에서 빠진단 말입니까?'(『숙종실록』 1권 숙종 즉위년 9월 25일) 이 말은 기해예송과 갑인예송의 논리를 제공한 송시열이 죄인이라는 말이다. 곽세건은 '송시열에게 현종에 대한 지문을 지어 올리게 한 명(命)을 속히 거두시고, 유신(儒臣) 중에 나이 많고 예법에 익숙하며 문학에 노련한 자를 가려 큰 공렬(功烈)을 찬술하게 하고 후세에 남기도록 하소서'라며 글을 마쳤다.

숙종은 여전히 송시열에게 현종 대의 일에 대해 지문을 맡겼지만, 송시열이 거부하면서 둘의 관계는 파국으로 치닫는다. 송시열은 함경도 덕원부로 유배된다.(『숙종실록』 2권 숙종 1년 1월 13일) 6개월 후 고령을 감안해 경상도 장기로 유배지를 옮긴 뒤 다시 숙종 5년에 거제도로 이배됐다. 이듬해 경신환국으로 서인이 재집권하자 송시열은 귀향했다. 74세 노구의 귀환이었다.

그러나 송시열의 역할은 아직 끝나지 않았다. 숙종은 돌연 정비 인현왕후를 폐하고, 희빈 장씨 소생의 왕자를 원자(경종)로 세웠다. 송시열은 반대 상소를 올렸다가 제주에 유배됐다.(『숙종실록』 20권 숙종 15년 2월 4일) 인현왕후는 서인의, 희빈 장씨는 남인의 지지를 받고 있었다. 당시 남인 정권과

손잡았던 숙종은 송시열을 국문하기 위해 불렀다가 중도에서 사약을 내렸다. 송시열의 나이 83세였다.

조선 후기 사상을 지배한 송시열은 김장생–김집 부자로부터 직접 배웠다. 또 송시열 스스로 율곡 이이의 적통임을 자임했다. 수많은 제자를 길러냈고, 문집도 펴냈다. 정조는 그의 문집을 『송자대전』이라고 칭했다. 송시열은 공자·맹자와 어깨를 나란히 하는 송자로 추앙받았지만, 친구와 제자들에게는 수없이 배척을 받았다.

자신의 수제자 윤증과는 이른바 '회니시비'로 갈라섰다. 송시열은 윤증의 부친 윤선거가 윤휴와 가깝게 지냈다며 폄하했다. 발끈한 윤증은 송시열의 처사를 비난하는 편지를 써 보냈고, 서인은 송시열을 지지하는 노론과 윤증 편을 드는 소론으로 분열됐다.

송시열에 대한 노론과 소론의 입장 차이를 알 수 있는 기사가 있다. 송시열이 관동지방에 간 것을 『숙종실록』에서는 '휴가 갔다'라고 표현했지만 『숙종실록보궐정오』에서는 '놀러갔다'로 기사화했다.

'봉조하 송시열이 휴가를 청하여 관동으로 갔다가 돌아와 김화에 이르니, 승지를 보내어 돈유하고 같이 오게 하였다.' (『숙종실록』 14권 숙종 9년 5월 2일)

'봉조하 송시열이 관동지방에 놀러가면서 조정에 보고하지 않았는데, 좌상 민정중이 그 사실을 아뢰자, 의원을 보내어 호행하도록 명하였다. 사신은 말한다. 송시열이 조정의 의논에 불평이 쌓여서 누이의 문병을 핑계로 그대로 관동지방을 유람하였다.' (『숙종실록보궐정오』 14권 숙종 9년 4월 14일)

그의 졸기 또한 노론이 편찬한『숙종실록』과 소론이 주도한『숙종실록보궐정오』, 두 개의 버전이 있다.『숙종실록』에서는 긍정평가를,『숙종실록보궐정오』에서는 부정평가를 했다.『숙종실록보궐정오』졸기의 첫 문장은 '송시열을 죽었다'이다. (『숙종실록보궐정오』21권 숙종 15년 6월 3일) 일반적인 졸기의 첫 문장이 '아무개가 죽었다'로 시작하는데, 송시열의 경우는 임금이 사약을 내렸기 때문이다.

이와 별개로 송시열에 대한 사관의 평가도 실록에 남아있다. '송시열이 스스로 담당한 바는 헛되이 달리고 망령되게 일을 만든 데 불과하다'며 부정적인 평가를 내리고 있다. (『숙종실록보궐정오』55권 숙종 40년 8월 13일)

'주자학 절대주의' 송시열이 남긴 상처는 컸다. 그의 사상을 물려받은 노론은 경직됐고, 노론이 지배한 조선은 오직 주자학이란 창을 통해 세상을 봐야했다. 그 후폭풍은 다양성의 상실이었다.

22

윤선도

시대와의 불화… 비주류 '반골'로 살다

고산 윤선도(尹善道·1587~1671)는 '반골' 기질이 넘치는 인물이다. 그는 한 평생을 주류(主流) 서인과 싸운 비주류(非主流) 남인으로 살았다. 그래서일까, 윤선도의 졸기는 단 한 문장 '윤선도가 죽었다'로 남아있다. (『현종개수실록』24권 현종 12년 6월 30일)

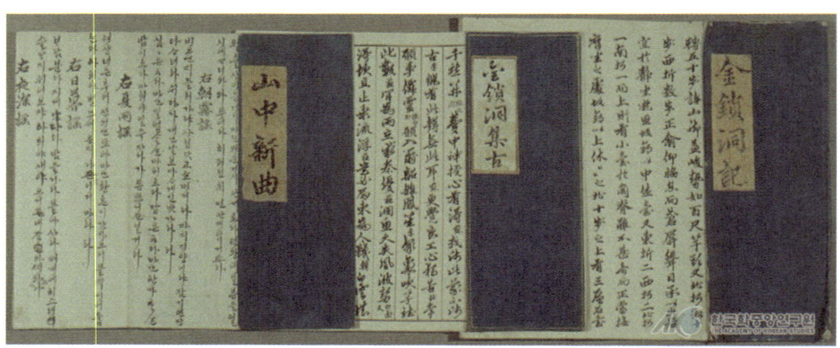

윤선도 종가 문적.[22]

22 출처 -[한국학중앙연구원], [https://www.aks.ac.kr]

그의 이름은 광해 8년(1616년) 실록에 처음으로 보인다. 윤선도는 당대 최고의 실세 예조판서 이이첨을 겨냥해 상소문을 올렸다. 윤선도는 30세로 진사 신분이었다.

"아, 이이첨의 도당이 날로 아래에서 번성하고 전하의 형세는 날로 위에서 고립되고 있으니, 어찌 참으로 위태하지 않겠습니까. 그러나 전하를 위하여 말을 하는 자가 없습니다. 우리나라의 300여 개의 군(郡)에 의로운 선비가 한 사람도 없단 말입니까"라며 울분을 토했다. (『광해군일기』[중초본]110권 광해 8년 12월 21일) 이어 이이첨이 과거시험 시제를 미리 빼돌려 자신의 네 아들이 모두 과거에 합격한 것을 폭로했다. 윤선도의 상소는 이듬해 초까지 조정의 최대 이슈로 떠올랐다.

후폭풍은 즉각적이었다. "윤선도를 외딴 섬에 안치하라"는 광해군의 비답이 내려졌다. 이에 대한 사관의 평가를 보자. '윤선도의 상소가 들어가자 왕이 자못 의혹을 하였는데, 이이첨이 밤낮으로 호소하며 애걸하였기에 (이이첨이) 풀려났다. (중략) 윤선도는 이 상소 때문에 온 나라에 명망이 높아졌다.'(『광해군일기』[중초본]111권 광해 9년 1월 4일)

반면 남인을 축출하고 서인이 재집권한 숙종 6년 이후 편찬된 현종개수실록 사관은 다음과 같은 사평을 남겼다. '윤선도가 광해조 때 상소해 이이첨을 참하라고 청했었는데, 이것을 가지고 스스로 절개를 세웠다고 생각하였다. 그러나 유희분과 박승종의 무리가 바야흐로 이첨과 서로 알력 관계였는데 (윤)선도의 소는 대개 여기에서 나온 것이었으며, (중략) 이는 소인이 소인을 공격한 데 불과하며 올바른 의논이 아님을 알 수 있다.'(『현종개수실록』1권 현종 즉위년 8월 30일) 서인 중심으로 구성된 개수실록 편찬자들의 '남인 윤선도 죽이기'였다.

　인조반정 후 유배에서 풀려난 윤선도는 봉림대군과 인평대군의 사부로 임명됐다. 인조는 후일 윤선도를 호조정랑으로 삼았는데, 사관은 '윤선도가 오랫동안 대군의 사부였기 때문이었다'라고 실록에 썼다. (『인조실록』 26권 인조 10년 1월 19일)

　하지만 윤선도는 병자호란 직후 두 번째 유배 길에 오른다. 이때 윤선도의 종적이 수상쩍다.

　사간원이 "윤선도는 병란 때에 해로를 따라 강도(강화도) 근처까지 이르렀는데, (중략) 끝내 달려와 문안하지 않았으며, 피난 중이던 처녀를 잡아 배에 싣고 돌아갔습니다. 그 일이 남들에게 알려질까 두려워 섬으로 들어가 종적을 숨기려고 하였으니, 잡아다 국문하여 정죄하소서"라고 하자 윤선도는 영덕현으로 정배됐다. (『인조실록』 36권 인조 16년 3월 15일)

　윤선도는 "산수를 좋아하는 병이 깊었는데, 거처하는 섬은 천석이 빼어난 절경인지라 이 때문에 몹시 좋아하여 흥을 붙여 근심을 잊었습니다. 그렇지만 임금에 대한 일념은 밥 한술을 드는 데도 어찌 감히 잊었겠습니까. (중략) 왕세자의 옥 같은 얼굴과 봉림 대군의 수려한 모습을 생각하였습니다. (중략) 심사가 이와 같은 데, 사람들의 말이 이처럼 변화되어 이러쿵저러쿵 의논하고 있습니다. 와언이 없기를 바랄 것입니다"라는 장문의 해명서를 올렸으나 귀양길을 피하지 못했다. (『인조실록』 36권 인조 16년 4월 26일)

　윤선도는 효종 즉위년에 다시 한번 이 일로 곤욕을 치른다. 사헌부가 "윤

　　　　권력은 사라지고 기록은 남는다

선도는 선조(先朝)때 나라의 은혜를 입었는데도 병자년 난리 때 끝내 분문(奔問)하지 않고 해도(海島)를 점유하여 호부(豪富)함을 즐겼으며, 나라에 국상이 있는데도 마음대로 편안함을 즐기고 분곡(奔哭)하지 않고서 아들을 보내 상소하여 은연중 조정의 뜻을 염탐하였으니, 그의 교만스럽고 세상을 농락한 정상이 더욱 얄밉습니다. 잡아다 국문하여 죄를 정하소서"라고 청했다. 하지만 효종이 응하지 않아 처벌은 면했다. 효종은 '스승' 윤선도에 대해 각별한 마음을 가지고 있었다.

효종은 "윤선도는 나의 첫 사부이다. 이 사람이 설명을 잘했기 때문에 선왕께서 가상하게 여겨 특별히 3년 동안이나 사부로 있게 하였다. 내가 글자를 깨우친 것은 실로 그 사람이 공들인 덕택이므로, 항상 마음속으로 잊지 못했다"라고 말하기까지 했다. (『효종실록』 8권 효종 3년 1월 18일) 이어 '특별히' 윤선도를 승지에 제수했다. 이에 대한 사평도 온통 부정적이다.

'윤선도는 사람됨이 바르지 못하고 가정생활이 볼 만한 것이 없었으며, 부귀와 사치가 도를 넘고 방종한 행실이 짝이 없었으므로 젊어서 청·요직을 역임한 뒤 조정에 용납되지 못해 해남에 물러가 살았다. (중략)그 뒤 인조가 승하했을 때 시골로 물러나 어렵게 지내던 사대부들이 모두들 달려와 곡을 했으나 윤선도만은 시골집에 버젓이 누워 있었다. 대신이 붙잡아다 국문할 것을 청했으나, 상이 따르지 않았다. 이때에 이르러 상이 사부의 은혜가 있다고 하여 이조에 명하여 수용하게 했는데 사예(司藝)에 제수되자 또 역마를 타고 조정에 오도록 하였고, 얼마 후에 특별히 제수하였다.' (『효종실록』 8권 효종 3년 3월 27일)

윤선도가 사직하자 효종은 그를 예조참의로 삼았다. (『효종실록』 9권 효종 3
년 8월 11일) 예조참의 윤선도는 8조목의 상소문을 올렸지만, 사평이 매섭다.

'인심이 어수선하고 상도 의구하였는데, 윤선도가 상의 뜻에 영합하여 예
쁘게 보이려 하였으나 기회를 얻지 못했다. 마침 직언을 구하는 분부에 음
이 성하고 양이 희미하여 아래에서 위를 엄폐한다는 하교가 있자 즉시 상
소하여 시무(時務)라 칭하면서 실은 상의 뜻을 몰래 흔들고 상의 귀를 어지
럽히려 했다. 임금의 마음을 헤아려 흉악하고 교활한 계략을 성취하려는
것이 너무도 분명하였으나 상만이 깨닫지 못하고 도리어 도타운 비답을 내
려 장려하자, 사람들이 개탄했다.' (『효종실록』 9권 효종 3년 10월 22일)

효종실록은 현종 2년에 완성됐다. 송시열을 영수로 하는 서인 세력들이
집권하고 있을 때다. 남인의 거두 윤선도가 설 자리는 좁을 수밖에 없었다.
사관은 윤선도가 벼슬을 제수 받을 때마다 '특별히' '특명'이라는 식으로 사
평을 남겼다. 임금으로부터 특혜를 받았다는 이미지를 주려는 것이다.

윤선도의 반골 기질은 인조반정 2등 공신 원두표를 향해서도 거침이 없
었다.

그는 '원두표는 재주는 많으나 덕이 적고, 이득을 좋아하고 의리가 없으
며, 사납고 교활하며, 포학하게 화심(禍心)을 감추고 있으므로 (중략) 외직으
로 쫓아내라'라고 상소했다. 그러면서 '전하께서는 빨리 원두표를 먼 지방
에서 한가히 살도록 명하여 연말까지 한가롭게 놀게 하다가 나라의 형세가
굳어지고 조정이 안정된 뒤에 그가 새로워지거든 다시 등용하소서. 그러면

     권력은 사라지고 기록은 남는다

종사에는 실로 억만년 끝없는 복이 되고 원두표에게도 억만년토록 얻기 어려운 복이 되지 않겠습니까'라고 했다. (『효종실록』 9권 효종 3년 11월 7일) 그러나 원두표는 자리를 지켰고, 되레 윤선도 자신이 쫓겨났다.

하지만 효종은 사부를 잊지 않았다. 5년여 후 윤선도를 공조참의에 제수했는데, 사관은 '사부의 은혜 때문에 특명이 있었다'라고 사평을 남겼다. (『효종실록』 20권 효종 9년 3월 15일)

윤선도가 결정적으로 서인 세력과 맞서는 상소는 효종 말기에 나왔다.

그는 남인 정개청의 신원을 위해 상소문을 띄웠다. 정개청은 정여립의 난 때 모함을 받아, 희생된 학자다. 윤선도는 '정개청의 손자 2명이 올린 상소를 보니 〈류성룡이 기축옥사의 억울함을 씻어 줄 것을 청하는 계사에서 "정개청은 호남 사람들에게 더욱더 유명한 사람으로 알려져 있는 바, 한평생 학문과 행검으로 자임을 하였다"라고 하였습니다〉라는 말이 있었습니다. (중략) 류성룡은 선조 때의 훌륭한 정승이었다고 합니다. 뛰어난 그의 학문과 사업이 김장생과 송준길에 못 미쳤겠습니까. 더구나 류성룡은 정개청과 같은 시대 사람입니다. 그런데 오늘날 (정개청이) 받고 있는 모함이 기축년 당시에 비해 갑절이나 심하니, 자손으로서는 억울하다고 할 만합니다'라고 호소했다. (『효종실록』 20권 효종 9년 4월 6일) 이는 정개청을 기리는 '자산서원'을 서인들이 훼철한 것에 대한 윤선도의 분노였다.

이로 인해 서인들은 4개월 넘게 윤선도를 비방하는 글을 쏟아냈다. 결국 공조참의 윤선도는 파직됐다. (『효종실록』 20권 효종 9년 8월 12일) 그러나 불씨는 살아있었다. 2년 후 복제 문제로 불씨가 되살아났다.

효종이 승하하자, 계모 자의대비가 어떤 상복을 입어야 하는지에 대한 논쟁이 벌어졌다. 1차 예송논쟁, 기해예송을 말한다. 송시열과 송준길 등 서인들은 효종을 둘째 아들로 보고 기년복(1년 복)을, 남인 윤휴는 효종이 왕위를 계승했으므로 장자로 인정해 3년 복을 주장했다. 현종은 서인의 의견을 받아들였다. 그런데 1년 뒤 남인 허목이 상소를 올려 3년 복에 다시 불을 붙였고, 윤선도 역시 3년 복이 옳다고 호응했다. (『현종실록』 2권 현종 1년 3월 16일, 4월 10일)

윤선도는 '효종 대왕이 세자가 되신 후에도 그를 장자라고 하지 않고, 적자라고 하지도 않고 오히려 서자라고 해야 한다는 것입니까? 하물며 나라의 어른이 되어 군림한 그 후까지도 적장자라 하지 않고 끝까지 서자라고 해야 한다는 것입니까? (송)시열이 효종 대왕을 끝까지 서자에다 비기려고 한 뜻을 신은 알 수가 없습니다'라며 송시열을 정면 공격했다. (『현종실록』 2권 현종 1년 4월 18일)

승정원은 다음날, '송준길이 (윤)선도의 상소 소식을 듣고는 허겁지겁 성 밖으로 빠져나갔다'라고 현종에게 보고했다. (『현종실록』 2권 현종 1년 4월 19일) 서인과 유생들은 벌떼 같이 일어나 윤선도를 비난했고, 급기야 그의 상소문을 불태우기에 이른다. (『현종실록』 2권 현종 1년 4월 24일) 전례를 찾기 힘든 상소문 화형식이었다.

곧이어 윤선도를 함경도 삼수군에다 안치하라는 어명이 내렸다. (『현종실록』 2권 현종 1년 4월 30일) 윤선도의 나이 74세 때다.

1년 후 송준길이 "이 사람이 죄를 받은 것이 실로 소신들 때문이었으므로 소신이 늘 마음속으로 불안 했습니다"라며 "삼수는 죽게 마련인 지역입니다. 게다가 그의 나이마저 80에 가까운데 어찌 꼭 그곳에서 죽도록 해야 하겠습니까"라고 동정하자 현종은 윤선도를 다른 고을로 옮겨 안치하라고 했다. (『현종실록』 4권 현종 2년 4월 10일)

이즈음 노신 조경이 윤선도의 상소문을 불태운 것에 대해 문제를 제기한다. 조경은 '소장을 태워버리라고 계책을 올린 자가 누구입니까. 신이 젊었을 적에 삼가 고려사를 보건대 공민왕이 이존오의 소장을 불태웠고, 광해 때에도 정온의 소장을 불태웠습니다. 공민과 광해 모두 나라를 난망케 한 임금이 아니었습니까'라며 상소문 화형식을 규탄했다. (『현종실록』 4권 현종 2년 4월 21일) 불씨가 장작불로 활활 타오를 기세를 보이자, 현종은 서둘러 윤선도를 다시 삼수로 돌려보냈다. (『현종실록』 4권 현종 2년 5월 16일)

기해예송의 불길이 가라앉자, 고령의 윤선도를 감안해 유배지를 둘러싼 가시덩굴 울타리를 철거토록 하자는 의견이 나왔다. (『현종실록』 5권 현종 3년 3월 28일) 당상관들은 대체로 긍정적이었지만 삼사의 젊은 당하관들은 반대했다. 결국 사헌부의 불가 요청에 가시덩굴 제거는 '없었던 일'이 됐다. 송시열과 맞선 윤선도에 대한 서인들의 분노 게이지는 전혀 줄어들지 않았다.

사관은 '안치(安置)하는 것과, 위리 안치하는 것이 얼마나 차이가 나며 고달픈 생활 역시 얼마나 다르겠는가. 그런데도 몇 개월 동안이나 번거롭게 아뢰다가 이때에 와서야 정계(停啓)하였는데, 이는 송시열에게 아첨하여 영달할 발판을 마련하기 위한 것이었다. 모두가 (윤)선도에 대해 화를 냈기 때문에 그랬던 것은 아니었다. 세도(世道)가 이와 같으니, 무슨 것인들 못하겠는가. 서글퍼질 따름이다'라고 후기를 남겼다. (『현종실록』 6권 현종 3년 9월 11일)

함경도 삼수에 위리 안치된 윤선도는 세월이 지나도 여전히 '뜨거운 감자'였다. 3년 복을 입어야 한다는 윤선도의 예설을 지지하는 홍우원의 상소(『현종실록』6권 현종 4년 4월 19일)에 이어, 윤선도를 풀어줄 것을 청하는 상소까지 나왔다.

유학 성대경은 '윤선도는 나이가 80이 넘었다고 합니다. 흰머리의 얼마 남지 않은 목숨이 풍상에 시달리고 인적이 끊어진 곳에 오랫동안 귀양 가 6년이나 위리 안치되어 있으니, 얼마 안 있어 죽을 것입니다. 윤선도로 하여금 끝내 변방에서 죽게 한다면, 망언하였다가 변방에서 죽는 것이 윤선도에게 있어서는 참으로 마땅하나, 윤선도로 인해서 언로가 막히는 것을 신은 전하를 위하여 두렵게 여깁니다. 전하께서는 속히 윤선도를 방환시키도록 명하여 오늘날 입 다물고 있는 선비들로 하여금 윤선도가 반드시 죽어야할 죄를 짓고서도 방환되는 은혜를 받는 것을 보고, 다투어 전하 앞에 와서 곧은 말을 아뢰어 전하의 부족한 점을 보충하게 하소서. 그러면 전하의 허물을 듣고서 고칠 수 있을 것입니다'라고 상소했다. (『현종실록』10권 현종 6년 2월 21일)

성대경은 윤선도를 구원하는 상소로 인해 10년 동안 과거시험에 나서지 못하는 유벌(儒罰)을 받았다. (『숙종실록』21권 숙종 15년 6월 3일)

현종은 삼사 관료들의 반발을 뚫고 윤선도의 유배지를 호남 광양으로 옮겼다. (『현종실록』10권 현종 6년 2월 27일) 다시 2년 후 마침내 윤선도를 석방했다. (『현종실록』14권 현종 8년 7월 21일) 윤선도의 나이 81세 때였다. 해남과 보길도로 돌아간 윤선도는 자연 속에 파묻혀 살다가 85세를 일기로 세상을 등졌다.

 권력은 사라지고 기록은 남는다

채유후

선조수정실록 게이트키퍼의 '주묵사' 정신

'(『선조실록』에서) 모욕을 당한 것에 대해서는 일일이 거론하여 말끔히 씻어내지는 못하였으나, 그 사람의 처음과 끝을 살피면 그의 옳고 그름을 판정할 수 있을 것이니, 보는 사람이 자세히 살필 일이다.' (『선조수정실록』 42권 『선조실록』 수정에 참가한 채유후의 후기)

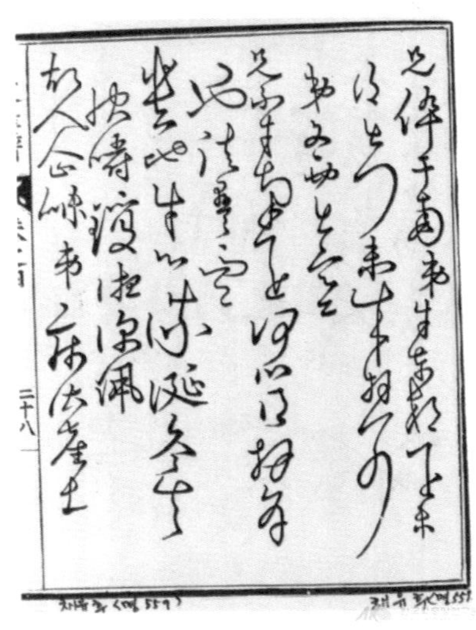

채유후 필적.[23]

『선조수정실록』 편찬의 '최종 게이트키퍼' 호주 채유후(蔡裕後·1599~1660)가 수정실록에 남긴 말이다. 그는 『선조수정실록』, 『인조실록』, 『효종실록』 편찬에 모두 관여한 실록 전문가였다. 특히 『선조수정실록』은 그의 손을 거쳐 최종 완성됐다. 수정실록에는 '채유후의 (편찬)후기'를 따로 남겼다.

이에 따르면 『선조실록』이 광해군 대에 사관의 문자를 몰래 삭제하고 근거 없는 설화를 만들어내 거짓으로 헐뜯는 등, 멋대로 비방하기에 온 힘을 쏟았기 때문에 다시 편찬할 수밖에 없었다며 인조반정 직후에 수정실록 편찬 첫 논의가 나왔다고 밝혔다. 하지만 이괄의 난과 정묘·병자호란 등으로 진척이 없자, 인조 21년(1643년) 대제학 이식의 상소로 수정실록 편찬이 궤

23　출처 −[한국학중앙연구원], [https://www.aks.ac.kr]

도에 올랐다고 전했다.

이식은 상소문에서 중국 송나라 고종 때 실록을 개정한 것을 인용하면서 '옛것에 근거해서 개수케 하였으니 이를 일러 주묵사(朱墨史)라고 한다'며 『선조실록』 수정에 박차를 가할 것을 건의했다. 그러면서 이수광, 임숙영이 인조반정 초에 수정실록 편찬을 주장했다고 밝혔다. (『선조수정실록』 42권 『선조실록』의 수정을 청하는 대제학 이식의 소)

편찬 실무를 주도한 이식이 수정실록 완성을 보지 못하고 죽자, 효종은 "대제학 채유후로 하여금 전적으로 (수정실록편찬을) 주관하게 하고, 김육이 감수하게 하라"고 명을 내렸다. (『효종실록』 18권 효종 8년 1월 3일) 채유후는 효종 8년(1657년)『선조수정실록』을 완간한 뒤 그간의 경위를 밝혔다.

'돌아보건대 우리 선묘(宣廟)는 42년 동안 재위하셨는데 이식이 수정한 것은 정묘년(1567년)에서부터 병신년(1596년)까지 30년간이고, 이번에 속찬 한 것은 정유년(1597년)에서부터 무신년(1608년)까지 12년간이다'라고 썼다. (『선조수정실록』 42권 『선조실록』 수정에 참가한 채유후의 후기)

채유후의 후기를 주목해야 하는 이유는 '보는 사람이 자세히 살필 일이 다'라는 문장 때문이다. 『선조수정실록』을 편찬했다고 해서 앞서 편찬된 『선조실록』을 없애지 않고 모두 남겨놓을 테니 후손들이 잘 살펴보고, 판단 하라는 의미다. 이른바 '주묵사 정신'이다. 실록을 수정할 때, 원문은 검은 글씨로, 삭제할 내용은 노란 글씨로, 새로 추가할 문장은 붉은 글씨로 썼다 고 해서 붙여진 말이다.

이는 후대의『현종개수실록』,『숙종실록보궐정오』,『경종수정실록』편찬에 기준점이 됐다.

당초『선조실록』은 광해군 대에 이항복, 이정구, 신흠이 주도해 편찬을 시작했다. 당색에 물들지 않은 합리적인 인사들이었으나 탄핵과 유배 등으로 쫓겨나고, 최후에는 북인정권의 실세 이이첨이 주도했다.

'옛 기록을 몰래 깎고 스스로 무필(誣筆)을 가해서 시비와 명실을 뒤바꿔버리고 말았습니다. 무릇 이이첨에게 잘 보인 자 5, 6인에 대해서는 거짓으로 꾸미고 헛되게 미화하여 성현에 비견시켰지만 기타 명신(名臣)·석보(碩輔)나 도학(道學)의 선비로서 그와 사이가 나빴던 사람들에 대해서는 분사(憤辭)로 추하게 매도하면서 대부분 궁기(窮奇)나 도올(檮扤)의 죄를 덮어 씌웠습니다.'(『선조수정실록』42권『선조실록』의 수정을 청하는 대제학 이식의 소)

이에 따라 광해군을 축출하고 인조반정으로 집권한 서인과 남인들은『선조실록』을 믿을 수 없다며 수정실록 편찬을 주문했다. 왜곡된 사실과 인물평을 바로잡아야 한다는 이유에서다. 누가 정권을 잡느냐에 따라 역사적 해석이 달라질 수밖에 없다. 주묵사 정신을 본받아 채유후를 비롯한 수정실록 편찬자들은『선조실록』과 수정실록 모두를 남겨놓았다. 이로써 후대인들은『선조수정실록』과『선조실록』을 교차 비교하면서 역사적 사실과 인물의 실체에 한 걸음 더 다가갈 수 있게 됐다.

실록에 등장하는 채유후는 당색이 옅은 위인이다. 그래서 그의 손을 거친 실록은 왜곡시비가 없었다. 채유후는 남인과 주화파로 분류됐지만 병자

　　　　권력은 사라지고 기록은 남는다

호란 초반어는 오랑캐에게 사신을 보낼 수 없다는 척화파의 발언에 동조했다. (『인조실록』 34권 인조 15년 1월 9일) 인조를 호종해 남한산성에 들어간 그는 청나라가 세자의 출성을 요구하자 "교활한 오랑캐가 갖가지로 속이고 있다"라고 말했다. (『인조실록』 34권 인조 15년 1월 23, 24일)

전후 처리에 대해서도 그는 단호한 모습을 보였다. 당시 강화도 방어 총책임자였던 김경징 강도검찰사에게는 극형이 마땅하다고 주장했다. "김경징 등에게 사형을 감하여 조율하라는 분부를 들었습니다. 전하께서는 무슨 용서할 만한 도리가 있다고 그들의 사형을 용서하십니까. 혹시 이 사람들의 죄상을 몰라서 그러시는 것입니까? 죽일 만한 죄가 있는데도 죽이지 못하시는 것입니까"라고 반문한 뒤 (중략) 사대부와 백성과 부녀자들이 베임을 당해 죽고, 넘어져 죽고, 줄지어 포로로 잡혀가게 하였으며, 10년 동안 국가가 저축한 것을 하루아침에 없어지게 하여 장차 나라를 어떻게 할 수 없게 만들었으니, 이것이 누구의 죄입니까"라고 인조를 압박했다. (『인조실록』 34권 인조 15년 2월 21일) 영의정 김류의 장남 김경징은 결국 사사됐다.

앞서 병자호란이 한 창인 시점에 '윤집이 이끈 삼사가 주화한 사람을 참할 것을 청하려 하였는데, 대사간 김반과 집의 채유후가 만류해 그만두었다'라는 기록도 보인다. (『인조실록』 33권 인조 14년 12월 22일) 후일 윤집은 삼학사의 일원으로 청나라에 끌려가 최후를 맞이한다.

채유후는 술과 관련된 에피소드도 많이 남겼다. 병자호란 후 채유후는 서장관으로 심양에 파견됐다. 귀국 후 인조가 삼학사(윤집·오달제·홍익한)의 '마지막 모습'과 청나라의 정세를 물어보면서 "배종(陪從)한 신하들은 다 한때에 가려 보낸 사람인데, 방자하게 술을 마시고 삼가지 않았다고 한다. 경은 친히 임금의 명을 받았는데 (음주를) 금지하지 않을 뿐더러 함께 마셨으니, 무슨 까닭인가"라고 묻자, 채유후는 "술 마시고 실수한 것은 신 혼자뿐입니다. 매우 황공합니다"라고 읍소했다. (『인조실록』 35권 인조 15년 7월 4일) 인조는 채유후를 평안도 강서에 귀양 보냈다. 채유후는 이듬해 초에 풀려났다.

한편 광해군이 67세를 일기로 제주에서 타계하자 인조는 채유후를 예조참의로 삼아 제주에 가서 호상하도록 했다. (『인조실록』 42권 인조 19년 7월 10일)

이때 채유후가 광해군의 상여를 운반해 뭍으로 나왔는데 담군(상여꾼)들이 흰 두건을 썼다고 하여 시론으로부터 비난받았다. 이에 대한 사평이 남아 있다.

'사대부의 상사(喪事)에 귀천을 막론하고 호상(護喪)하는 사람은 반드시 다 소복(素服)을 하는 이유는 대개 상례는 비록 친척이 아니더라도 길례를 쓰지 못하기 때문이다. 일반 서민도 오히려 그러한데 더구나 폐군(廢君)의 상사는 그와 견주어 차이가 있는데다 또 그 담군을 조발한 것이 오로지 상여를 메기 위한 것이었다. (중략) 그들에게 백건을 쓰게 하더라도 무슨 대단한 잘못이 있겠는가. 그런데도 시론이 이를 비난한 것은 무슨 이유인가.'
(『인조실록』 42권 인조 19년 9월 14일)

신하들이 인조에게 "누구인들 일단의 병통이 없겠습니까. 채유후는 술을 즐기는 하자가 있습니다만 천성이 소탈하고 고상하며 평범한 사대부가 아닌데, 오랫동안 낙점을 받지 못하고 있으므로 사람들이 다 애석하게 여깁니다"라고 하자 "그 사람은 오직 술 마시는 것을 일삼으니 어찌 쓸 만한 사람인가"라고 반문했다. (『인조실록』44권 인조 21년 11월 13일) 하지만 인조는 채유후를 병조참의로 다시 발탁했다.

사관은 '채유후는 젊어서 장원급제해 관직을 두루 역임하여 자못 물망이 있었다. 그러나 중년에 상이 그가 술을 즐겨 멀리했는데, 이로부터 다시 중용되었다'는 평을 남겼다. (『인조실록』47권 인조 24년 3월 19일)

정작 채유후가 벌인 희대의 음주 사고는 따로 있었다. 효종 때 만취한 상태로 입궐해, 어전회의에서 쓰러진 것. '정신이 아뜩하여 넘어져 무릎을 꿇고 절을 할 수 없는 정도였으며 일어나려 하다가 도로 넘어지는 바람에 얼굴에 상처를 입기에 이르렀다고 합니다.' (『효종실록』21권 효종 10년 윤3월 4일) 사헌부의 파직 상소가 이튿날 나왔다. (『효종실록』21권 효종 10년 윤3월 6일)

송시열이 "채유후가 술에 취해 위엄 있는 태도를 그르친 것은 잘못입니다만, 청밝한 마음으로 자신을 단속하는 사람이라는 것은 다 알고 있습니다"라고 변명하자 효종은 "채유후는 이미 술병이 생겼고 또 근래 술 마시는 것이 풍조를 이루고 있기 때문에 경계시키기 위해 대간들의 의견을 따른 것이다"라는 답을 내렸다. (『효종실록』21권 효종 10년 윤3월 10일)

그의 졸기에서도 '술에 취한 채 인사불성인 적이 많았고, 소탈하여 위의가 없었다'고 했다. (『현종실록』3권 현종 1년 12월 26일)

저서로 『호주집』이 있다. 숙종이 조섭중일 때 연잉군(후일 영조)에게 채유후의 문집 『호주집』을 가져오라고 했다. 숙종은 "(채유후는)삼조를 두루 모셔 예우가 특별했고, 평생에 술과 시로 스스로를 즐겼네. 글을 보매 문장이라는 것을 더욱 알겠으니, 이 사람이 어떠한지 상상이 되는 구나"라는 어시(御詩)를 하사했다. (『귀록집』권17)

4부
수호자들

"임금이 탄 가마가 국토 밖으로 한 걸음만 떠나면
조선은 우리 땅이 아닙니다."

류성룡

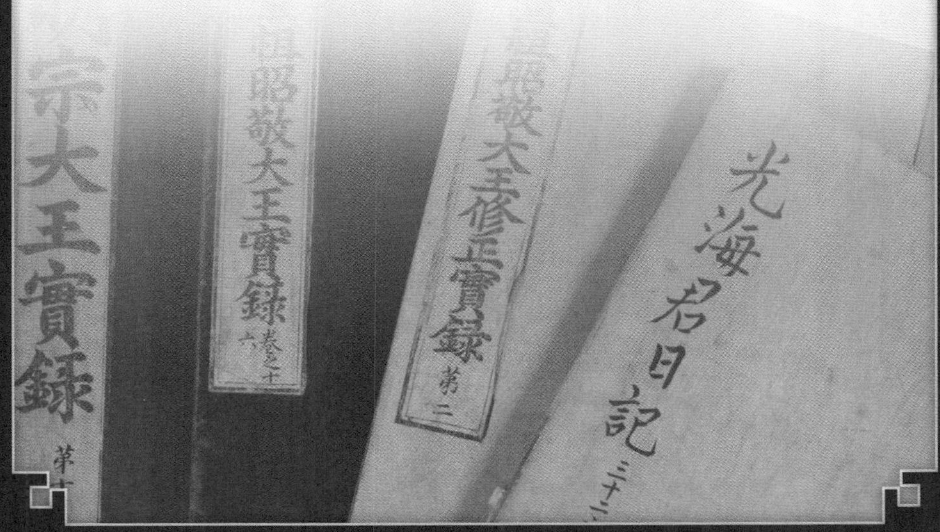

이순신

줄기 한 줄 찾아볼 수 없는 '구국의 영웅'

이순신 초상.[24]

24 출처 –[국립중앙박물관 e뮤지엄], [https://www.emuseum.go.kr]

이순신(李舜臣·1545~1598)의 삶에는 왕조 시대에 볼 수 있는 서사가 완벽하게 녹아 있다. 충과 효는 기본이고, 파격 발탁에 따른 질시와 갖은 모함, 직위 해제와 투옥, 그리고 구명운동에 이은 백의종군, 불가능할 것 같은 승전을 넘어 드라마틱한 순국으로 마침표를 찍는다.

한 개인의 서사에 이만한 콘텐츠가 녹아 있는 경우는 사실상 이순신이 유일하다. 게다가 이순신은 『난중일기』를 통해 자신의 서사를 기록으로 남겼다. 이순신의 실록 등장 첫 장면이 마치 이를 예고하는 듯하다.

"적호가 녹둔도의 목책을 포위했을 때 경흥 부사 이경록과 조산 만호 이순신이 군기를 그르쳐 전사 10여 명이 피살되고 106명의 인명과 15필의 말이 잡혀갔습니다. 국가에 욕을 끼쳤으므로 이경록 등을 수금하였습니다." (『선조실록』21권 선조 20년 10월 10일)

선조의 대답은 다음과 같다. "전쟁에서 패배한 사람과는 차이가 있다. 병사(兵使)로 하여금 장형(杖刑)을 집행하게 한 다음 백의종군으로 공을 세우게 하라." (『선조실록』21권 선조 20년 10월 16일) 1587년, 장군의 나이 43세 때의 일이다. '구국의 영웅' 이순신의 첫 출발은 이처럼 초라했다.

일본의 정세가 심상치 않자, 최고 의사결정기구 비변사에서 무인을 불차 채용한다고 하였고 이산해와 정언신이 이순신을 추천했다. (『선조실록』23권 선조 22년 1월 21일) 널리 알려진 류성룡의 이순신 추천은 실록에서는 보이지 않는다. 다만 이순신이 조산 만호를 제수 받을 때는 류성룡의 천거가 있었다. (『선조실록』84권 선조 30년 1월 27일)

이순신은 정읍 현감과 진도 군수에 잇따라 보임되었는데, 임지에 도착하기도 전에 가리포 첨사를 제수 받아, 대간의 집중 견제를 받았다. 그러나 선조는 이에 더해 이순신을 전라좌수사에 파격 임명했다. (『선조실록』25권 선조 24년 2월 13일) 선조는 "그 사람이면 충분히 감당할 터이니 관작의 고하를 따질 필요가 없다"라며 힘을 실어줬다. (『선조실록』25권 선조 24년 2월 16일)

임난 발발 1년 2개월 전이었다. 부제학 김성일은 '이순신의 발탁은 잘못된 정사(政事)'라는 차자를 올리기도 했다. (『선조수정실록』25권 선조 24년 11월 1일)

우여곡절 끝에 '녹둔도 전투' 불명예를 벗어 던진 이순신 앞에는 일찍이 경험해보지 못한 우리 민족 최대의 시련이 다가오고 있었다. 임진왜란 7년 동안 23전 23승, '불패의 리더십' 서막은 경상우수사 원균의 구원 요청으로 시작됐다. 전라좌수사 이순신으로서는 자신의 관할권 밖으로 진출한 일이었다.

'여러 장수들은 "우리가 우리 지역을 지키기에도 부족한데 어느 겨를에 다른 도에 가겠는가" 하였다. 그런데 녹도 만호 정운과 군관 송희립만은 강개하여 눈물을 흘리며 이순신에게 진격하기를 권하여 말하기를 "적을 토벌하는 데는 우리 도(道)와 남의 도가 따로 없다. 적의 예봉을 먼저 꺾어놓으면 본도도 보전할 수 있다" 하니 순신이 크게 기뻐하였다.' (『선조수정실록』26권 선조 25년 5월 1일)

그러나 『난중잡록』에는 광양 현감 어영담이 "영남은 왕의 땅이 아닌가.

　　　　　권력은 사라지고 기록은 남는다

이 왜놈은 나라의 적이 아닌가. (중략) 왜적이 온 것을 보고도 마음이 태연한 채 앉아서 영남 바다의 군사를 오늘 다 없어지게 만든다면, 내일의 일을 어떻게 처리하겠는가. 남의 위급한 것을 구해주지 않고 우두커니 앉아서 왜적을 기다린다면 겁 많고 나약한 게 아니오? 장군께서 헤아려 하시오"라고 말했다고 전한다.

후일 이순신을 삼도수군통제사에서 파직시킬 때 조정에서는 이를 핑계로 삼는다. "정운이 '장수가 가지 않는다면 전라도는 필시 수습할 수 없게 될 것이다'고 협박했기 때문에 이순신이 부득이 가서 격파했다 합니다."(『선조실록』 57권 선조 27년 11월 12일)

이순신에 대한 조정의 여론은 개전 초, 잇단 승전보에 취해 매우 우호적이었다. 그러나 이듬해 1593년 하반기부터 기류가 변하기 시작했다. '지난해 싸움에 이긴 것을 아뢴 뒤로는 한 번도 적을 무찌른 일이 없다'라는 이유로 비변사가 '통제사 이순신 이하 수사(水使)를 모두 추고하여 죄줄 것을 청하다'라는 기사가 보인다. (『선조실록』 45권 선조 26년 윤11월 6일)

명나라와 일본의 강화협상이 교착상태에 빠지자, 왜군이 경상도 해안 곳곳에 왜성을 쌓으면서 전쟁이 농성전 국면으로 전개됐기 때문이다. 싸움을 걸어도 왜군은 성 밖으로 나오지 않았다. 통제사 이순신도 둔전을 개척하는 등 장기전에 대비했다. 하지만 조정은 조바심을 냈다. 하루빨리 왜적을 몰아내라는 채근이 계속 됐다. 도체찰사 윤두수가 앞장섰고, 경상우수사 원균이 뒤를 바쳤다. 곽재우와 김덕룡까지 합세한 수륙 합동작전, '장문포 해전'이 포문을 열었다. (『선조실록』 55권 선조 27년 9월 19일)

결과는 어땠을까. '다행히도 여러 장수들이 안 될 것을 알고 진(陣)을 함께하여 중지하거나, 주사(舟師)와 같이 신고 함께 진격하였기 때문에, 비록 승첩을 얻지 못하였지만, 패배에는 이르지 않은 것이니, 이는 불행 중 다행이었습니다'라는 비변사의 변명처럼 이순신의 전승 신화에 가장 '모양 빠지는' 전과였다. (『선조실록』56권 선조 27년 10월 13일)

사간원·사헌부 양사에서 이순신, 권율, 윤두수를 파직하라는 상소가 줄을 이었다. 동시에 이순신과 원균의 갈등이 수면 위로 떠오르고 조정에서도 심각하게 받아들였다. (『선조실록』57권 선조 27년 11월 28일, 『선조실록』58권 선조 27년 12월 1일) 급기야 선조는 "한산도의 장수는 편안히 누워서 어떻게 해야 할 줄을 몰랐다"라며 최전방에 나가 있는 장수를 비방했다. (『선조실록』84권 선조 30년 1월 23일)

윤두수가 "이순신은 조정의 명령을 듣지 않고 전쟁에 나가는 것을 싫어해서 한산도에 물러나 지키고 있어 이번 대계를 시행하지 못하였으니, 대소 인신(人臣)이 누군들 통분해하지 않겠습니까"라고 하자 선조는 "이순신은 어떠한 사람인지 모르겠다. 계미년 이래 사람들이 모두 거짓 된다고 하였다. (중략) 그의 손으로 가등청정의 목을 베어 오더라도 그 죄는 용서해 줄 수 없다"라고도 했다. (『선조실록』84권 선조 30년 1월 27일) 류성룡도 "신이 수사(水使)로 천거하여 임진년에 공을 세워 정헌(正憲)까지 이르렀으니, 매우 과람합니다. 무릇 장수는 뜻이 차고 기가 펴지면 반드시 교만하고 게을러집니다"라며 선조의 뜻에 사실상 동조했다.

남은 수순은 이순신의 통제사 직위 해제였다. 조선 조정은 일본의 반간계에 휘둘렸다.

이중 첩자 요시라는 고니시 유키나가의 측근이었다. 요시라는 경상우병

사 김응서에게 고니시와 사이가 나쁜 가토 기요마사를 제거해 달라고 요청
했다. 그러면서 모월 모일에 가토가 어느 섬에서 잘 것이니, 조선에서 수군
을 시켜 돌래 잠복해 있다가 엄습하면 결박할 수 있을 것이라고 귀띔했다.
김응서가 이를 조정에 보고했고, 이순신에게 출동 명령이 떨어졌다. 하지
만 반간계임을 간파한 이순신은 출동하지 않았다.

'그런데 그날 가토가 과연 다대포 앞바다에 왔다가 그대로 서생포로 향했
는데, 이는 실로 고니시와 함께 우리를 유인하고자 한 것이다. 그런데 조정
에서는 오히려 명령을 따르지 않은 것을 들어 순신을 하옥시켜 고신(栲訊)
하게 하고, 마침내 원균을 통제사로 삼았다.' (『선조수정실록』 31권 선조 30년
2월 1일)

한양으로 압송된 이순신에게 국문을 가한 것은 불문가지다. '이순신에게
벌하는 것을 대신들에게 의논하도록 하다'라는 선조의 비망기가 남아 있
다. 선조는 "(이순신이) 임금을 무시한 죄이고, 적을 놓아주어 치지 않은 것
은 나라를 저버린 죄이며, 심지어 남의 공을 가로채 남을 무함하기까지 했
다"며 "죽여야 마땅하다"고 말했다. (『선조실록』 86권 선조 30년 3월 13일)

김육의 『잠곡유고』에 따르면 선조 30년(1597년) 2월에 '공을 옥에 가두자,
이원익이 "왜적들이 꺼리는 바는 해군이니, 이순신을 체차해서는 안되고,
원균을 파견해서도 안된다"고 했으나 조정에서 따르지 않았다. 이원익은
"나랏일을 이제는 어찌할 도리가 없게 되었다"라고 말했다. 상이 대신들에
게 의논하도록 명하니 정탁이 "이순신이 진격하지 않은 데에는 까닭이 없

지 않을 것입니다. 뒷날에 다시 한번 공을 세울 수 있게 하소서” 하였다. 그러자 백의종군하라고 명하였다'는 기록이 있다.

그러나 실록에는 그해 3월 20일부터 7월 21일까지 이순신에 대한 어떤 흔적도 남기지 않았다. 4개월이 지난, 7월 22일 아무런 배경 설명 없이 '이순신을 다시 삼도수군통제사로 제수하다'라는 기사만 보인다. 수정실록에는 '병조판서 이항복이 “현재의 계책으로는 이순신을 다시 통제사로 삼아야만 된다” 하니, 상이 따랐다'는 기록이 있다. (『선조수정실록』 31권 선조 30년 7월 1일)

선조는 칠천량 해전(1597년 7월 16일) 참패 소식을 듣고 이순신에게 다시 의지했다. 이순신에게 '기복수직교서'를 내리면서 “그대의 공로와 업적은 임진년 승첩 이후 크게 떨쳐 변방 군사들이 그대를 만리장성처럼 든든하게 믿었는데 지난번 그대를 체직하고 백의종군하게 한 것은 나의 모책이 어질지 못했기 때문이다. 그 결과 패전의 욕됨을 겪게 된 것이니 무슨 할 말이 있으리오!(상하언재) 무슨 할 말이 있으리오!(상하언재)”라고 적었다. 불과 5개월 전 이순신을 내친 선조가 두 차례나 자책하는 말이 자명하다.

그러나 이순신의 재기는 불가능해 보였다. 남은 병선(판옥선)이 13척에 불과했기 때문이다. 하지만 2개월 후 이순신은 명량대첩을 이끌어 낸다. 왜선 133척 중에서 31척을 수장시키는 대승이었다. 판옥선은 단 한 척도 잃지 않았다. 그러나 『선조실록』에는 명량대첩에 대한 기록이 전혀 없다.

이순신의 승리는 조정에서 금기어가 된 것일까? 다만 선조가 명나라의 진 동지(陳登)를 접견할 때 진 동지가 “이순신이 왜적을 많이 포획했다 하니 매우 좋은 일입니다”고 하자 선조는 “그가 황제의 위령에 힘입어 조금 포획

하기는 하였으나, 한산도에서 패한 후로 선척과 기계 및 사졸과 양식을 모으지 못했었는데, 대강 모양을 이루게 된 것은 황제의 은혜가 아님이 없으니, 감사함을 금할 수 없소이다"라고 소회를 밝혔다. (『선조실록』 93권 선조 30년 10월 11일)

그나마 수정실록에는 '통제사 이순신이 진도 벽파정 아래에서 적을 격파하여 왜장을 죽이다'라는 기사가 보인다. (『선조수정실록』 31권 선조 30년 9월 1일)

'적장 마다시는 수전을 잘한다고 소문난 자인데, 200여 척을 거느리고 서해를 범하려고 하여, 벽파정 아래에서 접전하게 되었다. 순신은 12척의 배에다 대포를 싣고는 조수를 타고 순류하여 공격하니, 적이 패주하였으므로, 수군의 명성이 크게 진동하였다.'

이후 이순신은 죽어서야 실록에 다시 등장한다. '(승)정원이 이순신의 후임을 정하는 문제에 대해 아뢰다'라는 기사에서다. (『선조실록』 106권 선조 31년 11월 24일) 좌의정 이덕형은 "금월 19일 통제사 이순신 등 10여 명이 탄환에 맞아 죽었습니다"라는 치계를 띄웠다. (『선조실록』 106권 선조 31년 11월 27일)

수정실록에선 '통제사 이순신이 수군을 거느리고서 적의 구원병을 패퇴시키고 전사하다'라는 제대로 된 기사가 있다.

'통제사 이순신이 (중략) 전투에서 전사하였다. (중략) 그의 운구 행렬이 이르는 곳마다 백성들이 모두 제사를 지내고 수레를 붙잡고 울어 수레가 앞으로 나갈 수가 없었다. 조정에서 우의정을 추증했고, 바닷가 사람들이 자진하여 사우(祠宇)를 짓고 충민사라 불렀다.' (『선조수정실록』 32권 선조 31년 11월 1일)

『선조실록』과 『선조수정실록』에는 이순신에 대한 졸기를 남기지 않았다. 다만 사평으로 졸기를 갈음했다.

사신은 논한다. 이순신은 사람됨이 충용(忠勇)하고 재략(才略)도 있었으며 기율(紀律)을 밝히고 군졸을 사랑하니 사람들이 모두 즐겨 따랐다. 전일 통제사 원균(元均)은 비할 데 없이 탐학(貪虐)하여 크게 군사들의 인심을 잃고 사람들이 모두 그를 배반하여 마침내 정유년 한산(閑山)의 패전을 가져 왔다. 원균이 죽은 뒤에 이순신으로 대체하자 순신이 처음 한산에 이르러 남은 군졸들을 수합하고 무기를 준비하며 둔전(屯田)을 개척하고 어염(魚鹽)을 판매하여 군량을 넉넉하게 하니 불과 몇 개월 만에 군대의 명성이 크게 떨쳐 범이 산에 있는 듯 한 형세를 지녔다. 지금 예교(曳橋)의 전투에서 육군은 바라보고 전진하지 못하는데, 순신이 중국의 수군과 밤낮으로 혈전하여 많은 왜적을 참획(斬獲)하였다. 어느 날 저녁 왜적 4명이 배를 타고 나갔는데, 순신이 진린(陳璘)에게 고하기를 '이는 반드시 구원병을 요청하려고 나간 왜적일 것이다. 나간 지가 벌써 4일이 되었으니 내일쯤은 많은 군사가 반드시 이를 것이다. 우리 군사가 먼저 나아가 맞이해 싸우면 아마도 성공할 것이다.' 하니, 진린이 처음에는 허락하지 않다가 순신이 눈물을 흘리며 굳이 청하자 진린이 허락하였다. 그래서 중국군과 노를 저어 밤새도록 나

     권력은 사라지고 기록은 남는다

아가 날이 밝기 전에 노량(露梁)에 도착하니 과연 많은 왜적이 이르렀다. 불의에 진격하여 한참 혈전을 하던 중 순신이 몸소 왜적에게 활을 쏘다가 왜적의 탄환에 가슴을 맞아 선상(船上)에 쓰러지니 순신의 아들이 울려고 하고 군사들은 당황하였다. 이문욱(李文彧)이 곁에 있다가 울음을 멈추게 하고 옷으로 시체를 가려놓은 다음 북을 치며 진격하니 모든 군사들이 순신은 죽지 않았다고 여겨 용기를 내어 공격하였다. 왜적이 마침내 대패하니 사람들은 모두 '죽은 순신이 산 왜적을 물리쳤다.'고 하였다. 부음(訃音)이 전파되자 호남(湖南) 일도(一道)의 사람들이 모두 통곡하여 노파와 아이들까지도 슬피 울지 않는 자가 없었다. 국가를 위하는 충성과 몸을 잊고 전사한 의리는 비록 옛날의 어진 장수라 하더라도 이보다 더할 수 없다. 조정에서 사람을 잘못 써서 순신으로 하여금 그 재능을 다 펴지 못하게 한 것이 참으로 애석하다. 만약 순신을 병신년과 정유년 간에 통제사에서 체직시키지 않았더라면 어찌 한산(閑山)의 패전을 가져왔겠으며 양호(兩湖)가 왜적의 소굴이 되겠는가. 아, 애석하다. (『선조실록』 106권 선조 31년 11월 27일)

25

류성룡
선조의 명나라 망명을 결사 저지하다

'국량이 협소하고, 자신과 의견이 다르면 용납하지 않았고, 임금에게 직언하지 못했다. 하지만 머리가 대단히 뛰어나, 전시에 폭주하는 업무를 물 흐르듯이 처리했다.'

서애 류성룡(柳成龍·1542~1607)에 대한 『선조실록』과 『선조수정실록』 졸기의 '교집합'이다. 동인이 주도한 실록과 서인과 남인이 편찬 책임을 맡은 수정실록은 애초, 편집 방향에서 차별화가 불가피하다. 하지만 『선조실록』과 『선조수정실록』 모두 류성룡의 인물 됨됨이에 대해서는 같은 평가를 내리고 있다.

류성룡은 미증유의 국난, 임진왜란 이듬해 1593년 영의정에 올라, 7년 전쟁을 진두지휘했다. 그러나 전쟁 후 '주화오국'(主和誤國·적국과 화친을 주장하며 나라를 잘못 이끈 죄) 소인이라는 오명 속에 역사의 뒤안길로 사라졌다. 류성룡 입장에서는 토사구팽이 따로 없다.

류성룡은 학봉 김성일, 월천 조목과 함께 퇴계 이황의 3대 제자로 꼽힌다. 실록의 졸기는 '류성룡이 붓을 잡고 글을 쓸 때에는 일필휘지하고 (중

 권력은 사라지고 기록은 남는다

략) 한 번 눈을 스치면 환히 알아 한 글자도 잊어버리는 일이 없었다'라고 적었다. (『선조실록』211권 선조 40년 5월 13일)

그는 사림들이 동인과 서인으로 나뉠 때 동인으로 분류됐으나 동인이 다시 북인과 남인으로 갈라진 뒤, 남인을 대표했다.

임난 발발 1년 전, 류성룡은 "왜변은 없을 것"이라는 김성일의 의견에 동조했다. 이는 괜한 군비를 일으켜 민폐만 끼친다는 영남 사대부들의 여론을 대변한 것이다. (『선조수정실록』26권 선조 25년 3월 3일)

그러나 다른 한편으로는 이순신과 권율을 천거해 왜변에 대응하는 선견지명을 보여주었다. 허목의 시문집『동서기언』에 '공(류성룡)은 권율과 이순신을 천거하였는데, 이 두 사람은 모두 하급 관료에 있었으므로 이름이 잘 알려지지 않았다'고 했다. 홍직필이 쓴『매산집』에도 '선조 24년(1591년) 상께서 각각 장수의 재주를 지닌 이를 천거하도록 명하였는데, 류성룡은 권율과 이순신을 천거하였고, 정탁은 곽재우와 김덕령을 천거했으며, 정언신은 이억기, 신립, 김시민을 천거했다'라는 기록이 남아있다.

그러나 실록과 수정실록에는 이순신과 권율에 대한 류성룡의 천거 기사는 보이지 않는다. 다만 류성룡 자신이 이순신을 북방의 조산만호로 천거했다는 기록과 "신이 (이순신을) 수사(水使)로 천거했습니다"라는 문장이 보인다. (『선조실록』84권 선조 30년 1월 27일) 전쟁 한복판에서 류성룡의 가장 빛나는 발언은 수정실록에 적혀있다.

"대가(임금이 탄 가마)가 우리 국토 밖으로 한 걸음만 떠나면 조선은 우리 땅이 되지 않습니다." (『선조수정실록』26권 선조 25년 5월 1일)

의미상 같은 발언이지만 실록에는 뉘앙스가 전혀 다르다.

선조가 "요동으로 건너가는 것을 비록 갑작스럽게는 할 수 없으나 모든 일을 충분히 예비하도록 하라"고 하자 윤근수와 류성룡이 불가함을 말하면서 "북도·하삼도·강변 등이 있으니 두루 행행하시면 수복할 수 있는 일이 있을 듯합니다."(『선조실록』27권 선조 25년 6월 23일)

이처럼 선조가 의주를 지나 아예 명나라에 내부(內附·다른 나라에 몸을 의탁)하려 하자 류성룡의 결사반대 목소리가 실록보다 수정실록에 보다 선명히 담겨 있다. 도승지 이항복이 "만약 형세와 힘이 궁하여 8도가 함락된다면 바로 명나라에 가서 호소할 수 있습니다"라고 하자 류성룡이 반박한 장면이다. 류성룡이 "어떻게 경솔히 나라를 버리자는 의논을 내놓는가. (중략) 이 말이 한번 퍼지면 인심이 와해될 것이니 누가 수습할 수 있겠는가" 하자 이항복이 사과했다고 수정실록은 전했다.

류성룡의 아킬레스건인 일본과의 강화에 대해서도 실록은 "왜적의 문서에 '앞으로 강화가 성사되면 돌아가겠다'고 하였으니, 상께서는 이곳(평양)에 머물러 계시고 서쪽으로 행행(行幸)하지 마소서"라는 류성룡의 발언을 남겼다. (『선조실록』27권 선조 25년 6월 10일)

정치적 반대파들은 후일 이 말을 근거로 류성룡을 주화오국이라고 공격했다. 선조는 이에 대해 "내가 평소에 큰 기대를 건 사람이 경이다. 일찍이 왜노의 염려스러운 낌새와 대비할 계책을 가지고 여러 차례 경에게 유지를 내렸는데도 경은 걱정하지 않고 도리어 오활하다고 하여 나랏일이 이 지경

 권력은 사라지고 기록은 남는다

이 되었으니, 이 또한 하늘의 운수 때문이리라. (중략) 무릇 강화를 말하는 자는 바로 간인의 행위이니 반드시 먼저 베어 효수하고 나서 계문하라"는 말로 답변을 대신한다. (『선조실록』36권 선조 26년 3월 16일)

선조는 며칠 후 "류성룡의 사람됨은 내가 자세히 아는데 적을 헤아려 승리로 이끌어 가는 것은 그의 장기가 아니다. (중략) 자신이 한 나라의 곤수(閫帥)가 되어 강화한다는 말을 듣고 한 번도 적을 치고 원수를 갚자는데 언급하거나 명장 앞에서 머리를 부수며 쟁변하는 일은 전혀 없고 강화의 말을 당연하게 여기는 것 같았으며, 임무를 받은 뒤로 한 번도 기이한 계책을 세워 적을 격파한 적이 없으니 아마도 끝내는 일을 실패할 듯하다. 내 생각에는 권율·고언백·조호익 등 몇몇 사람에게 위임하여 족할 듯하다"며 면박을 주고 있다.

그러나 비변사는 "체찰사 류성룡은 대신으로서 막중한 임무를 받아 비록 특별한 공을 세운 것은 없지만 큰 실책도 없었습니다. 그가 강화의 의논에 쟁변하지 않은 것은 반드시 창졸간에 일어난 것이어서 그랬을 것이니 어찌 다른 뜻이 있겠습니까"라며 오히려 류성룡을 변호해준다. (『선조실록』36권 선조 26년 3월 27일)

류성룡의 반대파는 전쟁이 끝나자, 사헌부를 앞세워 '(중략) 제일 먼저 기미설을 주창하여 마침내 강화의 발판을 만들어 인심이 해이해지게 하고 국세를 부진케 하여 오늘날의 혼란에 이르게 하였으니, 중외의 인심이 누가 원망하지 않겠습니까'라며 류성룡을 맹비난했다. (『선조실록』106권 선조 31년 11월 16일) 류성룡이 전쟁 초기에 강화를 입에 올린 것에 대한 책임추궁이다.

사간원도 같은 날짜에 포문을 열었다 '지난해 왜적이 서울에 다가왔는데도 화친하자는 의견을 가지고 비변사에서 큰소리를 치니, 유영경이 앉아 있다가 분이 나서 일어나 말하기를 "전일에도 잘못을 저지르고 오늘 또다시 잘못을 저지르려고 하는가" 하니 (류)성룡이 성을 내며 "영공(令公)의 비석에는 화친을 주장하지 않았다고 써야 하겠다" 하였으니, 그의 방자한 짓에 대해 누가 가슴 아파하지 않겠습니까.'

아이러니한 것은 동문수학한 조목이 류성룡을 공격한 것이다. '조목도 퇴계의 제자로서 학행이 그 문하에서 높았다. 일찍이 성룡에게 편지를 보내 말하기를 "선생이 평소 배운 것이 단지 화친을 주장하여 국사를 그르치는 주화오국(主和誤國) 네 글자뿐입니까? 나는 당신이 성현의 글을 알면서 이런 생각을 할 줄은 전혀 몰랐습니다" 하니, 성룡이 심히 유감을 품었다.' (『선조실록』93권 선조 30년 10월 16일)

이렇듯 조정 안팎에서 류성룡에 대한 일제 공격이 시작됐다. 전쟁 책임론에 대한 희생양 찾기였다.『선조실록』졸기에는 '화의를 극력 주장하며 통신하여 적에게 잘 보이기를 구하여서 원수를 잊고 부끄러움을 참게 한 죄가 천고에 한을 끼치게 하였다'라고 했다. 류성룡을 영수로 하는 남인이 일정부분 관여한 수정실록 졸기에도 '무술년에 주화하여 나라를 그르치고 변무의 사행(使行)을 피했다는 이유로 탄핵을 받고 떠났다'라고 못 박았다.

변무의 사행은 '정응태 무고사건'을 말한다. 1598년 전란이 끝나갈 무렵, 명나라 사신 정응태가 "조선이 일본과 결탁했다"라며 황제에게 무고하는 사건이 발생했다. 선조는 이를 해명하라며 류성룡을 명나라에 변무사로 보내려 했지만 류성룡은 "물의(物議)가 있다"라는 이유로 사양했다. (『선조수정실록』32권 선조 31년 9월 1일) 이를 빌미로 이산해 부자(父子)를 중심으로 한

     권력은 사라지고 기록은 남는다

북인 세력이 류성룡 퇴진을 요구하는 상소를 올렸다.

류성룡은 사면초가에 처했다. 1598년 10월 3일부터 11월 19일까지 거의 매일 류성룡을 파직하라는 상소가 쇄도했다. 선조는 류성룡을 파직했지만, 삭탈까지 하라는 상소가 이어진다. 삭탈관직 된 류성룡은 고향 안동 하회 마을로 낙향해,『징비록』을 집필하며 여생을 마쳤다.『징비록』은 자신이 몸소 겪은 임난의 원인과 전황을 총체적으로 기록한 책이다.

류성룡은 전쟁의 한복판에서 조선을 일대 혁신시키려고 했다. 모두 기득권층의 반발을 불러일으키는 정책들이었다. 군사 시스템 정비의 일환으로 훈련도감을 도입했고, 일체의 공물(특산물)을 쌀로 대체하자는 율곡 이이의 대공수미법을 실시하자고 건의했다. 서얼 등용은 물론, 노비를 충군시켜 군역에 충당하자는 아이디어까지 냈다.

'공물을 (중략) 쌀로 내게 하면 4.5만 석을 얻을 수 있으니, 이렇게 하면 경상도의 많은 군사를 먹일 수 있을 것입니다.'(『선조실록』76권 선조 29년 6월 18일) '(류성룡이)서얼에서 발탁하고 선봉장이라 이름 지어 스스로 군대를 모집할 수 있는 권리를 주었습니다.'(『선조실록』105권 선조 31년 10월 6일) '사족·서얼·공천·사천 등을 막론하고 용맹스러운 힘이 있는 자 1만 명을 얻은 뒤 5영에 분산시키고 영마다 2,000명씩 법에 의해 조련시켜야 합니다.'(『선조수정실록』28권 선조 27년 4월 1일) 등이 좋은 예다.

선조는 류성룡을 파직시키고 난 뒤 불과 8개월 만에 후회했다.

"그가(류성룡) 떠나간 후로 국사가 날로 엉성해지고 더욱 해이해지는 것은 무슨 까닭인지 알 수 없다."(『선조실록』115권 선조 32년 7월 29일)

선조는 5년 후 류성룡의 관작을 회복하고, 풍원 부원군으로 삼았다. 사관은 '성룡은 나라 걱정을 집안일처럼 하여 알고서는 시행하지 않는 일이 없었다. 임진년의 난리를 당해서 시행한 바가 많았는데, 실록(『선조실록』)을 편수하는 자가 비방하고 배척했을 뿐 아니라 심지어 김우옹의 말로 증거를 삼기까지 하였다. 우옹은 본래 성룡을 허여해서 교의(交義)가 매우 긴밀했었으니, 그 말을 어찌 믿을 수 있겠는가'라고 평했다. (『선조수정실록』37권 선조 36년 10월 1일)

영·정조 때의 명신 채제공은 "명나라에서는 우리나라 사신을 승려와 도사(道士) 아래에 두었는데, 류성룡이 사신으로 갔을 때 말하기를, '조선은 예의의 나라이니 사신을 승려와 도사 아래에 두어서는 부당하다'고 힘껏 다투어 명나라에서 그의 말을 따라 우리나라 사신을 마침내 그들 위에 있게 하였습니다. 이황이 그 일을 듣고는 편지를 보내 찬탄하였는데, 이 말은 그의 문집에 실려 있습니다"라고 했다. (『영조실록』85권 영조 31년 8월 27일)

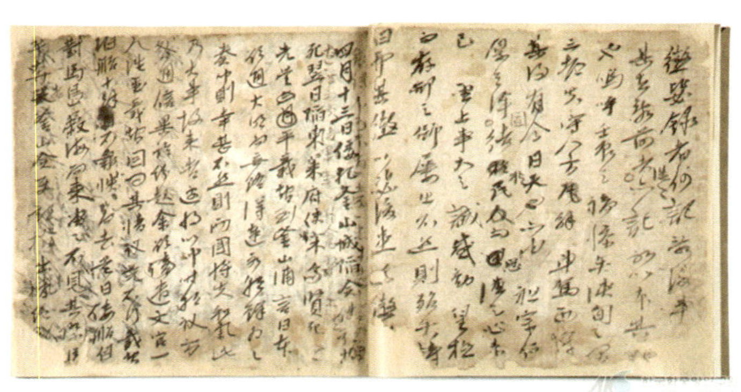

징비록.[25]

25 　출처 –[한국학중앙연구원], [https://www.aks.ac.kr/index.do]

류성룡 종가 유물 중 갑주.[26]

류성룡 종가 유물 중 투구.[27]

26 출처 −[한국학중앙연구원], [https://www.aks.ac.kr]

27 출처 −[한국학중앙연구원], [https://www.aks.ac.kr]

26

김성일

"머리가 허연 썩은 선비가 무슨 공이…"

'한때의 잘못된 보고가 한 생애를 뒤엎고도 남았다.'

학봉 김성일(金誠一·1538~1593)에 대한 후대인들의 평가다. 김성일은 1590년 임진왜란 발발 2년 전에 일본에 통신사로 갔다. (『선조실록』 24권 선조 23년 3월 6일) 김성일은 귀국 후 선조에게 일본이 우리나라를 침공할 의사가 없다고 말했고, 황윤길은 분명 조선을 침공할 것이라고 답했다.

황윤길이 옳았고, 김성일은 틀렸다. 김성일의 오판은 왜란을 초래한 불멸의 장본인으로 매도됐다. 그의 졸기에 '일본에 사신으로 가서는 예절을 철저하게 지켰으므로 왜인들이 경복하였다. 그런데 동행과 불화한 나머지 적정을 잘못 주달하였으므로 거의 죄벽에 빠질 뻔하였다'라는 문장이 실린 이유다. (『선조수정실록』 27권 선조 26년 4월 1일)

선조는 김성일의 '왜란 불가' 발언을 증명하라는 듯, 임난 발발 두 달 전에 그를 경상 우병사에 제수했다. 막상 전쟁이 터지자, 선조는 '김성일을 체포해 국문하도록 명하였다가 미처 도착하기 전에 석방해, 초유사로 삼았다. (중략) 이에 앞서 상은 김성일이 사신으로 갔다가 돌아와 적이 틀림없이 침략해 오지 않을 것이라고 말해 인심을 해이하게 하고, 국사를 그르쳤다는 이유로 김성일을 잡아오도록 했다. 일이 장차 측량할 수 없게 되었을 때 얼마 있다가 성일이 적을 만나 교전한 상황을 아뢰었는데, 류성룡이 성일의 충절은 믿을 수 있다고 말해 상의 노여움이 풀려 이와 같은 명이 있게 된 것이다.'(『선조수정실록』26권 선조 25년 4월 14일)

전시 사령관 김성일의 실무 능력은 놀라웠다. 불협화음으로 삐걱대는 관군과 의병들을 화해시켜 전투력을 극대화했고, 적재적소에 장수들을 보내 왜적을 물리치는 공을 올렸다.

의병장 곽재우와 경상도 관찰사 김수와의 갈등을 중재해 영남의 민심이 크게 감복했다는 기록이 있다. 곽재우는 김수가 왜란 초기에 싸우지도 않고 도망간 비겁쟁이라며, 그의 지도력을 인정할 수 없다는 입장이었다. 반면 김수는 곽재우가 군수품을 함부로 훔쳐갔다며, 자신의 통솔을 따르지 않는 일개 도적떼라고 판단해 추포 명령을 내렸다. 또 조정에 곽재우는 역적이라는 보고까지 올렸다. 이에 김성일은 장계를 올려, 기꺼이 곽재우의 손을 들어주었다.

'초토사 김성일이 장계를 올려 곽재우의 공과를 논하고 너그럽게 용서하여 적을 토벌하게 할 것을 청하자, (선조가) 그대로 따랐다.'(『선조실록』27권 선조 25년 6월 28일, 『선조수정실록』26권 선조 25년 6월 1일)

이로써 경상우도는 김성일의 리더십으로 민심의 동요를 막고, 왜군과의 일전에 대비할 수 있었다. 김성일은 1차 진주성 전투 승전보를 조정에 띄운 뒤 "이것은 목사(김시민)의 공이고 여러 장수들의 힘이다. 머리가 허연 썩은 선비가 무슨 공이 있겠는가. 다만 바라는 것은 너희들이 뜻을 날카롭게 다듬어서 왜적을 섬멸하기를 김시민이 한 것처럼 하는 것이다. 그럴 경우 어찌 나라를 위해서만 다행이겠는가. 실로 너희들의 영광이 될 것이다"라며 모든 공을 부하 장수들에게 돌렸다. (『학봉집』)

앞서 통신사로 정사 황윤길, 부사 김성일, 서장관 허성을 대표로 하는 조선 사신단이 일본에 도착했을 때의 일이다. 허성이 일행에게 "관백을 우리나라 주상이 동등한 예로 대하니 사신은 의당 정배를 해야 한다"고 하자 김성일은 "관백은 바로 천황의 신하이지 왕이라 할 수 없다. 국서에는 대등한 예로 대하였으나 이곳에 도착해서야 그가 왕이 아님을 알았으니, 사신은 의당 전권으로서 고쳐야한다"는 단호함을 보여 관철시켰다. (『선조수정실록』 25권 선조 24년 3월 1일)

도요토미 히데요시(풍신수길)를 일본의 왕으로 인정할 수 없고, 왕에게 걸맞은 예를 갖출 수 없다는 말이다. 졸기에 '예절을 철저하게 지켜 왜인들이 경복했다'는 내용이 여기에서 확인된다. (『선조수정실록』 27권 선조 26년 4월 1일)

의병장 조경남이 쓴 『난중잡록』에는 다음과 같은 일화가 실려 있다.

'(풍신)수길이 있는 곳에 가서 (조선 사신단이) 수개월을 머물렀는데 수길이 왜승 태장로와 철장로 등을 시켜 답계를 만들어 황윤길 등에게 보였다. 글에 이르기를, 일본국 관백 수길은 조선 국왕 합하께 받들어 회답하오. (중략) 귀국이 먼저 달려와 입조하니 멀리 생각하여 가까운 근심을 없게 하려는 것이겠구려. 사람이 한 세상 사는 것이 백 년도 차지 않는데 답답하게 이곳에 오래 있겠소. 국가가 막히고 산과 바다가 먼 것을 불구하고 한 번

 권력은 사라지고 기록은 남는다

뛰어 대명국에 들어가고 싶고, 삼국에 아름다운 이름을 나타내고 싶소. 귀국이 교린의 의리를 중히 여겨서 우리나라에 편들면 더욱 이웃 나라의 맹약을 닦을 수 있을 것이오. (중략) 몸을 진중히 하고 아끼시오. 이만 줄이오. 수길이 받들어 회답함'이란 글이다.

김성일은 글의 사연이 극도로 참람, 오만하다며 대노해, 종이를 밀어 제치면서 말하기를 "바다는 안팎으로 끊겨 있고 나라는 화이(華夷)의 구분이 있는데, 모욕과 오만하기가 심함이 어찌 이 지경에 이를 수 있겠소. 우리들은 죽으면 그뿐이지 차마 이것을 가지고 살아서 돌아갈 수는 없소" 하니, 수길은 글을 도로 가져다가 '합(閤)'자를 '전(殿)'자로 고치고, '받들어[奉]'를 '절하고[拜]'로 고쳤다.'

『선조실록』은 김성일이 속한 동인, 그중에서도 북인이 편찬을 주도했다. 그럼에도 사관은 '김성일은 통신사로서 일본에 갔다가 돌아온 뒤 왜적들이 틀림없이 쳐들어오지 않을 것이라고 했으니, 이것은 그의 지혜가 미치지 못한 바가 있어서 그러했던 것인가. 황윤길, 허성 같은 이는 왜적들이 틀림없이 쳐들어올 것이라고 했는데 김성일만이 유독 왜적들이 쳐들어오지 않을 것이라고 하였으니 진실로 괴이하다'라며 김성일의 허물을 적시했다. (『선조실록』 27권 선조 25년 6월 28일) 이런 이유로 동시대 호남 의병장 안방준은 김성일을 '왜란을 불러온 장본인'으로 지목했다.

이항복은 "신은 (김)성일과 잘 알지 못하는 처지인데 그때 함께 (승)정원에 있으면서 물어보았더니, 성일도 깊이 걱정하였습니다. 다만 '남쪽 지방 인심이 먼저 요동하니, 내가 비록 장담해서 진정시켜도 오히려 의심을 풀지 않을 것이다' 하였습니다. 그의 말은 이를 염려한 것이니, 어전에서 아뢴 것은 반드시 잘못 계달한 것일 것입니다"라고 아뢰었다. (『선조실록』 60권 선조 28년 2월 6일)

퇴계 이황의 수제자였던 김성일은 전쟁 이전에는 간관으로서 '미스터 쓴소리'로 불릴 만큼 왕에게 직언했다. 선조가 "경들은 나를 전대의 제왕들과 비교해 볼 때 어떤 임금과 비슷하다고 생각하는가"라고 묻자, 김성일이 "요 임금이나 순 임금도 될 수가 있고, 걸이나 주도 될 수가 있습니다"라고 답했다. 이에 선조가 "그게 무슨 말인가"라고 되묻자 "전하께서는 (중략) 간언을 받아들이지 않고 자신의 의견만 고집하는 병통이 있는데, 걸주가 망한 까닭도 여기에서 벗어나지 않는 것입니다"라고 하자, 임금이 얼굴빛을 고쳤다. (『학봉집』, 『인조실록』 47권 인조 24년 11월 18일)

김성일은 또 임금과 가까운 신하들을 논핵하였으므로 많은 사람들이 그를 두려워하여 전상호(殿上虎·대궐의 호랑이)라고 일컬었다. '하원군 이정은 왕실의 지친으로서 술에 빠져 방자하게 행동하고 여리에 침해를 끼치고 있었는데, 성일이 그 집의 노복을 체포하여 중형으로 다스리니, 궁가에서 원망하고 노엽게 여겼으나 감히 말하지 못하였다.' (『선조수정실록』 13권 선조 12년 5월 1일)

김성일은 율곡 이이와도 경연장에서 목소리를 높인 적이 있었다. 이이가 이황의 학문이 훌륭함을 칭찬한 후에 "다만 정신이 옛사람에 미치지 못한다"고 말하자 "이황의 학문은 하늘의 해와 같은데 어찌 언론·풍지의 한두 가지로 말할 수 있겠습니까. 이이의 말은 옳지 않습니다"라고 반박했다. (『선조실록』 7권 선조 6년 11월 26일)

김성일은 또 "자기와 의논이 다른 사람이라도 반드시 다 소인은 아니고 자기와 의논이 같은 사람이라도 반드시 다 군자는 아니다. 피차를 논하지 말고 어진 사람을 임용하고 불초한 사람을 버리는 것이 옳다"며 당파를 뛰어넘는 말을 남기기도 했다. (『선조수정실록』22권 선조 21년 8월 1일)

그러나 사관은 '그의 인품이 고집이 세고 편협해, 수용하는 도량이 없었기 때문에 동서의 분당이 일어날 때에 한사코 공격하기를 힘썼고 잘 조화하여 조정을 안정시키지 못하였으므로 사람들이 부족하게 여겼다'라는 평도 아울러 남겼다. (『선조실록』31권 선조 25년 10월 27일)

김성일에 대한 평가는 임진왜란 전후로 엇갈린다. 임난 전에는 강직한 신하와 왜란을 내다보지 못한 무능한 외교관으로, 임난 후에는 전장을 누비다 숨진 초유사로 각인돼있다. 강직한 면모로는 '노릉(단종의 능)을 복위시키고, 사육신을 복작시키며, 그들의 종친을 서용하기를 청한 상소'가 대표적이다. (『학봉집』) 그는 이전 왕조의 금기사항을 정면에서 건드렸다. 선조 4년(1571년) 혈기왕성한 34세의 김성일 모습이다.

실록은 사신의 입을 빌어 김성일에 대한 '종합평가'를 내렸다.

'그 당시 조정에서는 김성일이 '왜구는 두려워할 것이 못 된다'고 과감하게 말하여 방비를 해이하게 만들었다고 해서 국문하도록 명이 내렸다. 그러나 특별히 용서하고 초유사로 임명하자, 그는 동지를 불러 모으고 의병을 규합하니, 원근에서 모두 향응하였으므로 함락되었다가 도로 우리의 소유가 된 것이 16~17읍이나 되었다. 그의 초유 격문은 충의가 분발하고 사의가 격렬하였으므로 비록 어리석은 남녀들로 하여금 듣게 했다 하더라도 반드시 마음이 동해서 눈물을 떨어뜨렸을 것이다. 우도 순찰사로 올려 제수되었다. 계사년 여름에 병으로 군막에서 죽으니, 이 소식을 들은 자 중에는 애통해 하지 않은 이가 없었다. 아, 김성일은 옛날의 유직(遺直)이라 할 만한다.' (『선조실록』 60권 선조 28년 2월 6일)

시호는 문충이다. 숙종 5년(1679년)에 이르러서야 내려졌다.

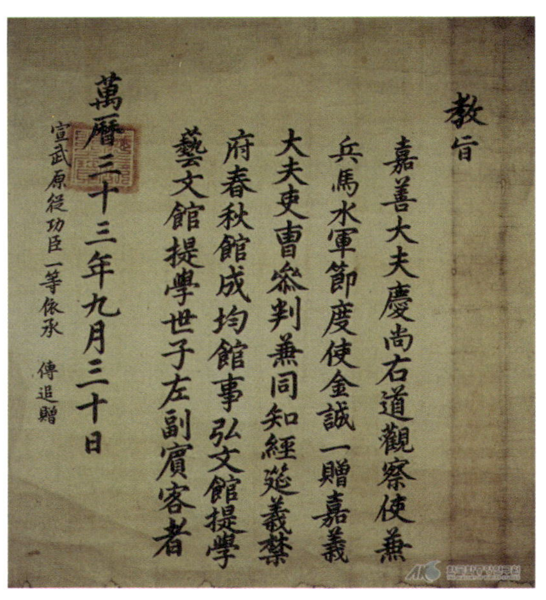

김성일 종가 고문서 중 교지.[28]

28   출처 −[한국학중앙연구원], [https://www.aks.ac.kr]

27

김시민

병마절도사의 진주성 입성 거절이 '신의 한수'

조선시대 관료들 중 다혈질로 이름 난 사람을 꼽으라면 김시민(金時敏·1554~1592)은 '지부상소'가 트레이드 마크인 조헌, 임금 앞에서도 쌍욕이 거침없었던 이귀와 맨 앞자리를 다툴 만하다.

'김시민이 훈련원판관으로 근무할 때 병조판서에게 일을 의논하였으나 판서가 그 말을 채택하지 않으므로 공이 항론(抗論)하여 마지 않으니 병조판서가 견디다 못하여 목소리를 돋우었는데, 공이 곧 일어서서 모자를 벗어 땅에 던지고 발로 밟아 부수며 "장부가 이것이 아니라면 어찌 남에게 모욕받을 수 있겠는가" 하고 박차고 나가, 벼슬을 버리고 떠났다.' 『국조인물고』

국방부의 중간 간부가 장관에게 모자를 벗어 땅에 패대기치면서 사표를 던졌다는 이야기이다. 요컨대 김시민이 군정 쇄신을 병조판서에게 수차례 건의했지만 오히려 질책을 받자, 거칠게 항의한 뒤 벼슬을 버리고 낙향했다는 것이다.

1차 진주성 전투를 승리로 이끈 김시민은 선조 11년(1578년) 24세의 나이로 무과에 급제한다. 임진왜란이 터지기 1년 전에 그는 진주판관으로 임명됐다. 진주목사 이경이 왜란 발발 소식을 듣고 지리산으로 도피하자, 김시민도 같이 은신했다. 경상우도 초유사겸 관찰사 김성일이 온다는 소식에 김시민은 산에서 나와 진주성으로 다시 돌아왔다. (『학봉집』)

판관 김시민은 사천 현감 정득열 등과 전열을 정비해, 고성·사천·진해의 적을 무찌르니 적병이 점점 철수하여 도망하였으므로 김시민이 여러 고을을 수복하였다. (『선조수정실록』 26권 선조 25년 8월 1일)

지리산으로 도피한 과오를 씻고, 전공을 인정받은 김시민은 진주 목사에 제수됐다. 김시민은 진해에서 적장 소평태를 생포하는 전과를 올리기도 했다. 비변사는 "소평태가 대장은 아니지만 왜적의 장수임은 의심할 여지가 없습니다. (김시민에게) 각별히 상을 내려야 할 듯합니다"라고 선조에게 청한다. (『선조실록』 31권 선조 25년 10월 6일) 경상도 대부분이 왜군에게 무너졌지만, 김시민의 진주성만은 외로이 버티고 있었다. 왜군도 곡창지대 호남을 공략하기 위해 속속 진주성으로 모여들 때다.

   권력은 사라지고 기록은 남는다

김시민 장군 진주성 전투 상상도.[29]

진주성 전투를 앞두고 김시민의 리더십이 두드러지는 장면이 있다.

'왜적이 진주에 육박했을 때 경상우도 병마절도사 유숭인이 성 아래에 이르러 들어가려고 했는데, 김시민이 장수의 명령 계통이 전일(專一)하지 못할까 염려, 성문을 닫고 받아들이지 않으면서 말하기를 "성문을 계엄 중에 열고 닫을 때 창졸간에 변이 있게 될까 염려되니 주장(主將)은 밖에서 응원해 주면 좋겠다"라고 말했다. (『선조수정실록』 26권 선조 25년 10월 1일)

김시민은 유숭인이 자신보다 높은 계급이었기에 명령 체계에 혼선이 생길 수 있어, 부득불 성내 합류를 불허했다. 같은 날짜 실록에는 곽재우가 김

---

29 출처 –[전쟁기념사업회], [www.aks.ac.kr]

시민이 유숭인을 받아들이지 않았다는 말을 전해 듣고 감탄하기를 “이 계책이 성을 온전하게 하기에 충분하니 진주 사람들의 복이다”라고 하였다.

1592년 10월 5일부터 11일까지 진주성에서 김시민이 이끄는 3,800명과 왜군 3만 명이 엿새 동안 혈전을 벌였다. 앞서 김시민이 여러 진(陣)에 (진주성의) 위급함을 전하니 정인홍이 가장 먼저 사수(射手) 500여 명을 보냈다. (『학봉전집』, 『난중잡록』)

의병장 곽재우와 최경회, 최강, 이달 등도 진주성 외곽에서 왜군의 배후를 습격해 김시민에 힘을 보탰다. 김시민은 미리 염초 150근을 굽고, 조총을 모방해서 총 70여 자루를 만들어 수시로 연습시킨 까닭에 싸움에 임해서 화약이 떨어지지 않고 화약을 풀잎에 싸서 던지기도 했다. (『연려실기술』)

김시민은 전투 마지막 날 왜군의 탄환에 맞아 쓰러졌고, 곤양 군수 이광악이 김시민을 대신해 지휘하면서 남은 전투를 승리로 이끌었다. 김시민은 얼마 후 숨을 거두었다. 그의 나이 39세였다. 초유사 김성일은 “김시민은 자신이 직접 독전하였는데 철환이 김시민의 이마를 맞추니 성안이 소란해졌습니다”라는 장계를 올렸다. (『선조실록』 33권 선조 25년 12월 5일) 김성일은 “김시민은 본래 군사와 백성들에게 인심을 얻었으므로 성을 수호하고 적을 물리친 것이 모두 그의 공로입니다”라고 재차 보고했다. (『선조실록』 34권 선조 26년 1월 22일)

선조는 김시민을 치하하면서 경상 우병사로 승진시켰으나 이미 숨진 뒤였다. 그의 졸기에는 진주성 전투에 대한 어떤 평가도 없이 ‘김시민을 경상 우병사로 삼았는데, 얼마 뒤에 졸(卒)하였다’라는 문장만 남아 있다. (『선조수정실록』 26권 선조 25년 10월 1일)

숙종 대 학자 신경이 쓴 『재조번방지』에는 '김시민은 목천 사람인데, 무과에 올랐고 재략이 있고 말타고 활쏘기를 잘하였다. (중략) 여러 장수들이 성을 버리고 달아날 생각을 하니, 김시민이 죽기를 각오하고 싸울 것을 군중에서 맹세하고, 감히 떠난다고 말하는 자는 목을 베라고 호령하였다. 그리고 경내의 사민들을 수습해 성에 들어오게 하여 남녀를 섞어 대오를 짜고 병장기를 설치하고 깃발을 세웠는데, 적이 성 아래까지 이르러 몇 겹으로 포위하니 형세는 새알을 깨는 것과 같이 위태로웠다. 김시민은 아내와 함께 직접 술과 음식을 가지고 성을 돌아다니며 군사들에게 먹이고 밤낮없이 분투하니 사람들이 감격해 죽기로 싸웠다. 적은 대패하여 갑옷을 버리고 무기를 끌고 달아나 다시는 진주를 엿보지 못하였다'라는 기록이 보인다.

하지만 8개월 후 벌어진 2차 진주성 전투(1593년 6월 21~29일)에서는 정반대의 운명이 펼쳐졌다. 김시민도 없었고, 관군과 의병장을 두루 통솔할 수 있는 초유사 김성일마저 2차 전투를 두 달 앞두고 군막에서 숨졌기 때문이다.

이런 악조건에서 충청 병사 황진은 "창의사와의 약속을 저버릴 수 없다"며 진주성 안으로 들어갔다.(『재조번방지』) 그러나 곽재우, 선거이 등은 위태로운 형세를 간파하고, 합류를 거부했다. 심지어 전라도 순찰사 권율은 휘하의 병력을 철수시키기까지 했다.

'창의사 김천일이 치계하기를 "신이 이달 14일에 진주성에 도착했는데, (중략) 다음날 전라 순찰사 권율이 전라 병사와 각항(各項)의 장령(將領) 등에게 전령(傳令)하여 모두 나아오게 하므로 제장(諸將)이 일시에 달려가니 성

중이 흉흉하여 이 때문에 일이 누설되었습니다. 신이 최경회·황진 등과 더불어 겨우 수합하였으나 3,000명에 불과하였습니다. 성안은 넓은데 이처럼 주린 군사로서는 방어가 쉽지 않으니 우려됩니다. 대개 진주는 바로 전라도의 보장(保障)인데 순찰사 이하가 철수해, 산음으로 옮겨 갔으니 더욱 우려됩니다”라는 보고를 조정에 올렸다.’(『선조실록』 40권 선조 26년 7월 10일)

권율이 지원은 고사하고, 진주성내의 병력을 빼돌렸다는 것이다. 명나라 원군도 왜적의 형세가 두려워, 떨고 있었을 뿐이다.

'당시 진주에서 급변을 보고하니, 이여송이 경성에서 유정, 오유충, 낙상지 등에게 전령하여 군사를 전진시켜 구원하게 하였으나, 제장들은 적의 형세가 막강함을 두려워하여 감히 진격하지 못하였다. (중략) 김천일 부자를 비롯한 경상 우병사 최경회, 김해 부사 이종인, 황진, 의병장 장윤 등이 최후까지 싸웠다.’ 『선조실록』 40권 선조 26년 7월 16일, 『선조수정실록』 27권 선조 26년 6월 1일)

전쟁이 끝난 후 김시민은 선무공신 2등에 봉해진다.

'신점·권응수·김시민·이정암·이억기를 2등에 봉하고, 모습을 그려 후세에 전하며 관작과 품계를 두 자급 초천한다. 그의 부모와 처자도 두 자급을 초천하되, 아들이 없으면 생질과 여서를 한 자급 초천하라. 적장은 세습케 하여 그 녹봉을 잃지 않게 할 것이며, 영원히 사유의 은전을 받게 하라. 반

당 6인, 노비 9구, 구사 4명, 전지 80결, 은자 7냥, 내구마 1필을 하사한다.'
(『선조실록』 180권 선조 37년 10월 29일)

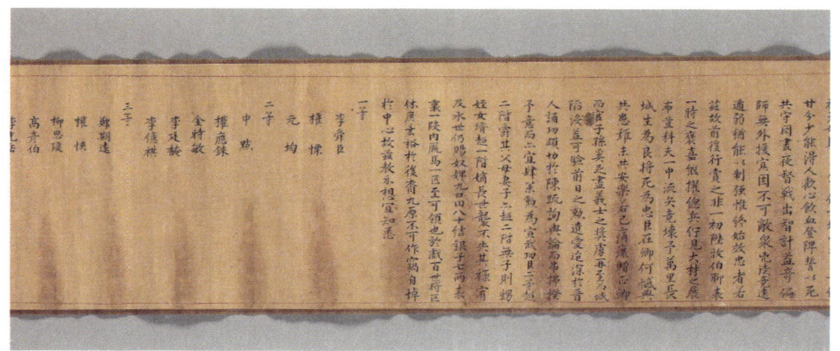

보물(제1476호) 김시민 선무공신 교서.[30]

김시민의 시호는 충무공이다. 충무공 김시민 장군. 입과 귀에 착 달라붙는 호칭은 아니다. 충무공하면 의례 이순신 장군이 연상되기 때문이다. 그러나 조선시대 충무공을 시호로 받은 장군은 모두 9명이다. 이순신, 김시민 이외에도 조영무, 남이, 이준, 이수일, 정충신, 김응하, 구인후가 그들이다. 시호는 죽은 이의 공적을 기리기 위해 왕이 내려주는 이름이다.

선조는 임난 후 공신을 대대적으로 봉하는 등 민심 수습책을 마련한다. 한양에서부터 의주까지 어가(御駕)를 모신 사람을 호성공신으로, 왜적을 무찌른 장수들과 군량을 주청하러 간 사신들을 선무공신으로, 이몽학의 난을 토벌한 자를 청난공신으로 삼았다. 각각 3등급으로 나누고 봉호를 내렸

다. 호성공신은 1등 2명, 2등 31명, 3등 53명 등 86명이다. 선무공신은 1등 3명, 2등 5명, 3등 10명 포함, 18명이고, 청난공신은 1등 1명, 2등과 3등은 각각 2명씩 모두 5명이다. 왕의 곁을 지켰다고 공신이 된 자가 목숨을 걸고 전쟁터를 누빈 공신보다 5배가량 많다.

'사신은 논한다. 공로에 보답하는 것은 국가의 막중한 행사이다. 막중한 행사인데도 사람들에게 가볍게 시행하였으니 매우 애석한 일이 아니겠는가. (중략)요리나 하고 말고삐나 잡던 천한 자들까지 모두 익운의 반열에 참여시켜 이름이 맹부(盟府)에 들어 있는 자가 35인이나 되게 하였으니 어떻게 후세의 비난을 면할 수 있겠는가. 정왜(征倭)의 공에 이르러서는, 그것이 비록 중국 장사들의 공이라고는 하나 대진하여 승전한 공이 없지 않았다. 그런데 호종한 신하들은 많이 참여시키고 싸움에 임한 장사들은 소략하게 하였으니, 공에 보답하는 방도를 잃었다고 할 만하다.'(『선조실록』 159권 선조 36년 2월 12일)

한편 일본 에도시대에 모쿠소호관(木曾判官)이라는 괴물이 일본군을 공격해 곤경에 빠뜨린다는 이야기가 소설과 연극에서 등장한다. 모쿠소는 목사, 호간은 판관을 뜻하는 말이다. 임난 당시 진주 목사 김시민에 대한 두려움이 일본 전역에 전해지면서 문학 작품으로 나타난 결과물이다.

28

곽재우

의병장들이 선무공신에서 빠진 사연은?

"곽재우는 지모가 있는가?" 선조가 물었다.

김수가 "신이 그 사람을 만나보지는 못했지만 대체로 그 사람됨이 보통은 아닙니다. (중략) 의병을 남보다 제일 먼저 일으켜 4월 20일 사이에 기병하였는데 처음 기병할 때 사람들이 의심했었지만 신은 의심하지 않았습니다. 그는 적을 사로잡으면 참괵(목을 벰)하지 않고 심장을 구워 먹습니다. 의령·삼가가 온전한 것은 곽재우의 공입니다"라고 답했다. (『선조실록』 32권 선조 25년 11월 25일)

김수의 말이 전연 뜻밖이다.

망우당 곽재우(郭再祐·1552~1617)는 왜군이 부산진에 상륙하자 경상우도 관찰사 김수가 싸우지 않고 퇴각하는 것에 분격해, (김수를) 죽이겠다는 격문을 붙였다. 김수는 그런 곽재우를 역적이라고 선조에게 보고했다.

초유사 김성일은 경상도 지역의 전투상황을 보고하면서 '김수는 곽재우가 다가왔다는 소식을 듣고 함양으로 도망갈 때에는 심지어 말을 거꾸로 타고 달아나니, 좌·우도 사람들이 김수가 왜적에게 겁먹고 또 재우에게 겁

먹은 것을 비웃지 않는 사람이 없었다'고 적었다.(『선조실록』 27권 선조 25년 6월 28일) 그런데 불과 7개월 만에 김수는 자신의 오판을 깨끗이 인정하고, 선조에게 곽재우를 이처럼 높이 평가했다.

곽재우는 관군이 도망간 텅 빈 관아에 들어가 군장비와 식량을 털어, 의병들에게 나눠주었다. 김수 휘하의 김경로, 김경남 등이 곽재우를 모함하자, 김수 역시 곽재우를 왜란을 틈탄 도적이라고 오해했던 것이다.(『난중잡록』)

곽재우는 의병장으로 몸을 일으켰다. 지역 명문가 출신으로 남명 조식에게 글을 배웠다. 조식은 곽재우의 그릇을 한눈에 알아보고 자신의 외손녀와 곽재우를 중매했다. '곽재우는 기개와 도량이 크고 심원하며, 호걸스럽고 의협심이 있어 의리를 좋아하였으며, 용맹은 삼군의 위세를 압도할 만하였다. 소년 때 조식에게서 글을 배웠는데 조식이 자기의 외손녀를 재우의 아내로 삼게 했다.'(『연려실기술』)

학맥으로는 동인, 좁게는 북인으로 분류됐지만 곽재우는 남인과 가까웠다. 초유사 김성일의 영향이 컸다. 곽재우와 관찰사 김수의 불화는 곽재우에게 불리하게 작용했다. 곽재우는 지리산에 은거하려 했으나, 김성일이 조정에 곽재우의 의거를 알려 오해를 풀었다. '김수의 장계를 보고 (조정 여론이) 난처하게 여기고 있었는데, 성일의 장계를 보고는 미심쩍은 의심이 확 풀려. 즉시 김수를 소환하니, 영남의 인정이 크게 감복하였다.'(『선조수정실록』 26권 선조 25년 6월 1일)

임진왜란 의병장 가운데 곽재우의 활약상이 가장 돋보인다. 그는 왜란이 터지자, 좌고우면하지 않고 전 재산을 털어 의병을 모집했다. 조식의 문하생답게 실천하는 유학자의 모습을 행동으로 옮겼다. 곽재우는 불패의 의병장이었다. 졸기에 '먼저 의령에 있는 왜적을 치고 다음으로 포위당한 진주성을 구원하여 여러 차례 왜적을 격파하였다. 이로부터 이름이 드러나서 병사(兵使)로 발탁되었다'라는 구절이 그것이다. 『광해군일기』[중초본]114권 광해 9년 4월 25일)

실록에서도 '무용(武勇)이 있었지만 스스로 감추었으며 집안도 제법 부유하였다. 외적이 경상우도로 침입한 뒤 호남으로 향한다고 소문을 퍼뜨렸는데 재우가 강변을 왕래하면서 동서로 무찌르자, 적병이 죽은 자가 많았다. 항상 붉은 옷을 입고 스스로 홍의 장군이라 일컬었다. 적진을 드나들면서 나는 듯이 치고 달리어 적이 탄환과 화살을 일제히 쏘았지만, 맞출 수가 없었다. (중략) 임기응변에 능하였으므로 다치거나 꺾이는 군사가 없었다. 의령 등 두어 고을을 수복하고 군사를 정진강 오른쪽에 주둔시키니 하도(下道)가 편안히 농사를 지을 수 있게 되었으며 의로운 소문이 크게 드러났다'라고 전했다. (『선조수정실록』26권 선조 25년 6월 1일)

휘하의 병력이 한때 1,000여명에 달했지만, 곽재우의 전법은 소규모 병력을 이끌고 치고 빠지는 '게릴라 전술'이었다. 그는 1차 진주성 전투에는 참전했으나, 2차 진주성 전투에는 형세의 불리함을 보고 몸을 뺐다.

"오직 임기응변할 수 있는 자만이 제대로 군사를 부릴 수 있고 지혜로운 자만이 적을 헤아릴 수 있는 것입니다. 지금 적병의 성대한 세력을 보건대, 그 누구도 당하지 못할 기세를 떨치고 있는데 3리밖에 안 되는 외로운 성으로 어떻게 방어하겠습니까. 나는 차라리 밖에서 원조를 할지언정 성에 들어가지는 않겠습니다." (『선조수정실록』27권 선조 26년 6월 1일)

곽재우의 전공 중에서 정암진 전투가 가장 돋보인다. 2차 진주성 전투에 합류하지 않은 그는 의령 정암진으로 돌아갔다. 곽재우는 남강 지류 정암진에서 의병 50여명을 데리고 매복과 기습으로 왜군 2,000여명을 대파했다. 사관은 '왜적들이 정암진을 건너 호남으로 가지 못하게 한 것도 곽재우의 공이다'라고 적었다. (『선조실록』 27권 선조 25년 6월 28일)

정암진 전투 상상도.[31]

호성공신 윤근수도 『월정집』에서 '곽재우는 왜란 초기에 지원군도 없이 정암진을 수비하였습니다. 마구 뻗어가는 왜군의 세력을 막고 날카로운 기세를 꺾으니, 왜적이 감히 강을 건너지 못해 결국 정암진을 지키고 의령을

31　출처 –[전쟁기념사업회], [www.aks.ac.kr]

보전할 수 있었습니다'라고 전했다.

특히 사관 박동량이 1591년 2월 3일~5월 16일까지, 1592년 6월 18일~6월 22일까지 작성한 「기재사초」에는 '(곽재우가) 정진을 근거지로 삼아 (중략) 군대를 나룻가 언덕 위에다 매복케 하였다. 또 호각 부는 자를 많이 구해서 붉은 옷을 입혀서 산꼭대기로 올라가게 하였다. 그리고 이들을 사면에 벌여두고, 적이 다가오면 사면에서 일제히 호각 소리를 내고 언덕 뒤의 복병은 또 마구 쏘기로 했다. 적의 목 100여 급을 베었고, 이 때문에 적은 가까이 오지 못했다'라고 적혀있다. 「기재사초」는 임난 당시의 사초로는 유일하게 현존하고 있다.

곽재우의 승전 소식에 고무된 선조는 관직을 잇달아 내리며 격려했다. 유곡찰방, 형조좌랑, 조방장, 진주목사 등의 벼슬이 차례로 제수됐다.

이즈음 곽재우는 명나라와 일본의 강화(講和)안에 대해 조정이 속수무책으로 끌려가자, 의구심을 갖는다. 병조판서 이덕형은 "곽재우는 (왜적과) 강화를 좋게 여기지 아니하여 벼슬을 버리고 돌아갔습니다. 벼슬을 제수하여 불러와서 그가 하는 바를 보아 처리함이 어떻겠습니까?"라고 보고했다. (『선조실록』 70권 선조 28년 12월 5일)

곽재우는 도체찰사 이원익의 부름에도 응하지 않아, 신뢰를 잃기 시작했다. 이덕형이 "곽재우의 사람됨은 신들이 깊이 알지는 못하나, (중략) 일을 처리하는 데에도 규례를 지키지 않는 것이 많았으며, 도체찰사 이원익이 보낸 글을 보니 두세 번 격문으로 불러도 끝내 나아가지 않았다고 합니다"라고 하자 선조는 "경솔히 장수를 맡길 수 없다"고 말했다. (『선조실록』 76권 선조 29년 6월 12일)

이원익은 "아무쪼록 곽재우를 발탁해 장수로 기용하고 싶지만, 얼굴을 보지 못하였으므로 천거하기 어렵습니다. 대개 그 사람됨은 조정에서 듣고 그곳에서도 들었는데 다들 쓸 만하다고 말합니다"라고 오히려 두둔했다. (『선조실록』 82권 선조 29년 11월 17일)

1596년 7월 이몽학의 난 때 '이몽학이 소문을 퍼뜨리기를 "충용장 김덕령과 의병장 곽재우·홍계남 등이 군대를 연합하여 도우며 병조판서 이덕형이 내응한다"고 하니, 민심이 술렁거렸다'는 기록도 있다. 하지만 선조는 '모두 불문에 붙이고, 김덕령만을 잡아올 것을 명하였다.' (『선조수정실록』 30권 선조 29년 7월 1일)

이듬해 정유재란 때 '곽재우가 경상방어사로서 창녕의 화왕산성을 사수할 뜻을 보이니 온 군중이 벌벌 떨었다. 적병이 이미 성에 다가왔는데도 재우는 조용히 웃으며 이야기하고, 다만 굳게 지키라고 명령하며 말하기를 "저놈들도 병법을 알 테니, 어찌 경솔하게 덤벼들기를 좋아하겠는가"라고 하더니 과연 1주야를 지나자 적이 싸우지 아니하고 강을 건너갔다.' (『연려실기술』)

곽재우는 이후 진주목사와 경상좌병사로 보임됐다. 그러나 도순찰사 한준겸과 도산성 수비를 놓고 갈등을 빚자, 국정 전반에 대해 장문의 상소를 올린 뒤 임지를 이탈해버렸다. 선조는 '장일백(杖一百)에 변방으로 충군(充軍)시킨다'는 대명률 조항에 더해 "곽재우의 죄는 이에 그치지 않는다"라고 대노했다. (『선조실록』 123권 선조 33년 3월 20일)

졸기에서 '기해년(1599년)에 군대를 파하자, 곽재우는 상소를 올려 시사에 대해 말하고 이어 병사의 직임을 버리고 떠나갔는데, 변방에 2년 동안 충군되는 것으로 논죄 되었다'라는 대목을 확인할 수 있다.

1년 후 비변사는 '곽재우는 당초 죄명도 재론의 여지가 있는 데다, 난리 초기에 맨 처음 의병을 일으킨 자로 재략이 출중하니 전쟁 시에 힘을 얻을 만하다'며 재등용을 주장했다. (『선조실록』134권 선조 34년 2월 19일)

윤근수와 김수도 지원사격에 나섰다. 윤근수는 "경상도 사람은 모두 그에 대한 칭송이 자자하고 그도 장수의 지략이 있으니 불가불 제때에 방면하여 난에 임하여 힘이 되게 해야 합니다"라고 하자 김수 역시 "곽재우가 진(鎭)을 버린 곡절에 대해서는 비록 알 수 없지마는 방면하여 일을 맡기면 그는 필시 힘을 다할 것입니다"라고 말을 보탰다. (『선조실록』135권 선조 34년 3월 17일)

다시 1년 후, 같은 조식 문하생이었고 함께 의병장으로 활약했던 정인홍은 "남쪽 변방은 장수가 시급한데 적을 토벌할 만한 장수가 하나도 없으니 극히 한심스럽습니다. 곽재우라는 이가 있는데 비록 온자(따뜻하고 인자)하지는 못하나 등용할 만한 인물입니다"라며 "통제사로 삼는다면 조금이나마 가망이 있게 될 것입니다"라고 말했다. (『선조실록』149권 선조 35년 4월 12일)

정인홍은 광해군 대에도 '세상과 인연을 끊은' 곽재우를 적극 추천했다. 그는 "곽재우가 나라만을 걱정하고 집안을 걱정하지 않는 사람이라는 것은 동류들 사이에 익히 알려져 있으니, 참으로 절의를 위해 죽을 신하입니다. 신이 물러간 뒤에라도 거두어 등용 하소서"라고 말할 정도였다. (『광해군일기』[정초본]59권 광해 4년 11월 1일)

곽재우는 유배에서 풀려난 후 일체의 관직을 사양했다. 한때 찰리사(察理使)를 제수 받아 천생산성 보수에 대해 '직접 가서 형세를 살펴보고 보수할

계획'이라는 장계를 올리기도 했으나 그것뿐이었다. (『선조실록』 173권 선조 37년 4월 14일)

실록에는 '곽재우가 토납(吐納)·도인(導引)하고 벽곡(辟穀)하면서 밥을 먹지 않으며 괴벽한 일을 행하여 중외에서 그걸 본받는 자의 창도(唱導)가 되고 있으니 이름은 재상의 반열에 있지만 역시 하나의 도류(道流)입니다'라는 기록이 있다. (『선조실록』 211권 선조 40년 5월 6일) 곽재우가 유학을 버리고 도교에 심취했다는 말이다.

'공(公)은 가야산, 방장산 등의 산중에 들어가 10여 년간을 한 톨의 쌀도 먹지 않았다. 누가 억지로 권하면 잠깐 숟가락을 대기는 하였으나 곧 귀와 코로 토해 버렸다.' (『연려실기술』)

곽재우는 임난 후 선무공신 후보 26명에 포함됐으나 최종 18명의 명단에는 탈락했다. (『선조실록』 161권 선조 36년 4월 28일) 곽재우·정인홍·김면·고경명·조헌 등 의병장들은 거의 1만 여명에 달하는 선무원종공신 명단(9,060명)에 그나마 '간신히' 이름을 올렸다. 원종공신은 비교적 '작은 공'을 세운 사람에게 내린 공신 칭호다. 의병장들에 대한 대접이 이래서야 나라가 잘될 수 없다.

   권력은 사라지고 기록은 남는다

29

최명길

그가 없었다면 조선이 보전될 수 있었을까?

'한 시대를 구제한 재상.'

지천 최명길(崔鳴吉·1586~1647)에 대한 사평이다. 졸기에서 이런 평가를
받은 이는 최명길이 유일하다. 조선시대 이름난 재상으로는 황희, 맹사성,
류성룡, 이원익, 채제공 등이 꼽히지만 사관은 유독 최명길을 콕 집어, 한
시대를 구제한 재상이라 평했다. (『인조실록』48권 인조 25년 5월 17일)

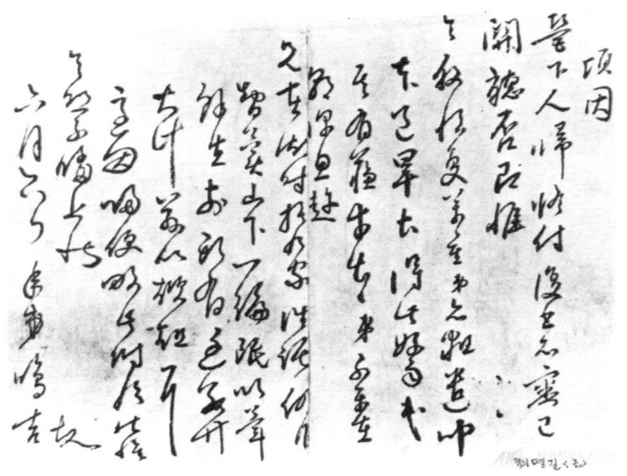

최명길 필적.[32]

최명길은 1636년 12월 8일 발발한 병자호란 때 주화파의 리더였다. 주화파는 청나라를 세운 건주 여진족 오랑캐와 화의를, 이에 반해 척화파는 항전을 주장하는 쪽이다. 그렇다면 현실은 어떨까? 유감스럽게도 승전할 가능성이 거의 없는 상황이었다. 그런데도 주화를 입 밖으로 꺼내는 순간, '만고의 역적'으로 모는 분위기였다. 언관과 유생들은 적과 화친을 입에 올리는 자는 목을 쳐야 한다고 앞을 다투어 왕을 압박했다.

조정 여론은 소현세자가 피난 간 강화도가 함락되었다는 소식이 전해지기 전까지 나라가 망하더라도 끝까지 싸우자는 척화파가 주도했다. 그러나 막상 오랑캐가 눈앞에 나타나자, 척화파는 아무런 대책을 내놓지 못했다. 단기필마로 나설 용기조차 없었다. 당초 강화도를 향해 파천하던 인조의 발걸음은 청나라 군이 들이닥쳤다는 급보에 숭례문에서 멈춘 채 오도 가도 못하는 진퇴양난에 빠졌다.

이때 최명길이 나섰다. 최명길이 '나 홀로' 적진에 뛰어들어 담판을 벌이는 동안 인조는 무사히 남한산성으로 발길을 돌릴 수 있었다.

인조 14년(1636년) 12월 중순 저녁 무렵, 실록이 전하는 당시의 참상이다.

'대가(大駕)가 숭례문에 도착했을 때 적이 이미 양철평(서울 은평구 녹번동 부근)까지 왔다는 소식을 접했으므로, 상이 남대문 루(樓)에 올라가 신경진에게 문 밖에 진을 치도록 명하였다. 최명길이 노진(虜陣·오랑캐 진영)으로 가서 변동하는 사태를 살피겠다고 청하니, 드디어 명길을 보내어 오랑캐에게 강화를 청하면서 그들의 진격을 늦추게 하도록 하였다. 상이 돌아와 수구문을 통해 남한산성으로 향했다.' (『인조실록』33권 인조 14년 12월 14일)

주화파와 척화파는 전쟁 해법을 놓고 남한산성에서 갑론을박을 펼쳤지만 군사력이 뒷받침되지 않은 입씨름에서 묘수가 나올 리 없었다. 해가 바뀐 인조 15년(1637년)에 최명길이 사실상 항복을 뜻하는 국서를 써, 청나라 진영에 보냈다. 호란 발발 한 달여 만이었다.

'조선 국왕은 삼가 대청(大淸)관온인성황제(寬溫仁聖皇帝)에게 글을 올립니다. 소방이 대국에 죄를 얻어 스스로 병화를 불러 외로운 성에 몸을 의탁한 채 위태로움이 조석에 닥쳤습니다. (중략)소방은 사리가 막히고 형세가 극에 달하여 스스로 죽기를 기약할 따름 입니다. 감히 심정을 진달하며 공

손히 가르침을 기다립니다.' (『인조실록』 34권 인조 15년 1월 3일)

사관은 붓을 잡은 이가 최명길이라고 적시했다. 그러면서 '청나라의 연호를 쓰자는 의논이 있었으나, 삼사가 간하여 중지시켰다. 당시 문장 대부분을 최명길이 작성했는데, 못할 말없이 우리를 낮추고 아첨하였으므로, 보고는 통분하여 눈물을 흘리지 않는 자가 없었다'고 했다.

조경남의 『속잡록』에는 최명길의 속내가 잘 드러나 있다. '김류가 최명길의 손을 잡고 말하기를, "내 뜻이 영공(令公)과 같지만 선비들의 논란을 어찌한단 말이오" 하니, 최명길이 "차라리 만고의 죄인이 될지언정 차마 군부를 망할 곳에 둘 수는 없지 않소"라고 말했다.'

척화파의 거두 예조 판서 김상헌이 최명길이 쓴 국서를 찢고 주벌을 청하는 사건도 벌어진다. 최명길의 글을 보자.

'조선 국왕은 삼가 대청국 관온인성황제에게 글을 올립니다. 삼가 명지를 받들건대 거듭 유시해 주셨으니, 간절히 책망하신 것은 바로 지극하게 가르쳐 주신 것으로서 추상과 같이 엄한 말 속에 만물을 소생시키는 봄의 기운이 같이 들어 있었습니다. (중략) 삼가 황제의 덕이 하늘과 같아 반드시 불쌍하게 여겨 용서하실 것이기에, 감히 실정을 토로하며 공손히 은혜로운 분부를 기다립니다.' (『인조실록』 34권 인조 15년 1월 18일)

사관은 첫 문장 다음에 '이 밑에 폐하라는 두 글자가 있었는데 제신(諸臣)이 간쟁하여 지웠다'라는 기록을 남기는 꼼꼼함도 보였다. 하지만 '폐하' 두 글자는 곧 추가된다.

이에 이식과 이경석 등이 "문자에 타당하지 않은 곳이 많이 있으니, 우선 내일을 기다렸다가 사람을 보내도 해로울 것이 없겠습니다"라며 인조에게 다음날 국서를 보낼 것을 요청하자 최명길이 화를 내면서 "그대들이 매번 조그마한 곡절을 다투고 분변하느라 이렇게 위태로운 치욕을 맞게 되었다. 그렇지 않았으면 어찌 오늘날과 같은 상황이 되었겠는가"라고 꾸짖었다고 전한다. (『인조실록』 34권 인조 15년 1월 18일)

전쟁 발발 39일째 되던 1월 22일, 강화도가 함락됐다는 비보가 전해졌다. 인조에게 더 이상 남은 선택지는 없었다.

항쟁 46일째 인조는 최명길의 의견을 받아들인다. 이로써 항쟁은 항복으로 국면이 전환된다. 남은 절차는 오랑캐에게 세 번 무릎을 꿇고, 아홉 번 머리를 조아리는 '삼배구고두례'다. 1637년 1월 30일의 일이다.

이조판서 최명길은 외롭게 고군분투했다. 특히 이조참판 정온의 상소가 매서웠다.

'신이 삼가 외간에 떠들썩하게 전파된 말을 듣건대, 어제 사신의 행차에 신이라고 일컬으며 애걸한 내용이 있었다고 하는데, 이 말이 정말 맞습니까? 만약 실제로 그러하다면 이는 필시 최명길의 말일 것입니다. 신이 이 말을 듣고 저도 모르는 사이에 간담이 다 떨어져 목이 메어 소리도 나오지 않았습니다. 전후에 걸쳐 국서는 모두 최명길의 손에서 나왔는데, 매우 비루하고 아첨하는 말 뿐이었으니, 이는 곧 하나의 항서(降書)였습니다. (중략) 전하께서는 최명길의 말을 통렬히 배척하여 나라를 팔아넘긴 죄를 바로잡

으소서.'(『인조실록』34권 인조 15년 1월 19일)

정온에게 넘치는 기개는 있었지만, 구국의 해법은 없었다. 국서를 찢은 김상헌도 마찬가지였다. 오직 오랑캐와 화의는 안된다며 결사 항전만 외칠 뿐이었다. 척화파의 논리는 단순하고 명쾌했다. 그들의 머릿속엔 '재조지은의 나라' 명나라만 있었고, 정작 조선과 백성은 없었다. 김상헌의 상소문을 보자.

'선조(宣祖)께서는 지성으로 사대하여 임진왜란 때에 구원해 준 은혜를 받으셨습니다. 지금 만일 의리를 버리고 은혜를 잊고서 차마 이 일을 한다면, 천하 후세의 의론은 돌아보지 않는다 하더라도 장차 어떻게 지하에 계신 선왕을 뵐 것이며 또 어떻게 신하로 하여금 국가에 충성을 다하라고 할 수 있겠습니까.'(『인조실록』39권 인조 17년 12월 26일)

그러나 최명길에겐 명나라에 대한 사대보다 조선과 백성의 삶이 우선이었다. 최명길이 이끄는 삶에는 오랑캐에게 무릎을 꿇는 '치욕의 강'을 건너야 다다를 수 있었다. 그래서 식자층에서는 최명길을 폄하하고, 깎아내리는 시선이 다수였다. 졸기에서도 '(최명길은) 추숭(追崇)과 화의론을 힘써 주장함으로써 청의(淸議)에 버림을 받았다. 남한산성의 변란 때에는 척화를 주장한 대신을 협박하여 보냄으로써 사감을 풀었고 환도한 뒤에는 그른 사람들을 등용하여 사류와 알력이 생겼는데 모두들 소인으로 지목하였다'는 기록을 남겼다.(『인조실록』48권 인조 25년 5월 17일)

항복으로 목숨을 보전한 이들이 되레 역공을 펼치는 분위기에 동 시대

          권력은 사라지고 기록은 남는다

인물 택당 이식이 일갈했다. "청음(김상헌)이 남한산성에서 나와 바로 고향으로 돌아간 것이 비록 지조가 높으나 또한 완성군(최명길)이 열어놓은 남한산성의 문으로 나왔다."(『연려실기술』) 이식은 또 "지금 조정에서 학문하는 인사들 가운데 최명길과 장유 두 분의 상공(相公) 정도는 내가 두려워할 만한 대상이다"고 할 정도로 최명길의 학문을 높이 평가했다. (『택당집』)

조선 후기 노론의 담론을 지배한 우암 송시열은 최명길을 간신이라고 비문에 남겼지만 그의 스승 김집은 "지금 사람들은 최명길을 진회라고 하는데 이는 크게 잘못된 말이다. 진회는 금나라에 충성을 다한 간신이었으나 최공이야 어찌 이러한 마음이 있었겠는가. 그 사실이야말로 나라를 배반한 진회와는 상반되는데 굳이 같다고 하니 그가 승복치 않는 것은 물론이고 또 올바른 공론이라고는 볼 수 없다. 청나라와 화친하지 않고도, 청을 대적할 수 있었다고 한다면 실로 우스운 말이다"고 평가했다. (『숙종실록』7권 숙종 4년 윤3월 16일, 『송자대전』)

최명길은 전후 복구를 위해서도 쉴 틈이 없었다. 척화파들은 항복한 임금을 인정하기 싫다며 낙향해, 지조를 지켰을지 모르지만, 최명길에겐 그런 '여유'를 즐길 시간조차 주어지지 않았다.

최명길이 "요즘 조사(朝士)들이 서로 잇따라 휴가를 청하고, 벼슬살이를 하려들지 아니하며, 혹은 이것으로 고상한 행동이라고 여기는 자가 있으니, 분의로 헤아려 볼 때 말도 안 되는 일입니다"라고 하자 인조는 "국가의 체모로 헤아려 볼 때 버리고 떠나는 사람을 하필 굳이 청하여 머물게 할 것이 있겠는가"라며 시큰둥한 반응을 보였다. (『인조실록』34권 인조 15년 4월 4일)

당장 발등의 불은 환황녀 처리 문제였다. 사대부 집안에서는 포로로 잡혀갔다 돌아온 부녀자들이 절개를 잃었으니, 국가에서 합법적으로 이혼을 승인해 달라고 요구했다. 최명길은 "전쟁의 급박한 상황 속에서 몸을 더럽혔다는 누명을 뒤집어쓰고서도 밝히지 못하는 사람이 얼마나 많겠습니까"라고 반문한 뒤 "사로잡혀 간 부녀들을 몸이 더럽혀졌다고 논할 수 없는 일"이라고 거부했다. 이에 대해 사신은 맹렬한 비난을 퍼붓는다.

'절의를 잃은 사람과 짝이 되면 이는 자신도 절의를 잃는 것이다. (중략) 아, 백년동안 내려온 나라의 풍속을 무너뜨리고, 삼한(三韓)을 들어 오랑캐로 만든 자는 명길이다. 통분함을 금할 수 있겠는가.' (『인조실록』 36권 인조 16년 3월 11일)

최명길은 인조반정 때 1등 공신으로 녹훈됐다. 사관은 '명길은 (중략) 모든 인물의 진퇴와 국가의 정령에 대해 자신이 직접 담당하지 않는 것이 없이 경장하는데 깊이 관심을 쏟았다. 그러나 본래 그릇이 작은 인물로서 재주와 공만 믿고 거리낌 없이 행동하며 간사하고 아첨하는 태도를 지녔으므로 사람들이 그가 불길한 사람이 될까 염려하였다'라는 부정 평가를 내렸다. (『인조실록』 3권 인조 1년 11월 2일)

사관은 다른 한편으로 최명길의 강단에 대해서도 언급했다.

'최명길은 체격이 왜소했으나 말을 잘하고 지략이 많았는데, 약관에 급제하여 이름이 났다. 광해조 때에 버림을 받아 도성 밖에서 살았는데, 김류·이귀와 함께 모사하여 거의하였다. (중략) 출세하려는 젊은이들이 그를 많이 따랐다. 이때에 김류가 오래된 명망을 지닌 원훈으로서 정승의 자리에

있었으나 최명길이 굽신거리지 않았으므로 이 때문에 두 사람 사이가 벌어
졌다.' (『인조실록』 22권 인조 8년 5월 17일)

이괄의 난 외중에는 '최명길은 백면서생으로 홀로 위험을 피하지 않고 강
언덕에서 군사가 무너졌을 때 만사일생의 계책을 내어 임진을 도로 건너
원수(元帥·장만)와 만났는데 언사가 강개하고 그의 장인(장만)을 격동시켜
드디어 사현(沙峴)의 승리를 이루었다. 당시 명을 받고 정토한 신하 중에 자
신을 잊고 나라를 위하는 의리를 아는 자는 최명길 한 사람뿐이었다'라고
사신은 논했다. (『인조실록』 4권 인조 2년 2월 18일)

최명길은 후금과의 관계에서도 적극 의견을 냈다. 인조 11년(1633년) '최
명길이 상소하여 오랑캐와 관계를 맺는 데 대한 계책을 진달하였으나, 답
이 없었다. 이에 앞서 상이 군신들과 (후금과) 국교를 끊는 데에 대해 의논
할 때 제신들이 감히 어기지 못하고 "네네" 하면서 물러났는데, (후금의) 사
신이 출발하려고 하자, 사람마다 걱정하면서도 말하는 자가 없었다. 이에
원한을 사, 화를 재촉하는 것이 올바른 계책이 아니라는 것을 최명길 혼자
상소했으나 (상이) 살피지 않았다.' (『인조실록』 28권 인조 11년 2월 6일)

인조 14년(1636년) 후금이 청나라로 국호를 바꾸자, 최명길이 이를 제대
로 불러주자고 했다. 사간원이 '최명길은 일찍이 경연 석상에서 금한(金汗)
을 일러 청국한(淸國汗)이라고 하여, 정식으로 삼아야 한다고 하였으니, 명
길의 말은 크게 잘못 되었습니다'라며 그의 관직을 삭탈하라고 청했다. (『인
조실록』 33권 인조 14년 9월 27일)

인조 5년(1627년) 정묘호란 때도 '임금의 행차가 통진에 머무를 때 오랑캐
차사가 강화를 하고자 오려고 하니, 강화를 하느니 안 하느니 논의가 분분

하여 결정하지 못하고 있었다.

　최명길이 "전쟁이 나도 사신이 왕래하는 법이니 단번에 거절하는 뜻을 보이는 것은 부당하다. 우선 맞아들여 그 말을 들어보고 처리하는 것이 옳다"고 하였다. 모든 사람의 뜻도 대체로 그러했으나 아무도 발언하려고 하지 않았는데, 명길이 주장하자 마침내 차사를 진해루에서 접견하고 이어 유해가 또 도착하니 강화가 이루어졌다. (중략) 비록 화친을 배척하는 자들도 겉으로만 큰소리를 칠 뿐 속으로는 사실 강화의 의논이 이루어진 것을 다행으로 여기고 있었는데 믿을 수 없는 의론을 두려워하여 분명하게 말하지 못했다. 그러나 명길만은 일을 당하여 돌아보거나 피함이 없이 문득 맨먼저 발언하였는데, 이 때문에 탄핵을 받고 물러갔다'는 기록이 있다.(『계곡만필』,『연려실기술』)

　대일관계의 발언도 눈에 띈다. 그는 사찰의 종을 만들어 달라는 도쿠가와 이에야스의 요청에 "신은 요즈음 남쪽의 일에 대하여 깊은 우려를 금치 못하고 있습니다. (중략)사찰의 종을 만들어 보내달라는 요청을 들어주어 사리를 아는 승려를 차견하여 우리나라의 성의를 전달하고, 혹은 불공에 쓰는 물품을 가져가 (덕천)가강을 위해 명복을 빌어줌과 동시에 자비의 뜻을 담은 교서로 관백을 효유하는 것이 곧 형세를 따라 잘 유도해가는 계책입니다"라고 상언했다. (『인조실록』43권 인조 20년 6월 12일)

　최명길이 62세로 졸하기까지, 나라의 보전을 위해 평생을 쏟아 부었지만 돌아온 건 '나라를 욕되게 했다'라는 비난뿐이다. 그의 후손들은 조상의 원통함을 해명하는 장문의 상소문을 올려야 했다. (『숙종실록보궐정오』43권 숙종 32년 3월 9일)

　이런 가운데서도 남인의 영수 허목은 숙종에게 '만약 최명길이 없었더라면 뒷날 복수를 하고 설치(雪恥)를 하고자 하더라도 종사는 이미 혈식(血食)을 받지 못하게 되었을 것입니다. 그 공이 어찌 적다고 하겠습니까? 그런데도 이른바 청의의 반대에 부딪쳐서 심지어 진회에게 비유하기도 하여 마침내 배향에 참여하지 못하게 되었으니, 어찌 국가의 흠전(欠典)이 아니겠습니까?'라며 통탄했다. (『숙종실록보궐정오』 5권 숙종 2년 7월 8일)

　정조 때 도승지 정민시도 임금에게 "그때 이 사람이 없었다면 국가가 어떻게 오늘을 보전할 수 있었겠습니까"라고 말했다. (『정조실록』 6권 정조 2년 11월 5일)

최명길 신도비.[33]

33　출처 —[국가유산포털], [https://www.heritage.go.kr]

30

김상헌

나라의 치욕은 외면하고
절의만 외친 '만고의 충신'

청음 김상헌(金尚憲·1570~1652)은 살아서는 '미스터 쓴소리'로, 죽어서는 '만고의 충신'으로 역사에 이름을 남겼다. 사관은 졸기에서 구구절절 그의 절의와 지조를 드높였다. (『효종실록』 8권 효종 3년 6월 25일)

김상헌은 선조, 광해, 인조, 효종 대를 거치며 임난과 호란을 모두 겪었다. 그에 대한 당대의 세평은 '절개를 지킨 위인'이다. 한 번도 굽히지 않은 원칙주의자로 설명할 수 있다. 척화파의 거두인 그는 주화파의 최명길과 함께 '역사의 라이벌'로 자주 소환된다.

병자호란 때 '항전이냐, 항복이냐'의 갈림길에서 김상헌은 비록 지는 싸움일지라도 항전해야 한다고 극력 주장했다. 끝까지 항전해야 항복한 이후를 기약할 수 있다는 의미다. 싸우고 난 뒤 항복하는 것과, 싸우지 않고 항복하는 것은 전혀 다른 차원이라는 이유에서다.

'인조가 말하기를 "이제 무엇을 믿어야 하겠는가?" 하니 (김상헌이) 대답하기를 "천도(天道)를 믿어야 합니다"고 했습니다. 묘당에서 강화(講和)의 국서(國書)를 초안할 적에는 격분을 이기지 못해 통곡하면서 찢어버리고 나서, 또 입대하기를 "오늘날 군신 상하가 죽음으로 지킬 것을 마음으로 맹세한다면 어찌 전하를 위하여 목숨을 바칠 사람이 없겠습니까?"라고 말했다.'(『정조실록』3권 정조 1년 4월 15일)

겨울 한복판, 고립된 남한산성은 날마다 군사들이 얼어 죽고, 식량마저 바닥나는 최악의 상황에 내몰렸다. 외로운 성에서 속수무책 죽을 날만 기다리는 형국이었다. 산성을 위협하는 청나라 홍이포의 포성소리는 점점 더 크게 가까이 들려오고 있었다.

오늘의 관점에서 보면 김상헌의 이 같은 항전 주장은 무책임한 발언이다. 더구나 '천도를 믿어야 한다'는 데서는 실소가 터져 나올 법하다. 그러나 왕조시대에는 척화파 대신이라면 마땅히 해야 할 발언이다.

인조의 선택은 항복이었다. 김상헌은 항복을 받아들일 수 없었다.

'그는 여러 날 동안 음식을 끊고 있다가 이때에 이르러 스스로 목을 매었는데, 자손들이 구조하여 죽지 않았다. (중략) 사신은 논한다. 강상(綱常)과 절의(節義)가 이 두 사람(김상헌, 정온) 덕분에 일으켜 세워졌다. 그런데 이를 꺼린 자들은 임금을 버리고 나라를 배반했다고 지목하였으니, 어찌 하늘이 내려다보지 않겠는가.'(『인조실록』34권 인조 15년 1월 28일)

인조가 남한산성 서문으로 나가 삼전도에서 '삼배구고두례'를 올릴 때, 김상헌은 북문을 통해 고향 안동으로 발길을 돌렸다. 인조와 최명길은 나라의 치욕은 외면하고 절의만 외친 김상헌을 '조롱'했다.

최명길이 "그가 목을 매어 죽으려 할 때 아들이 옆에 있었습니다. 이러고도 죽을 수 있는 자가 있겠습니까”라고 하자, 인조가 “김상헌의 일은 한 번 웃을 거리도 못 되는데 무식한 무리는 오히려 남들이 할 수 없는 일이다 하니, 세상을 속이고 명예를 훔치기가 쉽다 하겠다. 호종한 공으로 준 자급까지도 받지 않아서 내가 매우 무안했다”고 씁쓸해했다. 이에 최명길이 “임금은 범의 굴에 들어갔는데 신하는 북문으로 나갔으니, 고금 천하에 어찌 이런 도리가 있겠습니까”라며 개탄했다. (『인조실록』 35권 인조 15년 9월 6일)

김상헌은 선조 대에 이조전랑으로 있을 때, 유영경의 대사헌 지명을 반대했다. 이후 유영경의 미움을 받아 외직을 전전했다. (『선조수정실록』 39권 선조 38년 8월 1일) 임진왜란 때는 부모와 함께 피난했고, 광해군 때는 승정원 동부승지로서 당대의 실력자 정인홍을 겨냥한 쓴소리를 하다가 쫓겨나는 등 그의 관료생활은 순탄치 않았다. 당시 정인홍이 회재(이언적)와 퇴계(이황)를 문묘 제향에서 빼자고 주장했다. 이른바 ‘회퇴변척’이다. 김상헌은 정인홍이 언급한 회퇴변척을 사특한 글이라고 맹비난했다.

‘우찬성 정인홍의 차자를 보건대, 선정신(先正臣) 이황이 일찍이 자기 스승인 조식의 병통을 논한 일과 성운(成運)을 단지 ‘청은’(淸隱)이라고만 칭한 것을 가지고, 화를 내면서 당치않게 헐뜯었다는 등의 말을 하는가 하면 이말 저말을 주워 모아 한껏 지척을 하였고, 이언적까지 언급하면서 그를 마치 원수 보듯 하였습니다.’ (『광해군일기』[중초본] 40권 광해 3년 4월 8일)

정인홍을 아낀 광해군이 못마땅해 하자, 그는 사직한 후 광주목사 등 외직으로 떠돌았다. 인조반정 때는 부모 상중이어서 거사에 참여하지 않았다. 하지만 ‘청렴하고 지조가 있다’라는 세평을 얻어 대사간, 이조참의, 도승지, 대사헌, 이조판서, 예조판서 등을 역임했다. 김상헌이 대사간에 제수됐을 때 사평을 보자.

'김상헌은 사람됨이 단정하고 깨끗하며 언동이 절도에 맞고 안팎이 순수하고 발라서 정금(精金)이나 미옥(美玉)과 같았으므로 바라보면 늠연하여 사람들이 사사로운 뜻으로 범하지 못하였고, 문장도 굳세고 뛰어나며 고상하고 오묘하여 옛 글 짓는 법에 가까웠다. 조정에서 벼슬한 이래로 처신이 구차하지 않고 악을 원수처럼 미워했기 때문에 여러 번 배척당했으나, 이해와 화복 때문에 마음을 움직이지 않았다. 광해 때에는 폐기되어 전야(田野)에 있었는데, 반정(反正)한 처음에는 상중이기 때문에 등용되지 못했다가 상을 마치자 맨 먼저 이조참의에 제배되었다. 이때에 이르러 간장(諫長)에 제배되니, 사람들이 다 그 풍채를 사모하였다.' (『인조실록』 6권 인조 2년 8월 28일)

이듬해 김상헌이 '언관을 정중하게 대우하여 직간하는 인사들이 좌절되게 하지 마소서'라고 상소하자, 인조는 그를 '붕당을 옹호했다'는 이유로 체직시켰다. (『인조실록』 8권 인조 3년 2월 9일) 이에 김류가 '김상헌은 바르고 청렴하며 몸단속을 깨끗이 하고 절조가 있는 자로서, 그를 앞설 사람이 없습니다'라고 진달했다. (『인조실록』 8권 인조 3년 2월 13일) 이귀도 '조정안에 그만한 자가 없습니다. 전하께서 이 사람을 소원하게 하시면 아첨하는 풍습이 크게 일어날 것입니다'라고 복직을 청했다. (『인조실록』 8권 인조 3년 3월 8일)

김상헌은 앞서 인조반정 1등 공신 이귀의 입장을 난처하게 만든 적도 있었다. 사관은 다음과 같은 사평을 남겼다. '장만과 이광정은 상이 불러 하문했을 때 사실대로 답변하지 않았으므로 사대부 대부분이 장만 등을 정직하지 못하게 여겼다. 그런데도 감히 탄핵하지 못한 것은 대개 이귀를 두려워해서였다. 김상헌이 사간원의 장관이 되자 그 날로 논계하였으므로 모두가 통쾌하게 여겼다. 김상헌이 안색을 바로 하고 조정에 서서 홀로 풍도를 지키며 무너진 기강을 진작시킬 수 있었는데, 늘 기휘(忌諱)에 저촉된 나머지 재직한 날이 짧았으니, 애석한 일이다.' (『인조실록』 8권 인조 3년 1월 17일)

김상헌은 1627년 정묘호란 직전에는 명나라에 사신으로 가 외교성과를 냈다. 당시 조선은 모문룡의 무고로 '가짜뉴스'에 홍역을 치르고 있었다. 명나라 장수 모문룡이 평안도 가도를 무단점령한 뒤 '조선이 후금과 내통하고 있으며, 중국에 대해 다른 마음을 품고 있다'고 거짓 보고한 것이다. 인조는 김상헌을 동지성절사로 급파했다.

김상헌은 명나라 예부에 '차라리 북궐 밑에서 죽을지언정 어찌 악명을 덮어쓰고 천지사이에 살 수 있겠는가'라고 반문하며 오해를 풀었다. 황제도 '조선 배신(陪臣)이 해국(該國·조선)이 다른 뜻을 품고 오랑캐와 교통했다는 무고에 대해 변설한 것을 보건대 매우 분명하였다. (중략) 짐도 영원히 그대들의 충정이 변치 않음을 보아 그대 나라에 대해 회유(懷柔)하겠다. 김상헌 등의 정성이 가상하니 해부(該部)도 그 점을 알라'고 조서(詔書)를 보냈다. (『인조실록』 16권 인조 5년 5월 6일)

김상헌은 또 명나라의 내부 사정에 대해 위충현을 비롯한 '내관이 정권을 독단하고 현사들이 배척당하고, 언관이 사적(仕籍)에서 삭제되어 조정을 떠나는 일이 날마다 있습니다'라고 인조에게 보고했다. (『인조실록』 16권 인조 5

 권력은 사라지고 기록은 남는다

년 5월 18일)

외교실무에 밝았던 김상헌은 청나라와 무역할 때 우리나라가 팔 물건은 중국의 물건으로 하지 말고 토산물로 할 것을 청했다.

"오늘날 오랑캐와 화친하는 것은 부득이한 사세에서 나온 것이니, 중국에서 이를 들으면 반드시 부득이하다는 것을 알 것입니다. (중략) 이미 화친하였다고 하면 사신이 왕래하며 통관하고 호시(互市)하는 것은 부득이한 것이지만, 국가가 증여하는 것과 상인이 매매하는 것을 중국의 물건으로 하는 것은 부득이한 것이 아닙니다. 옛날부터 관시(關市)하는 도는 모두 토산물을 가지고, 있는 물건을 없는 물건과 바꾸는 것이었지, 어찌 외국의 기이한 물건을 사다가 오랑캐의 욕심을 채워주고 무궁한 폐단을 야기하는 일이었겠습니까. (중략) 노사(虜使·청나라 사신)에게 증여하는 것과 변방에서 교역하는 것을 모두 토산물로써 하고 중국 물건을 파는 것을 일절 금하여 폐단을 막고 후환을 끊으면, 중국이 우리나라의 기미책을 듣고 부득이한 사세를 알아서 혹 용서할 수도 있을 것입니다. 그러나 만일 우리나라가 중국 물건을 가지고 오랑캐와 호시한다는 것을 들으면 반드시 절교할 것입니다"라고 우려했다. (『인조실록』 17권 인조 5년 12월 25일)

실록은 '경세가'로서 김상헌의 탁월한 식견도 보여준다.

'신이 듣건대 탁지(度支)의 세입이 그 수치가 9만에 불과한데 경용(經用)에 있어서는 항상 11만 이상이 소요되고 있으므로 탁지에서 재정을 늘려 모자

란 2만의 수를 충족하여 경용비를 충당하려고 노력한다고 합니다. (중략)
백성이 살고 못 살고는 탁지가 하기에 달려 있고, 탁지가 여유를 두느냐 조
이느냐는 조정이 하기에 달린 것입니다. (중략) 지금 이 시기에 빨리 묘당과
탁지부 관원들로 하여금 중간에서 일을 주선하는 신료들과 함께 우선 세입
과 경용의 수를 뽑은 다음 그 중에서 급하지 않은 경용 또는 남아도는 인력
을 기록해 잘 요리를 해서 거기에서 제거하도록 하소서. 경용 수치가 7만
을 넘지 않도록 조종하고 몇 만 정도의 잉여를 남겨 국가의 비상 수요에 대
비하게 하며 구차하고 근거 없는 일들은 근절시키도록 하소서. 그리고 각
도의 관창(官倉)도 차근차근 저장한 현황을 조사해 받아들일 수 있는 것은
권세 있는 사람이라도 가차 없이 일체 받아들이고 견감해야 할 것은 깨끗
이 견감하여 백성에게 혜택이 돌아가도록 해야 합니다. 그리고 다소 풍년
이 들기를 기다려, 그때 가서 우선 전지 측량을 하고, 다음으로 공안(貢案)
을 바로잡아 부역이 균등하도록 하고 또 곳곳에 비어 있는 땅에다 둔전(屯
田)을 많이 만들어 사람을 골라 나누어 맡긴 다음 거기에서 소출되는 곡식
은 다과를 막론하고 모두 탁지에 귀속시켜 경비에 보태게 하여, 조세 이외
에 더 받는 폭정을 없앤다면 공사를 막론하고 자연 저축이 여유가 있을 것
입니다'라고 상언하니 인조가 기꺼이 받아들였다. (『인조실록』 20권 인조 7년
윤4월 20일)

　원칙주의자 김상헌에 대한 실록의 사평은 호평 일색이다. 몇 가지 예를
살펴보면 다음과 같다.

　　　　　권력은 사라지고 기록은 남는다

‘김상헌을 지춘추관사로 삼았다. 상헌은 정직하고 신념대로 행동하여 일을 당하면 과감하게 말하는 것이 옛사람에 부끄럽지 않으며, 종일 단정히 앉아서 나태한 모습을 보이지 않으니, 사람들이 모두 경외(敬畏)하여 당대 제일의 인물로 추대하였다.’ (『인조실록』17권 인조 5년 12월 4일)

‘사신은 논한다. (중략)상헌과 같은 자는 바른 선비라 이를 만하다. 그가 물러가려 한 것은 세상을 잊으려는 것이 아니고 자기 말이 시행되지 않기 때문이었다. 의당 예로 부르고 정성껏 대우해야 하는데 소장 한번 올리자 바로 면직을 허락했으니, 애석하다.’ (『인조실록』30권 인조 12년 12월 10일)

‘사신은 논한다. 김상헌은 한 때의 인망을 지고 있었으나 곧은 것으로 거스름을 당해 오래도록 쓰이지 못하였다. 이제야 (이조판서에) 제수되니 사론이 흡족하게 여겼다.’ (『인조실록』32권 인조 14년 5월 25일)

사신은 이어 ‘김상헌이 심양에 구금되었다가 귀국했을 때, 청나라 장수 경중명이 우리나라 사람을 만나면 반드시 김상헌의 안부를 묻고는 칭찬하기를 “동국에는 김상헌 한 사람이 있을 뿐이다”라고 했다’는 말도 남겼다. (『인조실록』46권 인조 23년 2월 23일)

실록은 김상헌과 최명길이 청나라 황제의 명을 받든 후, 나타낸 반응도 실감나게 전한다.

‘최명길과 김상헌을 불러, 마당에다 세우고 황제의 명을 전하기를 “너희들은 모두 죽을죄가 있으나 나이 많은 것이 불쌍하고 또 인명이 애석하여 용서하고 죽이지 않았다. 용서하는 은전을 베풀어 특별히 모두 석방한다”

고 한 뒤에 두 신하에게 서쪽을 향하고 황제의 명에 사례하게 하였습니다. 명길이 즉시 일어나 김상헌을 끌어당기면서 동시에 절을 하려고 하자 상헌이 허리가 아프다는 이유로 배례하지 않으니, 용골대 등이 다그쳤으나 끝내 움직이지 않았습니다. 명길 혼자서 서쪽을 향해 사배(四拜)한 뒤에 용골대가 두 신하를 내보냈습니다.(중략) 명길과 상헌이 함께 대문안에 있는데 용골대가 지나가니 명길은 또 무릎을 꿇고 감사의 예를 올렸으나 상헌은 그 곁에 그대로 누워 있자, 용골대가 한참 동안 눈을 부릅뜨고 보다가 갔습니다.'(『인조실록』 44권 인조 21년 4월 15일)

김상헌은 귀국 후 좌의정을 제수 받았다. 그는 사직을 청했지만 인조가 수차례 부르자 입조했다. (『인조실록』 47권 인조 24년 4월 12일) 하지만 그는 7일 만에 사직서를 냈다. 이때의 사평이 흥미롭다. '(김)상헌이 출사하자 조야가 크게 기대했는데, 한두 번 국문에 참여했을 뿐, 한 가지도 건백(建白)함이 없이 병을 칭탁하자 사람들이 모두 실망하였다.' (『인조실록』 47권 인조 24년 4월 19일)

김상헌은 사직서를 34차례 올린 뒤에야 체직됐고, 양주로 돌아갔다. (『인조실록』 47권 인조 24년 6월 14일)

한편 김상헌의 첫째 형, 우의정 김상용도 병자호란 때 척화를 주장하다가 강화도에서 순절했다. 이들 형제가 이끈 척화정신이 조선 후기 노론의 사상을 지배했다.

김상헌의 후손들은 번창했다. 이른바 '삼수육창'(三壽六昌)으로 대표되는 안동 김씨 세도가문의 진원지가 김상헌이다. 김상헌은 둘째 형 김상관의 차남 김광찬을 양자로 들였다. 김광찬의 아들 김수증, 김수흥, 김수항이 '삼수'로 불렸다. 증손자 김창집, 김창협, 김창흡, 김창업, 김창즙, 김창립이 '육창'이다.

영화 〈남한산성〉 포스터.

31

이예와 안용복
대일 외교 최전선에서 활약한 '무지렁이'

중인, 혹은 일개 사노비로서 외교 최일선에 나선 인물이 있다. 이예(李藝·1373~1445)와 안용복(安龍福·생몰미상)이 그들이다.

이예는 고려 말에 태어나, 조선 태조에서 세종대에 활약했고, 안용복은 숙종 대의 인물이다. 이들의 무대는 모두 일본이다. 이예와 안용복은 단순 조력자로서가 아니라, 주역으로서 대일 외교를 이끌어 줄기와 실록에 이름을 남겼다. 그런 점에서 양반이라는 신분을 발판으로 국가 공인 외교사절이었던 고려 때의 서희와 조선 통신사로 도일했던 신숙주, 황윤길, 김성일 등과 비교된다. 반면, 이예와 안용복은 '무지렁이' 백성 신분으로 일본과 정면으로 맞섰다.

이예는 25세때 태조 6년(1397년)에 처음으로 실록에 등재됐다. 울주를 노략한 왜구가 지방수령 이은을 포함해 아전인 이예를 납치해 대마도로 돌아갔다는 뉴스다. (『태조실록』 11권 태조 6년 1월 3일) 이듬해 태조 7년에는 피랍 후속기사가 보인다. '수령 이은을 대마도까지 따라가 살려낸 아전 두 사람의 향역을 면제하다'라는 기사다. 그런데 이예라는 이름 대신 이도(李陶)로 적혀있다. (『태조실록』13권 태조 7년 1월 26일) 앞뒤 맥락을 고려하면 이예를 이도로 잘못 표기한 것이다.

졸기에는 이예가 은으로 만든 술 그릇을 가지고 이은과 같은 배에 타기를 청하니, 적이 그 정성에 감동해 허락했다. 대마도에서 적들이 이은 등을 죽이려고 의논하였는데, 이예가 이은에게 아전의 예절을 지키기를 더욱 깍듯이 하는지라, 보는 자들이 말하기를 "이 사람은 진짜 조선의 관리이다. 죽이는 것은 좋지 못한 일이다"라는 대목이 있다. (『세종실록』107권 세종 27년 2월 23일)

이를 계기로 이예는 왜구와 신뢰를 쌓았고, 이은과 함께 무사히 귀국길에 오른다. 전후 사정을 보고 받은 태종은 이예를 중인 신분의 향리에서 해방시켜, 벼슬을 내렸다. 이예는 태종 6년(1406년)에 다시 등장한다. 어엿한 회례관(回禮官)으로서 일본에 포로로 잡혀간 남녀 70여 명을 데리고 귀국했다고 실록은 적었다. (『태종실록』12권 태종 6년 윤7월 3일)

태종은 일본과 현안이 있을 때마다 이예를 파견했다. 이예의 활동 범위는 당시 독립국이던 유구국(오키나와)까지 미쳤다.

'이예를 유구국으로 보냈다. 임금이 왜에게 포로가 되었다가 유구국으로 팔려 간 자가 매우 많다는 말을 듣고, 이예를 보내 쇄환하게 했다.' (『태종실록』31권 태종 16년 1월 27일)

이예에 대한 조정의 믿음은 세종 때 한층 깊어졌다. '왜적이 제주에서 노략질하다가 대마도로 도망쳤다. 세종이 이예를 보내 대마도주에게 도망쳐

간 나머지 도적들을 잡아 보내라고 유시하니, 대마도주도 감히 숨기지 못하고 이예에게 딸려 보냈다'라는 기사가 보인다. (『국조보감』 제7권) 이예는 실록에 국역 78건(원문 75건)이 검색되는데 세종 대에 64건으로 가장 많다.

이예와 일본의 첫 만남은 악연이었다. 고려 말 그의 나이 8세 때, 왜구의 침탈로 모친이 끌려가면서다. 그는 관리로 임용된 후, 통신사의 일원으로 현해탄을 수십 차례 건넜지만 피랍된 어머니는 찾지 못했다. (『세종실록』 107권 세종 27년 2월 23일)

고려 말에서 조선 초 왜구의 침략에 대한 대응은 조선 최대 외교 현안이었다. 일본 중앙정부 막부조차도 왜구를 통제하기 어려웠다. 이예보다 한 세대 아래인 신숙주는 "삼가 동해 가운데 있는 나라들을 살펴보건대 일본이 역사가 가장 길고 큽니다. 그들은 습성이 굳세고 사나우며 칼과 창을 능숙하게 쓰고 배 부리기에도 익숙합니다. 우리나라와는 바다를 사이에 두고 서로 바라보고 있는데, 그들을 진무하기를 법도에 맞게 하면 예를 갖추어 조빙하지만, 법도에 어긋나게 하면 곧 방자하게 노략질합니다"라고 적었다. (『해동제국기』)

이 와중에 이예는 28세이던 태종 1년(1401년)부터 71세이던 세종 25년(1443년)까지 44년 동안 40여 차례 일본에 파견됐다. 거의 매년 일본을 왕래한 셈이다. 이예가 일본에서 송환한 피로인수만 최소 667명에 달했다. 당대 최고의 일본통이 아니면 불가능한 일이다.

세종 25년, 조선과 대마도주가 '계해약조'를 맺을 때도 그의 조언이 뒷받침 됐음은 물론이다. 계해약조는 통제 불능의 왜구를 달래기 위한 외교적 고육지책이었다.

'조선은 대마도주에게 매년 200석의 쌀과 콩을 하사하고, 대마도주는 50척의 배를 보낼 수 있으며, 특송선을 추가 파송할 수 있다'는 것이 주요 내용이다. 또 승선 인원수를 한정하고, 왜인의 조선 체류 기간도 20일로 제한했다. 이로써 대일 교역조건이 명문화됐고, 왜구의 침탈도 한층 줄어들었다.

앞서 '왜적이 변방을 도적질하여 사람과 물건을 약탈해 갔으므로 나라에서 사람을 보내서 찾아오려 하니, 이예가 자청해 대마도 체찰사가 되어 포로 7인과 도절직한 왜인 14인을 찾아서 왔으므로, 동지중추원사에 승진했다'라는 기사가 졸기에 남아있다.

이때 이예의 '출사표'도 전한다. "신은 어려서부터 늙기까지 이 섬에 출입해, 사람고- 사정을 두루 알지 못하는 것이 없으니, 신이 가면 섬사람들이 기꺼이 만나볼 것이며 누가 감히 사실을 숨기겠습니까. 소신을 보내도록 명하시면 피로된 사람들을 모두 찾아서 돌아오겠습니다." (『세종실록』 100권 세종 25년 6월 22일)

또 세종이 의정부에 왜인의 체류를 제한하는 문제를 상의토록 하자 대신들이 입을 모아 "이예가 (대마도에서) 돌아오기를 기다려서 다시 숙의하게 하옵소서"라고 말할 정도로 대일 정책 모색에서 이예의 존재감은 절대적이었다. (『세종실록』 81권 세종 20년 6월 13일)

실제 이예는 뛰어난 협상력으로 위기를 정면 돌파하기도 했다. 세종 4년 (1422년) 일본국 태후가 새로 지은 절에 보관할 원판 대장경을 요구했다. 세종은 대장경 대신 밀교대장경판과 화엄경판을 주었다. 대장경을 손에 넣지 못한 일본은 회례사로 온 이예 일행을 사로잡고, 병선 100여 척을 조선으로 보내겠다고 하면서 예물 중에서도 불경과 목판만 받고 나머지는 돌려보내겠다고 협박한 사건이 발생했다.

이예가 "귀국이 우리를 이렇게 대접하고, 우리나라 또한 귀국의 신하를 이같이 대접한다면 장차 어떻게 되겠는가"라고 설득하자 일본 측은 "그대의 서간을 보니 말이 대단히 적절하다. 우리 전하는 귀국의 사신들에게 혹 누를 끼칠까 염려해 예물을 모두 받기로 했다"는 기록이 전한다. (『세종실록』26권 세종 6년 12월 17일)

'일본통' 이예의 활약상은 비단 피로인 송환에만 그치지 않았다. 그는 무쇠를 사용해 화포 제조를 건의하는 등 국방력 강화에도 목소리를 냈다. '대마도 경차관 이예가 "화통완구(火㷁碗口)는 오직 동철(銅鐵)로 부어 만드는 것인데, 동철이 우리나라에서 생산되지 않기에, 화통완구를 만들기 쉽지 않은데 신(臣)이 대마도에 갔을 때에 왜적의 집에서 중국에서 무쇠로 부어 만든 화통완구를 얻어 가지고 왔사오니, 청컨대, 무쇠로 화통완구를 만들어 각 주(州)와 진(鎭)에 나누어 두게 하소서"라는 대목이 그것이다. (『세종실록』1권 세종 즉위년 8월 14일)

상왕으로 물러앉은 태종이 조선 전함이 왜선보다 느린 것을 한스럽게 여겨, 전함 3척을 새로 만들게 했다. 이예 등에게 명하여 새 전함 성능시험에 나섰는데, 빠르기가 왜선보다 나았다는 기록도 있다. (『세종실록』10권 세종 2년 11월 17일) 왜선 성능에 대한 이예의 식견을 태종이 인정했음을 뜻한다.

이예는 세종 1년, 이종무가 대마도를 정벌(기해동정)할 때도 참전했다. 병조판서 조말생은 이예에게 "그대는 대마도의 천시, 지리, 인정을 잘 알고 있는 만큼 망령되이 행동하지 말고 적을 가벼이 대하지 말라"고 당부했다. 이예는 기해동정 후 논공행상에서 1등급에 제수되어 자손에 이르기까지 포상을 받았다. (『학파선생실기』)

조말생은 이예 사후에 그의 용모를 찬미하는 시도 남겼다.

'귀한 공적 높은 지위에 태도는 단정하고 용모는 바르네/남긴 초상 세상에 있어 보는 이 마다 공경심 갖게 하네.'(『독곡집』,『학파선생실기』)

민간 대일 외교관의 또 다른 주인공은 사노비 출신 안용복이다. 그의 이름은 실록에서 21회(국역 11회·원문 10회) 조회된다.

숙종 19년(1693년) 안용복은 울릉도 인근에서 고기잡이를 하던 중 일본 어선의 불법 정박을 목격하고 실랑이를 벌이다 일본으로 납치됐다. (『숙종실록』26권 숙종 20년 2월 23일)

안용복이 귀국하자, 조선 조정은 그를 무단 월경과 관직 사칭 혐의로 체포했다. 안용복은 비변사 추문에서 "울릉도와 자산도(독도)를 침범한 일본 어민들을 꾸짖어 쫓아낸 뒤, 두 섬이 조선의 영토임을 확약받기 위해 직접 일본 백기주로 건너갔다"라며 그곳에서 자신을 '울릉 자산 양도 감세'라고 칭하며 "대마도주의 간계와 영토 침범의 부당함을 당당히 항의하였고, 일본 측으로부터 두 섬이 조선 영속임을 재확인 받았다"라고 말했다. (『숙종실록』30권 숙종 22년 9월 25일)

안용복의 처벌을 놓고 조정에서는 의견이 극명히 갈렸다. 남구만은 "쾌거다. 죄는 있지만 공이 크다"고 했고, 윤지완도 "죽이는 건 계책 상 불가하다"고 주장했다. 신여철은 "국가가 하지 못한 일을 안용복이 해냈다. 죄와 공이 얽혀 있어, 단죄만으로 정리할 수 없다"고 말했다.

반면 윤지선은 "죽이지 않으면 백성들이 흉내 내 외국에 나가 외교관 행세를 할 것이다. 반드시 단죄해야 한다"고 말했다. (『숙종실록』30권 숙종 22년 10월 13일)

숙종은 영의정 유상운의 의견을 좇아 유배형으로 결정했다. (『숙종실록』31권 숙종 23년 3월 27일) 실질적으로 가장 관대한 처분이었다. 안용복의 유배 이후 기록은 전해지지 않는다. 실학자 성호 이익은 다음과 같이 안용복을 평가했다.

"부개자나 진탕보다 더 뛰어난 공을 세운 인물이다. 그런데도 포상은커녕 형벌과 유배라니, 참으로 애통하다." (『성호사설』)

안용복이 지켜봤을 독도 '코끼리 바위.'

 권력은 사라지고 기록은 남는다

32

신각

임난 첫 육지전 승리 이끈 장군의 억울한 죽음

임진왜란 최초 육상 전투에서 승전보를 띄운 신각(申恪·1592년卒) 장군에 대한 실록의 기록은 빈약하다.

임진왜란은 1592년 4월 13일 부산포에서 시작됐다. 조선군은 일방적인 전력 열세로 뒷걸음질 치다가, 전쟁 발발 20일 만에 한수이남 지역을 송두리째 왜군에게 내줬다. 조선군의 승전보는 5월 7일 전해졌다. 이순신 장군의 옥포 해전이다. 육지 첫 승전은 5월 중순, 신각 장군이 지휘한 해유령 전투다. 해유령은 경기 양주시 광적면에서 파주시 광탄면으로 넘어가는 360번 지방도로에 위치한 고개로 '게네미 고개'로 불린다.

『선조수정실록』은 해유령 전투 승리에 대해 '왜적이 우리나라를 침범한 뒤로 처음 이런 승전이 있었다'라고 언급했다. 하지만 정작 승리를 이끈 지휘관 신각 장군에 대한 줄기 한 줄 남기지 않았다.

실록에 신각(申恪)을 검색하면 총 42건(국역21·원문21)이 조회된다. 실록에 13건, 수정실록에 6건, 『숙종실록』과 『정조실록』에 각각 1건이 실려 있다. 그러나 유의미한 기사는 3건에 불과하다. 나머지는 관직 제수와 부임 등 의례적인 행정 절차에 관한 기록들이다. 유의미한 기사 3건은 ①'신각이 도망쳤다' ②'군법회부를 청하다' ③'억울함을 풀어줄 것을 상소하다'라는 내용으로 요약할 수 있다.

먼저, 신각이 도망친 사연은 이렇다.

선조는 임난 발발 10여 일 만에 삼도순변사 신립 장군이 충주 탄금대에서 패했다는 보고를 받고, 파천 계획을 세운다. 그러면서 김명원을 도원수로, 신각을 부원수로 삼아 한강에 주둔하게 했다. (『선조실록』 26권 선조 25년 4월 29일)

문관 출신 김명원은 전시 사령관을 맡기엔 함량 미달이었다. 선조는 무관으로 잔뼈가 굵은 신각을 부원수로 삼아 '균형'을 맞추고 한강에 방어선을 치게 했다. 그러나 김명원은 왜군이 조총을 쏘며 한강을 건너기 시작하자, 지레 겁을 먹고 임진강 쪽으로 후퇴했다. 김명원이 부원수 신각에게 조언을 구했다는 기록은 어디에도 없다.

'적의 기병 두어 명이 한강 남쪽 언덕에 도착해 장난삼아 헤엄쳐 건너는 시늉을 하자 우리의 장수들은 얼굴빛을 잃고 부하들을 시켜 말에 안장을 얹도록 명하니 군사들이 다 붕괴하였다. 김명원·신각 등은 뿔뿔이 흩어져 도망하였으므로 경성이 텅 비게 되었다.' (『선조실록』 26권 선조 25년 5월 3일)

사분오열된 조선군은 각자도생으로 도망쳤다. 질서 있는 후퇴는 없었다. 이긍익의 『연려실기술』은 김명원의 자멸 행위를 옆에서 지켜본 듯 서술하고 있다. '적의 선봉이 한강에 이르렀을 때 도원수 김명원이 제천정에서 바라보니 적의 기세가 대단하고 탄환이 정자 위에 떨어지자, 전의를 상실한 채, 무기를 강물에 빠뜨리고 임진으로 물러가서 주둔하였다. 한강을 지키

     권력은 사라지고 기록은 남는다

지 못하자 종사관 심우정이 울면서 명원에게 말하기를 "임진을 지켜서 그 뒤를 막게 합시다"고 하니 명원은 임진으로 향하고 부원수 신각도 역시 필마로 달아나서 대군이 무너졌다.'

'군법회의를 청하다'라는 기사의 맥락도 살펴보자.

김명원의 어이없는 패전을 보고받고 조정의 여론이 흉흉했다. 비변사는 선조에게 "도원수 김명원의 처사가 사람들의 마음에 흡족하지 않습니다. 경성이 함락된 지 오래인데 진격할 마음은 없고 오로지 물러앉아 나루터를 지키는 일을 상책으로 삼고 있으므로 사기를 잃은 것이 몇 번인지 모를 정도입니다. 또 부원수 신각이 제 마음대로 도피했는데도 제어하지 못했으니 나머지 일을 가히 알 수 있습니다(후략)"라며 도원수에게 책임을 묻는 듯 했다. (『선조실록』 26권 선조 25년 5월 16일)

그러나 이틀 후 비변사는 돌연 패전의 책임을 부원수에게 돌린다는 선조의 어명을 이끌어낸다. "신각은 한강 싸움에서 패한 뒤에 마땅히 원수 막하로 달려가서 원수의 지휘를 받아야 함에도 불구하고 어미의 병을 핑계로 며칠 동안 숨어 있다가 도검찰사에게로 갔습니다. 제멋대로 오가면서 조정의 명령을 무시하였으니 어찌 주장의 호령만 어긴 것이겠습니까. 도원수도 어쩔 도리가 없어 장계를 올려서 사실을 진달한 것입니다. 신각의 명령 불복종이 이 지경에 이르렀으니 군법을 엄하게 보임으로써 기율을 엄숙하게 하지 않을 수 없습니다." (『선조실록』 26권 선조 25년 5월 18일)

사령관의 패전 책임은 쏙 빠지고 대신 부사령관의 명령 불복종 프레임으로 전환되기 시작했다. 결국 김명원은 살았고, 신각은 죽음의 길로 들어섰다. 이 외중에 '억울함을 풀어줄 것을 상소하다'라는 말은 어떻게 실록에 남

있을까.

『선조실록』에서는 신각이 억울하게 죽었다는 기사를 찾아볼 수가 없다. 다만 한 유생이 그의 죽음에 대해 신원할 것을 요구하는 상소문을 게재했다.

'생원 유숙이 상소하였다. (중략) 신각은 사력을 다해 외로운 군사를 이끌고 격전하여 사졸에 앞장서 일당백으로 적의 소굴을 짓밟아서 80명의 목을 베어 바쳤으나, 주첩의 공은 받지 못하고 도리어 복검의 죽음을 당했으니, 사람들은 모두 원통해 하기를 "군사 전체를 패몰시킨 경우도 은사를 입지 않은 자가 없는데, 신각만은 무고하게 죽었다"고 합니다.' (『선조실록』 58권 선조 27년 12월 21일)

신각의 원통한 죽음은 『선조수정실록』에서 보인다.

'사신을 보내 부원수 신각을 참(斬)하였다. 신각은 처음에 부원수로서 김명원을 따라 한강에서 방어했었는데, 명원의 군사가 패하자 이양원을 따라 양주에 와서 흩어진 군사들을 수습하였다. (중략) 왜병을 양주의 게재에서 요격하여 패배시키고 70급을 참수하였다. 그런데 이양원은 당시 산골짜기에 있었으므로 상황의 보고가 끊겼고, 김명원은 신각이 (이)양원을 따른다고 핑계대고 도망쳤다는 것으로 장계를 올려 처벌할 것을 청하였다. 이에 유홍이 그대로 믿고서 선전관을 보내 현장에서 베도록 청하였다. 선전관이 떠나고 난 뒤에 첩서(승전보고서)가 이르렀으므로 상이 뒤따라 선전관을 보내 중지하도록 하였으나 미치지 못하였다. 신각이 비록 무인이기는 하나

 권력은 사라지고 기록은 남는다

나라에 몸 바쳐 일을 처리하면서 청렴하고 부지런하였는데, 죄 없이 죽었으므로 사람들이 원통하게 여겼다.'(『선조수정실록』 26권 선조 25년 5월 1일)

이 대목이 사실상 신각 장군에 대한 졸기라 할 수 있다.

선조를 호종한 윤근수는 시문집 『월정집』에서 '도원수 김명원이 장계를 올려 부원수 신각을 처벌하도록 청하였다. 그가 제멋대로 자기 진을 떠나서 검찰사 정승 이양원을 따른 것이 잘못이라는 이유였다. 비변사에서는 현지에서 즉시 참수하도록 청하였다. 이튿날 신각이 보낸 보고가 들어왔는데, 전투에서 승리하여 적의 귀를 40여 급이나 베었다고 하였다. 그러자 비변사의 관원들은 그의 전공이 죄를 덮을 만하다 여겨 죽이지 말고 용서하도록 다시 청하고, 또 나중에 떠난 선전관에게 속히 가서 그가 죽기 전에 도착하도록 당부하였다. 그러나 후발 선전관이 도착했을 때 신각은 이미 죽었다. 관원들은 그가 죽지 않을 수 있었는데 끝내 죽음을 면하지 못한 것을 마음 아파했다'라고 썼다.

이어 '신각은 무관 중에서 제법 공무를 부지런히 수행한 사람이다. 연안 부사를 지낼 적에는 성첩을 수리하다가 우물이 대부분 마른 것을 보고 도랑을 파서 성 북쪽 비봉산 냇물을 끌어와 성 안으로 흐르게 하였기에 마침내 물이 부족할 걱정이 없어졌다. 이정암이 (왜군에) 포위당했을 때 그 덕택에 성을 지킬 수 있었다고 한다'라는 말도 덧붙였다.

임진왜란 육지전 승리 가운데 하나인 이정암의 연안성 승전에 신각의 선견지명이 있었다는 말이다. 수정실록에도 다음과 같은 사평이 있다. '처음에 (연안) 부사 신각이 조헌의 말을 따라 성 밖의 물을 끌어다 서문 안에 큰

못을 만들었다. 전쟁 때에 물을 끓여 적을 죽일 수 있었던 것은 미리 못을 파둔 덕분이었다.'(『선조수정실록』 26권 선조 25년 9월 1일)

이익의 『성호사설』에서는 '한강을 지키지 못한 것은 대장이 무모했기 때문이다. 부원수의 직위에 있으면서 기회를 보아 공을 세우려 했음이 무슨 잘못이 있단 말인가? 공을 이루었는데 몸이 죽음을 당했다. 이러고서야 나라가 망하지 않은 것이 다행이다'라며 조정의 처사를 맹비난했다.

신각 장군 해유령 전첩비.

　　　권력은 사라지고 기록은 남는다

33

이항복

선조실록과 선조수정실록이 다른 이유

강진 구곡사 소장 백사 이항복 초상.[34]

호성공신 1등, 백사 이항복(李恒福·1556~1618)은 실록에서는 두 얼굴의 남자다.

임진왜란 파천 당시 그는 도승지였다. 이항복은 선조가 창덕궁을 나설 때 촛불을 들고 길잡이로 나섰다. 뭇 신하들이 임금을 버리고, 각자도생할 때 그는 선조의 곁을 지켰다. 1592년 음력 4월 그믐날 밤이었다. '선조는 말을 타고 왕비는 걸어서 인화문을 나왔는데, 수십 명의 시녀가 따랐다. 밤이 칠흑같이 어둡고 비가 내려 지척을 분변할 수 없었는데, 도승지 이항복이 촛불을 잡고 인도하니 왕비가 성명을 물어서 알고 위로하며 권면하였다.'
(『선조수정실록』26권 선조 25년 4월 14일)

이항복에 대한『선조실록』과『선조수정실록』의 평가는 극단으로 갈린다.

사관은『선조실록』에서 이항복에 대해 '해학이 지나쳤다. 진실로 세상을 제도할 수 있는 인재는 아니다. 성품이 큰소리 치기를 좋아하고 검속하는 데에 구애받지 않아 마치 세상을 완롱하는 듯한 태도를 지녀 여론이 병통으로 여겼다. 근거 없는 지론으로 익살을 좋아하고 실재가 없으며 시비 사이에서 배회하였다. 시류에 따라 부침했으므로 시론이 배척했다' 등의 부정적인 이미지를 덧씌우고 있다. 요컨대 이항복을 폄훼하는 기류가 지배적이다. '해학을 일삼았기 때문에 마치 세상을 하찮게 여기며 즐기는 사람 같았다. 정승 자리에 앉아서는 건의한 일이 없었기 때문에 식자들이 한탄하였다'는 등의 인신공격도 보인다.

그러나 수정실록 사관은 정반대의 이미지로 '포장'해준다.

　권력은 사라지고 기록은 남는다

'이항복은 어려운 시기를 당해 충심으로 애쓰는 모습이 드러나 임금의 총애가 두터웠다. 그리고 기국이 크고 당론을 주장하지 않았기 때문에 비록 지목 받는 일은 있어도 공격은 받지 않았으며, 다섯 번이나 병조판서를 역임했어도 이의를 제기하는 사람이 없었다.'(『선조수정실록』29권 선조 28년 2월 1일)

『선조실록』이 존재하는데 수정실록을 편찬한 이유는 뭘까? 이항복의 사례에서 그 일단을 살필 수 있다. 정파에 따라 한 인물에 대한 평가가 어떻게 달라지는지 잘 보여준다. 파천 와중에 선조의 곁을 지킨 호성공신 1등 이항복이 '시험대'에 올랐다.

『선조실록』은 광해군 대에 편찬됐고, 수정실록은 인조반정 이후 조정에서 논의가 일었다. 『선조수정실록』을 따로 편찬해야 하는 이유가 『인조실록』에 자세히 나온다.

경연장에서 이수광이 "선조조(宣祖朝)의 실록은 적신의 괴수에 의해 편찬되어 부끄럽고 욕됨이 심하니 당연히 고쳐 찬술하도록 해야 합니다. 폐조의 일기(日記)도 속히 편찬해야 합니다"라고 하자, 정구가 "『선조실록』은 이항복이 총재가 되고 신이 문형(文衡)으로서 제학 신흠과 함께 찬수하다가 계축년 옥사로 죄를 입어 쫓겨났습니다. 그러다가 이이첨이 정권을 잡게 되자 그 초고를 모두 깎아 없애 볼 수 없게 하였으니, 이는 그들이 싫어하는 말을 제거한 것입니다."(『인조실록』2권 인조 1년 8월 18일)

아이러니하게도 광해군 때 『선조실록』 편찬 책임자가 이항복이었다. 하지만 영창대군을 축출하는 계축옥사 때 이항복 등이 쫓겨나고, 북인 중에서도 대북파 이이첨이 정권을 잡았다. 대북파는 자신들에게 불리한 사초는 없애고, 반대파를 깎아내리는 방향으로『선조실록』을 편찬했다.『선조실록』 편찬 논의가 시작될 무렵, 사신이 남긴 말이 의미심장하다.

'임진년 이전의 사초가 춘추관 및 승정원에 보관되어 있었는데 사관 조존성·김선여·박정현·임취정 등이 모두 불태우고 도망갔으므로 총재관 이항복 등이 (사초)수집을 끝내지 못하고 기자헌, 이이첨이 대신하게 되자, 사록(史錄)이 아주 잘못되었다.'(『광해군일기』[정초본]21권 광해 1년 10월 5일)

『선조실록』이 편찬되더라도 '잘못된 사록'으로 시비가 불가피하다는 것을 미리 예견한 것일까?

『선조실록』과『선조수정실록』에서도 '사간원이 아뢰기를, "사관은 일을 기록하는 것으로 직분을 삼기 때문에 좌우에서 떠나지 않고 말과 행동을 반드시 기록해야 하는데, 주서 임취정·박정현, 검열 조존세·김선여 등이 도망하였으니 일을 기록하는 직무가 폐지되고 시행되지 못하게 하였습니다. 모두 사판(仕版)에서 삭제하도록 명하소서'라는 기록이 있다. (『선조실록』27권 선조 25년 6월 29일, 33권 선조 25년 12월 4일,『선조수정실록』26권 선조 25년 6월 1일)

선조의 조치는 단호했다. "조존세·김선여 등은 사초를 버리고 도망한 자들이니, 다시 이런 무리에게 역사의 수정을 맡겨 국사(國史)를 욕되게 할 수는 없다. 예로부터 어찌 도망한 사람이 역사를 수정한 일이 있었던가"라며 다시는 사필을 잡지 못하게 했다. (『선조실록』139권 선조 34년 7월 2일)

 권력은 사라지고 기록은 남는다

이항복은 특정 당파에 속하지 않았다. 그의 처신은 두루 원만했다. '해학이 넘쳤다'는 『선조실록』 사관의 평가가 나오는 이유이기도 하다. 그는 서인 쪽에 가까웠지만 대북파의 수장 이산해의 사위 이덕형과 평생의 지우로서 국정을 함께했다. 그의 졸기에서도 '이항복은 호상하고 풍도가 있어 어려서부터 이덕형과 명성을 키웠으며, 과거에도 함께 합격했다'라고 전한다. (『광해군일기』[정초본]128권 광해 10년 5월 13일)

이항복을 따라다니는 추문 중에 '정여립의 난 때 정철과 위관으로서 악한 일을 자행했다'라는 비방이 있다. 졸기에 '그는 편당을 주장하지 않았는데도 세류를 따르다 화를 만났으니, 사론 중 혹자는 그의 익살과 구용을 원인으로 생각하기도 했다'라는 문장이 그것이다. 동인들이 대거 희생된 기축옥사를 말한다.

사관은 이항복이 당시 '역적이 호남에서 일어난 자도 있고 경중(京中)에서 일어난 자도 있고 영남에서 일어난 자도 있다'라는 말을 했다며 '그의 참독함이 이처럼 극도에 이르렀는데도 지위가 태정에까지 이르렀으니, 시사를 알 만하다'고 적었다. (『선조실록』121권 선조 33년 1월 16일)

사관은 또 '이항복이 (중략)입 다물고 묵묵히 있으면서 듣기만 하고 한 마디 말도 변명하지 않았으니, 이항복이 독철(정철)을 부추긴 것을 이에 의거하여 알 수 있다.(중략) 이로 보면 기축옥사는 정철과 이항복이 서로 짜고 일으킨 것임이 분명하다'고 논평했다. (『선조실록』146권 선조 35년 2월 7일)

이어 '이항복이 정철과 동악상제(나쁜 놈끼리 서로 도우며 악을 행함)한 실상이 이와 같았는데 정승에까지 올랐으니, 어찌 괴이쩍다 하지 않을 수 있겠는가'라는 비난을 퍼부었다. (『선조실록』195권 선조 39년 1월 22일)

이에 반해 수정실록 사관은 '슬프다. 군소배들이 허위를 날조하여 모함하는 말이 어찌 이처럼 심하단 말인가. 항복은 기축년 옥사 때 매번 죄를 논할 즈음에 이리저리 주선하여 그 덕에 온전히 살아난 사람이 매우 많았다. 또 항복이 지은 『기축기사』를 보면 더욱 항복의 마음을 알 수 있다. 이런데도 참독하다고 하니, 역시 잘못된 것이 아니겠는가'라며 이항복을 적극 옹호했다.(『선조수정실록』 34권 선조 33년 1월 1일)

이것도 부족했는지 수정실록 사관은 총체적인 해명기사를 따로 싣기도 했다. 언필칭, '이덕형과 이항복을 기록한 실록에 대한 사평'이다.

'살피건대 덕형과 항복은 어진 재상으로서 세상에서 기대하는 것이 컸기 때문에 기자헌과 이이첨의 무리가 시기하여 (중략) 얼토당토 않은 말로 비방하고 욕하면서 사책에 기록한 것이다. (중략) 이항복은 기축옥의 문사랑으로서 그 전말을 자세히 알고 있기 때문에 항시 말하기를 (최)영경이 처음 체포되었을 때 정철이 차자를 초안하여 장차 그를 구하려 하였는데, 문득 풀어주라는 명령이 있었기 때문에 마침내 차자를 올리지 못하였다. (중략) 그런데 이를 가지고 소인배들이 매우 심하게 미워하고 있지도 않은 일을 날조해 마침내는 동악상제라고까지 하였으니 통탄하고도 남을 일이다'(『선조수정실록』 40권 선조 39년 1월 1일)

수정실록은 서인이 편찬을 맡아서인지, 『선조실록』에서 깎아내린 이항복의 명예를 회복시키는 역할을 했다.

이항복은 임난 와중에 국방과 외교부문을 살폈다. 명나라군 원정 요청과

    권력은 사라지고 기록은 남는다

장수 접대 등이 그의 몫이었다. 선조는 이항복을 병조·이조판서와 3정승에 임명하는 등 흔들리지 않는 신뢰를 보냈다. 결정적으로 공신책봉 때 그의 이름을 맨 앞에 올려 격려했다. 선조 34년(1601년) 영의정 이항복이 원훈의 포상에서 자신을 으뜸으로 한 성명을 거두기를 청하자 선조는 "오늘날의 회복은 실로 경의 덕이니 사양하지 말라"고 했다.(『선조실록』137권 선조 34년 5월 1일)

이항복에 대해 시종일관 부정 평가를 내린『선조실록』이지만 그의 업무 능력에 대해서는 인정할 수밖에 없었다. '국문장에서 상이 이르기를 "전 병판(이항복)은 기축년에 문사낭청으로 있을 때 필한(문장을 쓰는 일)이 물 흐르듯 하여 빠뜨린 것이 없었는데, 어찌하여 지체하고 빠뜨린단 말인가?"라며 "전 병판을 누가 따를 수 있겠는가"했다'는 기록이 있다.(『선조실록』47권 선조 27년 二월 25일)

이항복의 실력은 디테일에 있었다. '군공을 논상 하는 규칙에서 네 사람을 사살했을 경우 참봉으로 삼고, 그 뒤에는 비록 네 사람을 더 사살했더라도 상은 주지 않고 열 명을 채운 뒤에야 승진시킵니다.(후략)'『선조실록』59권 선조 28년 1월 8일)

'신묘년(1580년)에 호조참의가 되어 회계를 정밀히 살피고 쓸데없는 비용을 줄이니 겨우 한 달이 지나서 창고가 가득 차게 되었다. 판서 윤두수가 (이항복을) 큰 그릇으로 여겨 탄복하기를 "문사로서 능히 전곡까지 잘 처리하니 참으로 통재다"라고 말했다.'(『연려실기술』)

임난 중 병조판서로서 이항복은 어떤 역할을 했을까. 1597년 7월 칠천량 전투에서 원균이 지휘한 조선 수군이 참패한 뒤 열린 비변사 회의를 보자.

이항복의 발언이 실록과 수정실록에 모두 실려 있지만 뉘앙스에서 큰 차이를 보여준다.

'지금의 계책으로는 통제사와 수사(水使)를 차출하여 계책을 세워 방수하게 하는 길밖에 없습니다.'(『선조실록』90권 선조 30년 7월 22일)

'이때에 한산도의 패전보가 이르자 조야가 크게 놀랐다. 상이 비변사의 여러 신하들을 불러 물으니, 모두 대답할 바를 몰랐는데, 경림군 김명원, 병조판서 이항복이 "이순신을 다시 통제사로 삼아야만 된다"고 하니 상이 따랐다.'(『선조수정실록』31권 선조 30년 7월 1일)

실록은 발언에만 집중했지만, 수정실록은 긴박한 분위기가 느껴질 만큼 구체적이다. 특히 이항복이 이순신을 직접 거명하고 있다. 이순신을 파직하고 원균을 통제사로 임명한 선조의 잘못을 어전에서 지적한 발언이다.

광해군 즉위와 함께 이항복은 4도 체찰사에 이어 좌의정으로 중용됐다. 사관은 '항복은 풍골과 기절이 있으며 문자를 잘해서 그 당시 어진 재상으로 일컬어졌다. (중략) 다시 재상으로 들이니, (항복이) 차자를 올려 사직하기를 "이름이 간당 속에 있으니 재상의 자리에 있을 수 없다"며 거듭 사직을 청했으나, 허락하지 않았다'라고 적었다. (『광해군일기』[중초본]4권 광해 즉위년 5월 4일)

하지만 영창대군 사사와 인목대비 폐비 축출 반대로 광해군과 갈라섰고, 유배형에 처했다.

'기자헌과 이항복이 사형을 받지 않아서 사람들의 울분이 심해지고 있는

 권력은 사라지고 기록은 남는다

데 전하께서는 무엇을 염려하시기에 역적 괴수를 비호함으로써 근심을 자초하십니까'라는 유생들의 상소가 줄을 이었다. (『광해군일기』 [중초본]122권 광해 9년 12월 13일) 이듬해 63세를 일기로 이항복의 부음이 북청 유배지에서 전해지자, 광해군은 그의 관작을 회복시켰다.

5부
변혁가들

"우리 어른은 정말 남자다."

단양군사 남의의 아내 이씨

34

이원익

실록에 악평 한 줄 없는 '난세의 구원투수'

이원익 초상. [35]

35 출처 ―[한국학중앙연구원], [https://www.aks.ac.kr]

‘이원익처럼 하라.’

　실록에 등장하는 오리 이원익(李元翼·1547~1634)에 대한 상찬이다. 선조는 외직으로 떠나는 관리에게 “경은 부임하여 평안감사를 본뜨도록 하라”고 말했다. 사관은 ‘이때 이원익이 평안감사로 있었는데 백성이 편안하게 여겼고 군사를 조련하는 일도 상의 뜻에 맞았으므로 특별히 표창하여 다른 사람의 표준이 되게끔 하였다’라는 사평을 남겼다. (『선조실록』 49권 선조 27년 3월 28일)

　이원익은 태종 이방원의 5세손이다. 왕족은 4세손까지 관리 임용이 불가하지만 5세손은 과거시험을 거쳐 출사할 수 있다. 이원익의 관직 진출은 조선의 큰 행운이었다. 이원익의 능력을 가장 먼저 알아본 건 율곡 이이였다.

　‘율곡 이이가 황해도 관찰사로 나갔는데 황해 도사 이원익은 명망이 아직 드러나지 않았을 때다. (중략) 이이는 한 번 보고 그의 재주를 알아 마침내 정무를 맡겼다.’ (『선조수정실록』 8권 선조 7년 10월 1일)

　‘원익은 젊어서 과거에 올랐는데, 조용히 자신을 지켰으므로 사람들이 그를 알지 못하였다. 성균관 직강으로 있다가 황해 도사가 되었는데, 이이가 그의 재주와 국량이 비범함을 살피고서 감영의 사무를 맡겼다. 이이가 조정에 복귀해 원익의 재기와 조행이 쓸 만하다고 말하고, 드디어 홍문선에 기록하였다. (중략) 이때 군적을 처음 반포하였는데 (중략) 해서 지방에서 만든 군적만이 최고로 일컬어지니, 원익은 이 일로 이름이 드러났다.’ (『선조수정실록』 10권 선조 9년 1월 2일)

임진왜란 난리 통에 선조는 이원익에게 관서(평안도) 징병체찰사라는 직함을 제수하면서 "경이 전에 안주를 다스릴 적에 관서 지방의 민심을 얻었기 때문에 지금까지 경을 잊지 못한다고 하니, 경은 평안도로 가서 부로(父老)들을 효유하여 인심을 수습하라. 적병이 침입해 들어와 남쪽 여러 고을들이 날마다 함락되니 경성 가까이 온다면 관서로 파천해야 한다. 이러한 뜻을 경은 분명히 알아야 한다"라고 신신당부했다. (『선조실록』 26권 선조 25년 4월 28일) 선조는 '파천 선발대'로 이원익을 보내면서 평안도 민심을 다독이게 했다.

3년 후 체찰사 이원익이 관서 지방을 떠나려 하자 백성들의 반응이 실록의 한 페이지를 차지하고 있다. 선조가 이원익을 우의정 겸 경상·전라·충청·강원 4도의 도체찰사로 삼자, 사관은 '상이 서로(西路)의 보장을 중히 여긴 나머지 (이원익을) 지체시켜 왔었다. (중략) 군사와 백성들이 친척처럼 그를 믿고 사모했다. 원익이 떠나고 나자 서로의 백성들이 사당을 세워 제사 지냈으니, 우리나라에서 떠난 이를 사모해 사당을 세운 것은 오직 이것뿐이다'라는 사평을 남겼다. (『선조수정실록』 29권 선조 28년 6월 1일)

졸기 첫 문장에도 '이원익은 여러 고을의 수령을 역임했는데 치적이 제일 훌륭하다고 일컬어졌고, 관서에 두 번 부임했었는데 백성들이 공경하고 애모하여 사당을 세우고 제사하였다'라고 적었다. (『인조실록』 29권 인조 12년 1월 29일)

실록은 애민을 실천하는 관료의 표상을 넘어 '난세의 구원투수' 이원익의 면모를 구체적 사례로 기록했다.

관서지방 체찰사를 마치자, 이원익은 곧바로 경상·전라·충청·강원 4도

 권력은 사라지고 기록은 남는다

체찰사로 임명됐다. 전쟁이 소강상태에 빠져 영남 민심이 심상찮을 시점이었다. 이와 관련해 수정실록에 주목할 만한 기사가 있다.

'도원수 권율이 호남과 영남을 오가면서 군사를 다스렸으나 효과를 내지 못하였다. 그러자 영남의 사대부들 대부분이 그가 하는 일을 비방하고 헐뜯었다. (중략) 한 대신이 "만일 이원익을 쓴다면 권율보다 나을 뿐만 아니라 (당시 이조판서) 이덕형보다도 나을 것입니다"라는 의견을 내자 원익을 (영남에) 보냈는데, 권율이 불안해했다.' (『선조수정실록』29권 선조 28년 6월 1일)

체찰사 이원익이 4도를 시찰하고 조정에 복귀하자, 선조의 질문 공세가 쏟아졌다. 선조가 "통제사 이순신은 힘써 종사하고 있던가"라고 묻자 이원익은 "힘써 종사하고 있을 뿐더러 한산도에는 군량이 많이 쌓였다고 합니다"라고 말했다. "이순신의 됨됨이는 어떠하던가"라는 질문에는 "경상도에 있는 많은 장수들 가운데 순신이 제일 훌륭하다고 여겨집니다"라며 선조의 의구심을 무마시켰다. (『선조실록』81권 선조 29년 10월 5일)

30여 년 후 인조와의 대화에서 이원익은 당시를 이렇게 회고했다.

"통제사 이순신 같은 이는 쉽게 얻을 수 없습니다. 요즘에는 이순신과 같은 자를 보지 못했습니다"라고 말했다. 인조가 "왜란 당시에 이순신 하나밖에는 인물이 없었다"라고 호응하자 이원익은 "선묘조에 신은 이순신의 훌륭함을 알았기 때문에 그를 천거하였는데 통제사로 등용되었습니다. 그런데 비국에서 다시 원균을 천거하여 통제사로 의망하자, 신이 치계하여 이순신을 체차하고 원균으로 대신하면 틀림없이 일이 잘못될 것이라고 하였습니다. 그렇게 재삼 아뢰었으나 비국에서는 끝내 이순신을 체차하였습니다. 원균이 패배한 뒤에 다시 이순신으로 하여금… (중략) 지금까지도 이 일을 생각하면 울분을 가눌 수가 없습니다”라며 가슴을 쳤다.(『승정원일기』인조 9년 4월 5일)

이원익은 선조~광해~인조 3대에 걸쳐 영의정을 역임했다. 이들 3대는 조선 최대의 국난시기였다. 이원익은 선조 대는 임난 막바지에 터진 ‘정응태의 무고’를 소명하는 등 대명(對明)관계 정상화를 위해, 광해군 대는 전쟁 후유증을 최소화하기 위해, 인조 대는 반정직후 흩어진 민심 수습을 위해 영의정을 맡아 국정을 안정시켰다.

‘정응태의 무고’는 명나라 조사관 정응태가 ‘조선이 왜와 짜고 대륙을 침략한 뒤, 요하 동쪽을 탈취하여 고구려의 옛 지역을 회복하려 하였다’는 등의 보고서를 명나라 황제에게 올린 것을 말한다. (『선조실록』104권 선조 31년 9월 21일) 어처구니없는 보고서에 조정은 발칵 뒤집혔고, 선조는 이원익을 진주사로 파견했다.

이원익은 광해군 즉위 후 보름 만에 영의정에 올라 피폐한 국가 재정을 챙겼다. 그 중 대동법을 주창해 성사 시키는 등 조세개혁에 팔을 걷어붙였다.

대동법은 지역 특산물을 현물로 내는 공납을, 토지 결수에 따라 쌀과 면포 등으로 납부하게 한 것이다. 광해군 즉위년에 경기도에서 최초로 시행되었다. 토지 결수에 따라 공납을 납부하도록 했으니, 토지가 없거나, 적게

 권력은 사라지고 기록은 남는다

보유한 일반 백성들의 호응이 컸다. 반면 양반 지주들과 지방 수령, 방납업자들의 반발이 뒤따랐다.

이원익은 광해군 말년에 인목대비 폐모에 반대해 귀양길에 올랐지만, 인조 즉위와 함께 영의정에 제수됐다. 서인들이 인조반정을 주도했지만, 남인 이원익의 리더십이 백성들에게 더 통한다는 사실을 잘 알고 있었기 때문이다. 실록은 '그가 도성으로 들어오던 날 백성들은 머리를 조아리며 맞이하였다'고 그날의 분위기를 전했다. (『인조실록』 1권 인조 1년 3월 16일)

'비바람도 가리지 못하는 초가집에 살면서 떨어진 갓에 베옷을 입고 지내는' 청백리 이원익은 정파를 초월해 인정받고 있었다. 그래서 실록에서 이원익에 대한 악평은 단 한 줄도 남기지 않았다.

80세 가까운 고령의 이원익은 인조와 단둘이 만나 국정운영에 대해 의견을 나눴다. 장시간 대화 후 인조는 "밤이 깊어 미안하다. 영상은 물러갔다가 내일 일찍 와서 국사를 의논해 처리하는 것이 좋겠다"라며 자리를 정리했다. 사관은 '퇴출하고 보니 밤은 이미 4경이었다'라며 특별히 이날의 시간을 기록했다. (『인조실록』 1권 인조 1년 3월 22일) 새벽 1시~3시 무렵에 대화가 끝났다는 것이다.

이원익은 이 같은 왕의 신임을 바탕으로 강원도에도 대동법 시행을 밀어붙였다. (『인조실록』 7권 인조 2년 12월 17일) 조익은 서인이었지만 이원익의 손을 들어 주었다. 그러나 대동법이 전국으로 확대 시행되기까지는 100년의 시간이 더 필요했다. 인조가 85세의 이원익을 따로 불러 조언을 구하는 장면이 인상적이다.

이원익이 "소신이 국가에 무슨 유익한 일을 할 수 있겠습니까"라고 하자, 상이 "경이 아무 일도 않고 누워만 있어도 국가는 경에게 힘입어 편안해질 수 있다"고 말했다. (『승정원일기』 인조 9년 4월 5일)

한편 '이원익이 과거에 급제한 이후 중국어를 익혔는데 (중략) 임난 때 공이 평안감사가 되어 응접하고 수작하는데 조금도 막힘이 없으니 명나라 장수가 크게 기뻐서 말하기를 "이 사람이 한인이 아니냐"라고 하였다.'

공이 처음에 서장관으로 명나라에 가서 사신과 예부 관원이 만날 때에 통역하는 자가 말을 바꾸어 요구하는 일이 있었으니, 이원익이 중국어를 해득하지 못하는 줄로 생각했던 것이다. 공도 묵묵히 모르는 체했다. 돌아오는 길에 산해관에 이르러 중국의 유학자를 만나 경사를 토론하는데 문답이 물 흐르듯 막힘이 없는 것을 보고 통역이 땅에 엎드려 머리를 숙이고 말하기를 "죽어도 죄를 갚을 길이 없습니다. 제발 한 가닥 목숨을 빕니다" 하니, 공이 또한 묵묵히 답이 없었다. 정승이 되어 사역원 도제조를 겸대하여 역원의 문안을 모두 한어로 품정하니, 이로 인하여 사람들이 스스로 힘써 일하게 되어 크게 국가의 쓰임이 되었다'라는 일화가 전해진다. (『연려실기술』)

     권력은 사라지고 기록은 남는다

35

김육

"대동법의 시행을 부호들이 좋아하지 않습니다"

김육 초상.[36]

36 출처 −[한국학중앙연구원], [https://www.aks.ac.kr]

잠곡 김육(金堉·1580~1658)은 '대동법 전도사'로서 일생의 소임을 다한 인물이다.

대동법은 율곡 이이가 구상했고, 오리 이원익이 실행에 옮겼지만 김육이 없었다면 기득권층의 반발로 용두사미로 끝났을 것이다. '조선 최대의 개혁'이라 불러도 전혀 부족하지 않은 대동법은 '이이→ 이원익→ 김육'의 이어달리기가 만들어낸 빛나는 성과물이다.

김육의 당색은 서인이다. 그는 광해군 대에 관직에 나갔다. 하지만 광해군의 폭정에 실망해 낙향한 뒤, 10년간 몸소 농사를 짓고 숯을 구워 생계를 도모했다. 인조반정으로 서인이 집권하자 그는 관직에 다시 출사했다.

그러나 대동법을 접하고 난 뒤 서인 중에서도 '한당' 비주류의 삶을 살아야 했다. 대동법은 기득권층의 이익에 반하는 대신, 무자산 백성들의 삶에 보탬이 됐기 때문이다. 대동법 시행에 정치적 명운까지 기꺼이 내건 김육은 어떻게 대동법과 인연을 맺었을까?

정약용은 『경세유표』에서 '인조 16년(1638년) 충청도 관찰사 김육이 전임자 권반이 남긴 문적을 보고 "백성을 넉넉하게 하는 방법이 여기에 있다"라며 감탄했다'라고 적었다. 실록에 남겨진 김육의 육성을 들어보자.

"선혜청의 대동법은 실로 백성을 구제하는 데 절실합니다. 경기와 강원도에 이미 시행하였으니 본도에도 행하기가 어려울 리가 있겠습니까. (중략) 지난날 권반이 감사가 되었을 때에 도내의 수령들과 더불어 이 법을 시행하려고 하다가 하지 못했습니다. 지금 만약 시행하면 백성 한 사람도 괴롭히지 않고 번거롭게 호령도 하지 않으며 면포 1필과 쌀 2말 이외에 다시

     권력은 사라지고 기록은 남는다

징수하는 명목도 없을 것이니, 굶주린 백성을 구제하는 방법은 이보다 좋은 것이 없습니다."(『인조실록』 37권 인조 16년 9월 27일)

대동법은 광해군 때 경기도에 처음 시행됐고, 인조 2년에 강원도까지 범위를 넓혔지만 전국 확대 실시는 불투명해 보였다. 지방 수령들과 방납업자, 서리(胥吏)들의 반발에 부딪쳐 사실상 꺼져가는 불씨였다. 송시열의 『송자대전』에 다음과 같은 내용이 있다.

'김육이 충청 감사가 되었을 때 지방에도 선혜청을 설치하여 시행하면 모든 폐단이 제거될 수 있을 것이라고 생각했으나 (중략) 서리들이 떼로 모여서 말하기를 "어째서 우리의 목숨을 끊으려 하십니까" 하므로 결국 시행할 수 없었습니다.'

김육은 포기하지 않았다. 김육은 효종 즉위년에 우의정으로 발탁된 후 작심하고 호서·호남 지방의 대동법 시행을 건의했다.

"신으로 하여금 나와서 회의하게 하더라도 말할 바는 이에(대동법) 불과하니, 말이 혹 쓰이게 되면 백성들의 다행이요, 만일 채택할 것이 없다면 다만 한 느망한 사람이 일을 잘못 헤아린 것이니, 그런 재상을 어디에 쓰겠습니까"라며 효종에게 거의 협박조로 대동법 시행을 요구했다. 그러면서 "이 법의 시행을 부호들이 좋아하지 않습니다. (중략) 어찌 부호들을 꺼려서 백성들에게 편리한 법을 시행하지 않아서야 되겠습니까"라고 되물었다. 효종은 "대동법을 시행하면 대호(大戶)가 원망하고, 시행하지 않으면 소민이 원망한다고 하는데, 원망하는 대소가 어떠한가"라고 물었다. 신하들이 "소민의 원망이 큽니다"라고 하자 "대소를 참작하여 시행하라"고 말했다. (『효종실록』 2권 효종 즉위년 11월 5일)

하지만 그것뿐, 대동법 시행은 신료들의 강한 반발에 부딪쳤다. 같은 서인세력 내에서 반대 목소리가 더 크게 들렸다.

이에 좌의정 조익이 "왕정 가운데서 큰 것으로는 대동법보다 큰 것이 없는데 어찌 한 두 가지 일이 불편하다 하여 행하지 않겠습니까"라고 하자, 우의정 김육은 "대동법은 지금 모든 조례를 올렸으니, 전하께서 옳다고 여기시면 행하시고 불가하면 신을 죄 주소서"라고 배수진을 쳤다. (『효종실록』 2권 효종 즉위년 12월 3일)

하지만 서인 주류 '산당'의 영수 김집이 효종 면전에서 '대동법 불가'를 말하자 김육의 인내심도 폭발했다. 김육은 이조판서 김집이 원로대신에게 인재를 물어 차례에 구애받지 말고 등용하기를 청하자, 상소문을 통해 '인재를 등용하는 권한은 인주(人主)의 대병(大柄)이므로 아래에서 마음대로 해서는 안 됩니다'라고 어깃장을 났다. 실록은 이로 인해 두 사람이 화협하지 못했다고 전한다. (『효종실록』 3권 효종 1년 1월 13일) 졸기에서도 '대동법을 의논할 때 김집과 의견이 맞지 않자, 김육이 불평을 품고 여러 번 상소하여 김집을 공격하니 사람들이 단점으로 여겼다'고 적고 있다. (『효종실록』 20권 효종 9년 9월 5일)

물의를 빚자, 김육과 김집은 동반 사직을 원했다. 하지만 효종은 오히려 김육에게 영의정을 제수했다. 대동법을 실무적으로 관리해야 할 호조판서 원두표의 반대도 뼈아팠다. 김육은 "어찌 다른 사람이 없기에 이 사람(원두표)으로 하여금 오래도록 재리의 권한을 전담하게 하십니까. 대동법에 대한 의논이 있으면서부터 한 번도 신을 직접 찾아와 의논한 적이 없었습니다"라고 어이없어 했다. (『효종실록』 7권 효종 2년 8월 3일)

효종은 김육의 손을 들어줬다.

호서지방의 대동법 시행도 확정됐다. '상이 누차 신하들에게 물으니, 혹자는 그것이 편리하다고 말하고 혹자는 그것이 불편하다고 말하였다. 이에 와서 상이 김육 등 신하들을 인견하고 그것이 편리한지의 여부를 익히 강론하여 비로소 호서에 먼저 행하기로 정하였다.' (『효종실록』 7권 효종 2년 8월 24일)

김육의 다음 목표는 호남이었다. 6년의 시간이 더 걸렸지만 김육은 대동법에 대한 우호적인 여론을 확산시키는 전략으로 효종과 대신들을 설득했다. '본도(호남)의 사민들이 연속으로 상소를 올려 호서와 같이 해주기를 청원했지만 끝내 청원을 얻지 못하자, 호남의 주민들이 크게 근심하면서 "어찌 유독 흐서만 아끼면서 우리들은 가엾이 여기지 않는가"라고 하였으니, 그들의 말과 뜻이 가련하며 서글픕니다.' (『효종실록』 17권 효종 7년 9월 15일)

김육에게 대동법은 과연 무엇이었을까. 그는 왜 집착에 가까울 만큼 대동법 시행에 매달렸을까. 김육은 조광조와 함께 도학정치를 꿈꾼 김식의 후손이었다. 그의 졸기에서도 기묘명현 대사성 김식의 후손이라는 점을 밝히고 있다. (『효종실록』 20권 효종 9년 9월 5일)

몰락한 가문의 후손으로 태어나 가난한 삶이 무엇인지를 온몸으로 체험했기 때문이 아니었을까? 그래서 그는 양반 기득권층의 이익에 봉사한 게 아니라, 힘없는 백성들의 삶에 도움이 되는 세제개혁을 이루고자 한 게 아닐까? 실록은 김육의 발언을 비중 있게 이어간다.

'지난번 호서의 수령들도 모두 이를 시행하지 않으려고 하였으나 시행한 지 두어 해 동안에 시골 백성들이 전리에서 고무하고, 개들은 관리를 보고 짖지 않았으므로 인접해 있는 도에게 큰 부러움을 샀습니다. 이것은 이미 시행해 본 분명한 효과로써 서울이나 지방 모두가 편리하고 위 아래가 서로 편안하게 여기고 있습니다. 쌀 10말을 제외하고는 모두 백성들 자신이 먹는 식량입니다. 구휼하는 방안이 이보다 좋은 것이 무엇이 있겠습니까.' (『효종실록』 19권 효종 8년 7월 11일)

김육의 다음 카드는 데이터를 앞세운 실태 조사였다. '대략 (호남)53개 고을 중에 대동법을 시행하기를 바라는 곳이 34곳이고, 결정을 내리지 못한 곳이 16곳이고, 시행하기를 바라지 않는 곳이 13곳입니다.' (『효종실록』 19권 효종 8년 11월 8일) 실록에 등장하는 김육의 마지막 읍소였다.

이듬해 효종 9년(1658년) 7월 25일 마침내 호남에서도 대동법 시행이 확정됐다. 임종을 앞둔 김육의 숨이 가빠졌다.

그의 졸기에 '호남의 일에 대해서는 신이 이미 서필원을 추천하여 맡겼는데, 이는 신이 만일 갑자기 죽게 되면 하루아침에 돕는 자가 없어 일이 중도에서 폐지되고 말까 염려 되어서입니다'라는 대목이 있다. 김육은 죽음을 눈앞에 두고서도 '대동법 좌절 금지' 상소를 올렸다. (『효종실록』 20권 효종 9년 9월 5일)

비록 호남 해안지역에 한정된 불완전한 시행이었지만 의미는 자못 컸다. 현종 3년(1662년)에는 김육의 장남 김좌명이 주도하여 호남 산간지역에도 대동법이 시행되었다.

대동법은 이후 거스를 수 없는 시대정신으로 뿌리 내렸다. 숙종 3년(1677년)에는 경상도 지역까지 안착됐다. 이때 조정 대신의 입에서 "(영남에서도) 대동법 시행을 목마른 사람이 마실 물 바라듯이 합니다"라는 말이 나왔다.

실력과 뚝심을 함께 갖춘 '경세가' 김육은 대동법 시행에만 '올인'한 게 아니다. 그는 병자호란 직전, 명나라에 사신으로 갔을 때 수도 북경의 수레 사용과 화폐 유통을 주의 깊게 살폈다. 귀국해서는 수레를 사용해 양식을 운반할 것과 점포를 설치해, 화폐를 유통시킬 것을 상소했다. 그러면서 '중원에서도 하는데 우리나라가 못할 리가 있겠습니까'라고 반문했다. (『인조실록』 45권 인조 22년 9월 1일) 화폐 유통과 관련해서는 이해가 부족한 대신들에게 자신이 직접 설명회를 열겠다고도 했다.

'김육이 차자를 올려 병조판서 원두표, 호조판서 허적과 화폐를 통행시키는 법을 함께 의논하겠다고 청하니, 상이 허락하였다.' (『효종실록』 15권 효종 6년 7월 9일)

화폐 유통과 관련한 에피소드 한 토막을 소개한다.

'서리 중에 정문호와 이승훈 두 사람이 재화를 잘 증식시킨다고 하여 동전 70관과 백금 2,000냥을 주고 그들로 하여금 이 돈을 굴려 장사해서 이문을 취하게 하고, 이로써 서로(四路)에 돈을 통행하게 하였다. 이때에 이르러 경기 감사가, 문호 등이 도내에 폐단을 만들고 있으니 죄를 다스려야 한다고 아뢰자, 김육이 상차하여 그 억울함을 진달하고 문호 등이 이자를 받고 이문을 늘리는 것을 잘하여 화폐가 거의 유통될 수 있도록 하였다고 극구 칭찬했다. 그리고는 스스로 책임을 지고 면직을 청하면서 아뢰기를 "(중략) 대동법과 돈을 유통시키는 일 등은 실시하려 할 때마다 비방을 받아 일이 거의 이루어지다가 도리어 실패하여 공을 이루지 못하고 죄만 중합니다" 하니, 상이 위로하고 문호 등의 죄를 다스리지 말라고 하였다.' (『효종실록』16권 효종 7년 4월 12일)

 권력은 사라지고 기록은 남는다

36

서명선

정조의 운명을 가른 '12·3 상소문'

서명선 초상.[37]

---

[37] 출처 ─[한국학중앙연구원], [https://www.aks.ac.kr]

영조 51년(1775년) 12월 3일은 왕세손 이산(후일 정조)의 운명이 결정된 날이다. 왕세손을 끌어내리려는 노론과 이산을 지키려는 귀천 서명선(徐命善·1728~1791)의 주장이 탑전에서 정면으로 부딪쳤다.

80세 영조는 자신의 수명이 얼마 남지 않았다는 것을 직감했다. 그는 11월 30일 '순감군을 동궁이 점하(지휘 통솔)하는 것은 300년 된 고사'라며 대리청정을 향한 첫 걸음을 뗐다. (『영조실록』125권 영조 51년 11월 30일)

왕세손에게 순감군의 지휘권을 넘긴다는 의미다. 순감군은 궁궐과 한양 도성의 경비를 책임진 군사 조직이다.

그러나 노론이 장악한 조정 대신들의 생각은 달랐다. 좌의정 홍인한은 대놓고 "신은 우매하여 전례가 있는지 없는지를 몰랐습니다"라고 비아냥거리기까지 했다. 열흘 전에도 영조가 "대리청정에 있어서는 우리 왕조의 고사가 있는데, 경들의 의향은 어떠한가?"라고 묻자, 홍인한이 "동궁께서는 노론과 소론을 알 필요가 없으며, 이조판서와 병조판서를 알 필요가 없습니다. 조정의 일에 이르러서는 더욱이 알 필요가 없습니다"라는 하극상에 가까운 발언을 서슴지 않았다.

노쇠한 영조는 "나의 사업을 장차 나의 손자에게 전할 수 없다는 말인가"라며 눈물을 흘렸다. (『영조실록』125권 영조 51년 11월 20일) 백관을 규찰 탄핵하는 삼사(사간원·사헌부·홍문관)에서도 비겁한 침묵을 지켰다. 노론의 세상이었기 때문이다.

사도세자를 죽음으로 몰고 간 노론은 '죄인의 아들은 임금이 될 수 없다'(罪人之子不可承統)는 '팔자흉언'(八字凶言)을 유포시키는 등 왕세손을 제거하는데도 거리낌이 없었다. (『순조실록』9권 순조 6년 5월 13일)

임종을 눈앞에 둔 왕이 후계자를 정하지 못하고 신하들에게 끌려 다니는 '웃픈' 장면이다. 아이러니하게도 영조 이후 왕위는 모두 사도세자의 후손들이 이어갔다.

이때 서명선이 상소문을 올렸다. 그는 홍인한의 '동궁은 세 가지를 알 필요가 없다'(三不必知之說)라는 망언을 직격했다. 서명선은 "저군(왕세손)이 알지 못한다면 어떤 사람이 알아야 하겠습니까? (중략) 빨리 대신의 죄를 바로잡아 국가의 대사가 존중되는 지경으로 돌아가게 하소서"라고 읍소했다. (『영조실록』126권 영조 51년 12월 3일)

이산의 운명이 이날 결정됐다. 영조는 서명선을 직접 불러 상소문을 읽게 한 후 대신들에게 '세 가지를 알 필요가 없다'는 것에 대해 캐묻는다. 영조는 마지막 기력을 다해 상소문의 핵심을 꿰뚫었다. 영조의 질문은 날카로웠다. 논점을 흐리는 대답이 나오자 "서명선의 말이 옳은가, 틀린가, 그 시비만 아뢰면 된다"라며 대신들을 압박했다.

자초지종을 파악한 영조는 "전 영상 한익모, 좌의정 홍인한에게 아울러 삭판(削版)하는 법을 시행하도록 하라. 근래에 환관 무리가 작용하는 습성이 없지 않으니, 한나라 때의 십상시와 당나라 때의 전영자가 지금 다시 생기려 하는 것인가? 내가 비록 노쇠했으나 태아검이 손에 있으니 어찌 이런 무리들의 제재를 받겠는가?"라며 마지막 기력을 쏟아냈다. (『영조실록』126권 영조 51년 12월 3일)

왕세손 이산의 인생에서 '가장 긴 하루'가 끝났다. 그날 탑전에서 이산을 지킨 이는 오직 서명선 뿐이었다. 사관은 그날을 이렇게 기록했다.

‘서명선이 국가의 위급에 죽을 결심으로 마침내 한마디 말을 아뢴 지 며칠이 되지 않아서 대책이 빨리 정해졌으므로 우리나라 400년 큰 기업(基業)이 길이 공고하게 되었다. 서명선 같은 이야말로 참으로 옛날의 이른바 위충(危忠)이라고 할 수 있으니, 그 공로는 또 어떠한가? (중략)아! 오늘날까지 나라가 있을 수 있었겠는가? 아! 목숨이 다할 때까지 생각해도 오래오래 더욱 잊지 못할 것이다.’(『영조실록』 126권 영조 51년 12월 3일)

서명선의 졸기에도 왕세손의 운명을 가른 12월 3일 상소문을 맨 앞에 내세웠다. 그러면서 ‘홍국영이 조정의 관원 가운데 능히 홍인한을 성토할 사람을 찾았으나 인한의 세력이 한창 드세어 호응하는 자가 없었는데, 명선이 전 참판으로서 상소하여 인한의 죄를 논박하였다. 영종(영조)이 그를 불러 만나보고 크게 칭찬한 뒤에 그 아비에게 제사를 지내주고 드디어 인한 등을 축출함으로써 의리가 확정되었다’라고 썼다. (『정조실록』 33권 정조 15년 9월 13일)

홍국영이 서명선에게 도움의 손길을 내밀자, 서명선이 움직였다는 것이다. 영조는 서명선에게 거의 한 달 간격으로 예조, 병조, 이조판서 직을 하사하며 공을 치하했다. (『영조실록』 127권 영조 52년 2월 25일) 정조도 즉위 직후 서명선에게 수어사와 총융사 등 무관직을 제수하며 군권을 맡겼다.

경희궁에서 즉위한 정조는 영조의 빈전 문밖에서 첫 일성으로 “과인은 사도세자의 아들이다”를 천명했다. (『정조실록』 1권 정조 즉위년 3월 10일) 그간 숨죽여 지내던 왕세손이 권력의 정점에 오르자마자, 노론을 향해 ‘전면전’을 선언한 것이다.

노론은 영조 대에 사도세자의 죽음을 주도한 벽파와 그의 죽음을 안타까 워한 시파로 양분됐다. 벽파와 시파는 정조 대에 넘어와서도 그대로 이어 졌다. 시파는 정조의 정국운영 노선에 협조했고, 벽파는 반대했다. 정조 초 기에는 '소론' 서명선이 정국을 이끌었다. 서명선은 우의정과 좌의정을 거 쳐 영의정에 오른다. (『정조실록』8권 정조 3년 9월 29일)

정조를 주저앉히려는 세력들은 '정조가 궁녀 100명을 뽑는다'는 가짜 정 보를 퍼트리며 저항했다. 서명선도 "내년 3월 전에 궁녀 100인을 초택(抄 擇)한다는 등의 이야기를 전파하고 있어 자못 소요스러움이 심합니다"라며 사태의 심각성을 전하기도 했다. (『정조실록』3권 정조 1년 6월 10일)

실제 정조를 암살하려는 시도도 있었다. 경희궁 존현각에서 일어난 '정유 역변'이다.

'갑자기 들리는 발자국 소리가 보장문 동북쪽에서 회랑 위를 따라 은은하 게 울려왔고, 어좌의 중류(한 가운데 방)쯤에 와서는 기와 조각을 던지고 모 래를 던지어 쟁그랑거리는 소리를 어떻게 형용할 수 없었다.' (『정조실록』4 권 정조 1년 7월 28일)

경희궁의 보안이 취약하다고 판단한 정조는 창덕궁으로 이어했으나 암 살 시도는 한 차례 더 발생했다. 범인은 노론 홍계희, 홍술해, 홍상범 일파 였다. 이들은 정조의 호위군관(강용휘)은 물론, 별감과 궁녀까지 포섭해 역 모를 꾀했다.

체포된 홍상범의 사촌 홍상길은 사도세자의 다섯째 아들 은전군 이찬을 영조의 후계자로 옹립하려 했다고 실토했다. (『정조실록』 4권 정조 1년 8월 11일, 『순조실록』 9권 순조 6년 5월 13일)

정조는 서명선에게 호위대장직을 겸하게 했다. 정조는 "우상(右相)이 비록 책훈되지는 않았지만, 왕실과 밀접하게 가까우니 어찌 훈척만 못하겠느냐? 우상을 호위대장으로 삼고, (중략) 호위청은 본청 군관의 원액 1,050인 속에서 350인을 정밀하게 뽑아서 시사하여 부료하고, 매번에 30인씩을 별장 1원(員)이 영솔하여 종전 그대로 처소에 입직하여 아뢰게 하라"고 말하며 힘을 실어줬다. (『정조실록』 5권 정조 2년 2월 5일)

정조는 서명선이 목숨을 걸고 상소하던 '그날'을 잊지 못했다. 즉위년 12월 3일에 서명선에게 "오늘은 곧 경이 작년에 상소한 그날이다. 우연히 이 날을 당하여 작년 겨울의 일을 돌이켜 생각하니, 내가 회포를 억제하기 어렵다"라며 소회를 밝혔다.

정조는 또 대리청정을 반대한 홍인한·정후겸 등을 사사하고, 자신을 옹위한 서명선, 홍국영, 정민시의 충절을 선양하는 『명의록』도 간행케 했다. (『정조실록』 3권 정조 1년 3월 29일)

서명선이 상소문을 올린 지 2년 후, 정조는 서명선과 홍국영, 정민시 등을 다시 불러 "오늘 경들을 소견하고 나니 비통한 감회가 갑절이나 생긴다"고 하자 서명선은 "그날 국가의 안전과 위급이 호흡 사이에 박두해 있었으니, 신하 된 사람으로서 누군들 생명을 내던지고 국가에 보답하려는 마음이 없었겠습니까?"라고 화답했다. 정조는 "마땅히 내년 이후부터는 해마다 간략하게라도 주찬(酒饌)을 차리겠다"라며 모임 이름을 '동덕회'라고 했다. (『정조실록』 4권 정조 1년 12월 3일)

     권력은 사라지고 기록은 남는다

서명선의 형제도 주목할 만하다. 서명선이 영의정일 때, 그의 친형 서명응은 왕실 도서관 규장각의 수장, 대제학으로 있었다. 이에 서명선은 자신의 관직이 형보다 위에 있는 어려움을 토로하기도 했다. (『정조실록』8권 정조 3년 11월 30일) 서명응은 천문학과 지리학을 아우르는 자연과학 백과사전 『보만재 총서』를 남겼다. 60권 31책의 방대한 분량으로 정조가 "우리 동쪽에서 400년간에 이런 거편(鉅篇)이 없었다"는 극찬을 했다고 전해진다. 보만은 정조가 내린 서명응의 호다. (『정조실록』24권 정조 11년 12월 20일)

서명응의 손자 서유구는 농업 백과사전 『임원경제지』를 펴냈다. 총 113권 52책 분량으로 개인이 저술한 단일 저작물로는 우리 역사에서 최대 규모다.

37

채제공

노론 천하에서 살아남은 '최후의 남인'

채제공 초상.[38]

---

[38] 출처 –[한국학중앙연구원], [https://www.aks.ac.kr]

권력은 사라지고 기록은 남는다

번암 채제공(蔡濟恭·1720~1799)은 '최후의 남인'이다.

조선 후기는 영조 대부터 사실상 노론 일당독재가 공고화됐다. 숙종 때 환국정치로 서인과 남인이 엎치락뒤치락 정권을 잡았지만, 최종 승자는 서인이었다. 서인은 다시 송시열과 윤증의 '회니시비'로 노론과 소론으로 갈라섰다. 그러나 노론이 압도적 다수파였다. 노론의 영수 송시열은 '송자'(宋子)로 격상됐고, 그의 후학들이 조정을 지배했다. 반면 남인은 갑신환국 이후 폐족으로 불릴 정도로 존재감이 없었다. 그런 점에서 남인 채제공은 이질적인 거성(巨星)이었다. 노론 천하에서 채제공은 어떻게 남인의 정체성으로 살아남았을까.

물론 채제공은 정조라는 강력한 후견인 덕을 봤다. 정조는 자신의 정국 운영에 협조하는 노론 시파와 소론을 중심으로 정계를 재편했지만 여기에 남인 채제공을 의도적으로 끌어들였다.

채제공은 영조 34년(1758년)에 사도세자를 폐위하려는 영조의 의도에 맞서 끝까지 저항하는 결기를 보여줬다. (『영조실록』 92권 영조 34년 8월 13일) 그가 모친상을 당해 낙향 중이던 영조 38년(1762년) 왕세손의 나이 11세 때 사도세자는 뒤주에 갇혀 죽임을 당했다. 영조는 세손에게 "채제공은 나에게는 순수한 신하이고, 너에게는 충신이다"고 말했다. (『고종실록』 39권 고종 36년 12월 14일)

정조는 채제공에게 호조, 형조, 병조판서를 차례로 제수하며 곁에 두었다. 그러나 노론과 소론이 장악한 조정 여론은 채제공에게 극히 부정적이었다. 서명선은 "신과 채제공은 의리상 같은 하늘 밑에 살 수 없고 (중략) 채제공이 역적이 될 경우 신의 말이 거짓말이 아니고, 채제공이 역적이 아닐 경우 신은 마땅히 반좌율을 받아야 합니다”라고 말할 정도였다. (『정조실록』
22권 정조 10년 9월 11일)

남인 채제공에 대한 공격은 조직적이었고 집요했다.

정조 집권 초부터 사도세자에 대한 복수극을 부추기는 세력들이 있었다.
이들은 채제공도 동조자라면서 정조에게 아첨했다. 다행히 정조는 이들의
‘유혹’에 귀를 기울이지 않았다. 정조는 사도세자를 팔아, 권력의 곁불을 쬐
려는 이들을 국문했다. 외중에 번암도 뜻을 함께했다는 말이 흘러나오자,
공초에서 그의 이름을 삭제하면서 보호했다. (『정조실록』1권 정조 즉위년 4월
1일)

또 채제공이 정조에게 욕설을 했다는 혐의에 대해서도 정조는 “고금 이
래로 어찌 사건의 진상을 모르고 징계하여 토벌을 한 일이 있었는가? 흉악
한 말이 국문의 뜰에서 나온 것인가? 개인 집에서 나온 것인가? 누가 참여
하였고 누가 아뢰었기에 이것으로 죄를 성토한단 말인가?”라며 일축했다.
(『정조실록』22권 정조 10년 9월 12일)

홍낙빈의 집안 사람이 ‘채제공이 홍국영의 작은 아버지 홍낙빈과 역모를
꾀하기 위해 내통했다’고 했다는 설도 단골 공격 소재였다.

정조의 보호막 아래 채제공은 조정에 계속 발을 디딜 수 있었지만 좌불
안석이었다. 5년 후 대사헌 김문순이 포문을 열었다. (『정조실록』12권 정조 5
년 7월 20일) 하지만 정조는 오히려 채제공을 병조판서에 제수하면서 맞불
을 놨다. (『정조실록』12권 정조 5년 12월 28일) 채제공 역시 “병신년(정조 즉위
년)에서 지금까지 7년이 지났는데, 대신의 말이 그리도 늦습니까? 어찌하
여 수석(首席)에 오른 뒤 이제야 말을 한단 말입니까?”라며 적극 반박에 나

섰다. (『정조실록』 13권 정조 6년 1월 7일)

정조도 채제공을 판의금부사, 공조판서에 임명하면서 두터운 신뢰를 보냈다. 이때 공조참판 김문순이 직속상관 채제공을 비난하는 상소를 올리자, 정조는 김문순을 파직했다. (『정조실록』 17권 정조 8년 6월 5일)

채제공을 사이에 두고 정조와 대신들의 기 싸움은 3년여를 더 끌었다. 급기야 시임·원임 대신에 이어, 3정승이 한꺼번에 채제공을 성토하기에 이른다. 정조가 "채제공에게 죄가 있다면 대신 한 사람만으로도 성토하기에 족한데, 오늘의 거조는 어찌 지나치지 않은가?"라고 혀를 찼다. (『정조실록』 17권 정조 8년 6월 9일·20일)

결국 정조는 채제공을 평안도 병마절도사로 내보내는 '타협안'을 제시했다. (『정조실록』 22권 정조 10년 9월 7일) 그러나 노론과 소론은 남인 채제공의 외직도 인정하지 못했다. 정조는 '채제공의 관직을 삭제하라'는 명을 내려야 했다. (『정조실록』 22권 정조 10년 12월 15일)

채제공의 거취를 놓고 10년을 끌어온 '밀고 당기기'에서 정조는 대신들에게 겉으론 패했다. 하지만 정조는 7일 만에 채제공을 지중추부사로 제수했다. (『정조실록』 22권 정조 10년 12월 22일) 1년여 후 정조 12년(1788년) 채제공은 우의정을 제수 받았다. 이때 정조가 친필로 '인사명령'을 내렸다고 실록은 전했다. (『정조실록』 25권 정조 12년 2월 11일)

남인으로서 재상에 오른 것은 숙종 1년(1675년) 권대운 이후 113년 만에 일어난 '사건'이었다. 졸기에 '그 사이에 또 독상(獨相)도 수년을 지냈으니, 대체로 100년 이래 처음 있는 일 이었다'라고 한 대목이 이를 가리킨다. 그러면서 정조는 채제공을 둘러싼 각종 의혹에 최종 무혐의를 선언했다. (『정

조실록』25권 정조 12년 2월 15일)

그의 졸기에서도 '온 나라가 그를 성토하였으나, 상이 즉위한 지 이미 오래인지라 더욱 탕평의 정사에 힘써 무신년에는 어필(御筆)로 친히 그에게 정승을 제수하고 인하여 윤음(綸音)을 내려 제신들을 밝게 하유함으로써 감히 다시는 다투지 않았다'라고 비중 있게 다루고 있다. (『정조실록』51권 정조 23년 1월 18일)

채제공은 개혁의 칼을 휘두르기 시작했다. 특히 당쟁의 진원지로 비난받던 이조전랑의 자대제(후임자 지명)와 통청권(정3품이하 관리 추천)을 혁파했다. (『정조실록』28권 정조 13년 12월 8일) 자대제와 통청권은 숙종과 영조 대에 크게 약화됐지만 폐단의 근원이 사라지지는 않았다.

채제공은 교세가 날로 커지는 서학(천주교)에 대해서는 미지근한 반응을 보였다. 그는 "신이 천주실의라는 책을 구해 보았더니, 이마두(마테오리치)가 애초에 문답한 것으로, (중략) 그런데 거기에 천당 지옥에 관한 설이 있기 때문에 지각없는 촌 백성들이 쉽게 현혹됩니다. 그러나 그것을 금지하는 방도 또한 어렵습니다"라고 정조에게 보고했다. (『정조실록』26권 정조 12년 8월 3일)

채제공은 "이 간특한 설은 반드시 저절로 일어났다가 저절로 소멸될 것이므로 성상께서 너무 염려하실 것이 없을 것 같습니다"라며 서학의 파급력을 낮춰 봤다. (『정조실록』33권 정조 15년 10월 25일)

서학에 대한 채제공의 느슨한 대응으로 서학교인은 폭발적으로 늘어났다. 조정 출사가 가로막힌 남인들이 대거 서학과 인연을 맺었다. 결과적으로 채제공은 순조 대에 '이가환·이승훈의 음모가 탄로 날 때는 진심으로 엄

폐해 주었고 정약종·권철신의 비계(秘計)가 혹시 드러나면 애써서 비호했다'라는 비난을 면치 못했다. (『순조실록』3권 순조 1년 9월 24일)

좌의정으로 자리를 옮긴 채제공은 시전 상인들의 독점 유통권 '금난전권' 폐지에 칼을 빼들었다. 그는 "빈둥거리며 노는 무뢰배들이 삼삼오오 떼를 지어 스스로 가게 이름을 붙여 놓고 사람들의 일용품에 관계되는 것들을 제각기 멋대로 전부 주관 합니다"라며 금난전권의 부작용을 고발했다. (『정조실록』32권 정조 15년 1월 25일, 2월 12일)

'신해통공'으로 요약되는 금난전권 철폐는 조선 후기 상업정책의 물줄기를 바꿨다는 점에서 상징성이 매우 크다. 신해통공은 육의전을 제외한 시전 상인들이 누리던 금난전권을 폐지해 영세 상인들도 자유롭게 매매할 수 있도록 한 정책이다.

소수의 전유물을 혁파했다는 점에서 채제공의 개혁 정신을 평가할 만하다. 신해통공 제도 정착 초기에 기득권의 저항도 만만찮았다. 금난전권 철폐에 항의하는 시위가 잇따르자, 채제공은 정조에게 단호한 대응을 주문했다.

"신은 저자 백성들에게 다른 사람들과 함께 물건을 팔 수 있게 한 일에 대하여 거탄스러운 바가 있습니다. 연전에 이를 실시하던 처음에 수백 명의 저자 백성들이 신이 조정에 나오는 길을 막고 호소하기에, '지금 성명하신 군주가 위에 계시고 온 나라 백성은 똑같이 군주의 자식이다. 그렇다면 행상이건 좌판이건 서로 있고 없는 것을 무역하는 것은 진실로 떳떳한 일이다. 그런데도 저자의 가게 자리에 이름이 올라 있지 않은 사람의 경우는 자기의 물건을 가지고 매매하는 것을 구속하거나 내쫓아서 도성에 발도 붙이지 못하게 하고 있으니, 어찌 이러한 도리가 있겠는가. 너희들도 백성이고 저들도 백성인데, 조정에서 다독여 구휼하는 도리에 있어서야 어찌 피차의 차이를 두겠는가' 하고 엄한 말로 나무라고 물리쳤습니다. 그런데 근래에 갑자기 다시 소요를 일으켜 저자 백성 70여 명이 수원까지 와서 호소하기에 모두 바로 쫓아 보냈습니다. 나라의 기강과 백성의 풍습이 참으로 개탄을 금할 수 없습니다. 지금 만일 시정의 백성들이 무엄하게 자신의 사리사욕만 챙기려는 풍습에 흔들리어 바른 도리를 굳게 지키지 못한다면 장차 어떻게 조정의 위신을 높이고 기강을 진작시킬 수 있겠습니까.”(『정조실록』37권 정조 17년 3월 10일)

정조 14년(1790년) 좌의정에 재임명된 채제공은 정조 16년(1792년)까지 3년간 독상을 지냈다. 전례를 찾기 힘든 정조의 국정 운영이었다. 그는 영의정과 우의정이 부재한 가운데 국정을 이끌어야 했다. 이런 공로를 인정받아 채제공은 정조 17년(1793년)에 ‘만인지상’ 영의정에 올랐다. (『정조실록』37권 정조 17년 5월 25일)

채제공이 ‘남인의 맏형’으로서 조정에 몸담고 있자, 100여 년간 벼슬길이 막힌 남인들도 조정에 출사할 수 있었다. 이가환, 이승훈, 정약용 등이 이때 임용됐다.

조선 최후의 개혁군주 정조와 채제공은 불과 1년을 사이에 두고 유명을 달리했다. 채제공의 졸기에서 정조는 “내가 이 대신에 대해서는 실로 다른 사람은 알 수 없고, 나 혼자만이 아는 깊은 계합이 있었다. 이 대신은 불세출의 인물이다”라며 애통해했다. 채제공 사후 노론 중에서도 안동 김씨 세

     권력은 사라지고 기록은 남는다

도 가문이 득세하면서 남인의 조정 출사 문은 더욱 좁아졌다. 채제공이 '최
후의 남인'으로 불리는 이유다.

38

김정희

만고풍상 삶 속에 녹아든 추사체와 세한도

'남쪽으로 귀양 가고 북쪽으로 귀양 가서 온갖 풍상을 다 겪었으니, 세상에 쓰이고 혹은 버림을 받으며 나아가고 또는 물러갔음을 세상에서 간혹 송나라의 소식에게 견주기도 하였다.' (『철종실록』8권 철종 7년 10월 10일)

추사 김정희(金正喜·1786~1856)의 졸기에 나오는 내용이다.

사관은 김정희의 일생을 정리하며 '만고풍상'에 방점을 찍었다. 김정희는 겉으론 왕실의 인척 집안에서 태어나 71세 '천수'를 누렸지만 노년에 모두 11년을 유배지에서 보낸 신산한 삶을 살았다.

추사의 집안은 증조부 김한신이 영조의 둘째 딸 화순옹주에게 장가들어 왕실과 인연을 맺었다. (『영조실록』32권 영조 8년 11월 29일) 이런 까닭에 김정희가 순조 19년(1819년) 과거에 급제하자 순조가 "월성위(月城尉·김한신)의 봉사손이 등과하였으니, 실로 기쁘고 다행스럽다"며 치하했다. (『순조실록』22권 순조 19년 윤4월 1일)

김정희는 김노경의 맏아들로 태어났지만, 큰아버지 김노영의 후사를 잇

기 위해 양자로 입적했다. 따라서 김정희는 월성위 김한신의 제사를 받드
는 장손의 지위를 물려받았다.

경주 김씨, 노론에 속하지만, 추사의 가풍은 당색을 뛰어넘었다. 추사가
사귄 벗과 동료, 제자가 3,000명에 이르는데서 잘 드러난다. 추사는 되레
안동김씨 세도가의 눈 밖에 나, 두 차례 조정에서 쫓겨났다. 노년에 제주도
대정현에서 9년, 함경도 북청에서 2년을 귀양살이했다. 실로 고단한 삶이
었다.

추사의 삶은 크게 20대에 경험한 사행 길과 50대에 쫓겨난 유배 길로 나
눌 수 있다. 사행 길은 순조 10년(1810년) 친부 김노경이 청나라에 동지사
겸 사은사로 떠날 때 25세 추사가 자제군관으로 수행했다. 추사는 스승 박
제가에게 글을 익혀, 박지원~박제가로 이어지는 북학파에 대해서도 이해
도가 높았다.

'백부 (김)노영은 (중략) 박제가와 접촉하는 기회를 갖는다. 이때 완당의
나이 5세인데, 북학에 경도되어 있던 백부의 영향으로 완당은 일찍부터 청
나라의 문명에 관심을 갖는다. 더구나 노영은 완당의 교육을 박제가에게
맡기게 되니, 그로부터 완당은 20세까지 북학의 대가라 할 수 있는 박제가
의 문하로 들어가 직접 가르침을 받는다.'『완당전집』

김정희는 40여 일 동안 연경(북경)에 머물면서 청나라 학자 옹방강과 완
원 등에게 재능을 인정받고 사제의 연도 맺었다. 이들로부터 금석학과 고
증학, 신학문을 배운 추사는 귀국한 후에도 서신을 주고받았다. 청나라에
서 유행하던 금석, 고증학은 추사에 의해 조선에 수용됐다. 그 결과물은 북
한산 비봉과 함경도 황초령에 있는 신라 진흥왕 순수비 판독으로 이어졌

다. 추사의 나이 32세(1816년)때다.

　'(추사가) 비봉의 비 좌측에 새기기를 "이는 신라 진흥왕의 순수비인데 병
자년 7월에 김정희와 김경연이 와서 읽었다"하고, 또 예자(隸字)로 새기기
를 "정축년 6월 8일에 김정희와 조인영이 와서 남은 글자 68자를 살펴 정
했다"하였다.' 『완당전집』

북한산 비봉(신라 진흥왕 순수비).

　추사는 이를 바탕으로 40대 후반에 『예당금석과안록』과 『진흥이비고』를
펴냈다. 이 책 두 권은 우리나라 최초의 금석, 고증학 연구서로 평가받고

　　　　권력은 사라지고 기록은 남는다

있다.

진흥왕 순수비 고증은 추사 인생의 하이라이트였다. 이즈음 추사의 관직 생활도 순탄했다. 그러나 그는 42세 때 뜻밖의 봉변을 당했다.

추사가 충청우도 암행어사로 나가 '비인현감 김우명은 부임한 이래로 한 가지도 훌륭한 치적이 없었습니다. (중략) 허다한 잘못을 낱낱이 열거하기 어렵습니다'라고 보고했다. (『일성록』 순조 26년 6월 25일)

김우명은 단죄됐으나, 그는 4년 후 안동 김씨 세도가와 손잡고 김정희의 친부를 겨냥해 보복 탄핵에 나섰다.

'아, 전 감사 김노경의 죄를 이루 다 주벌할 수 있겠습니까. 그는 부마의 후손으로 진실로 남보다 잘난 점이 조금도 없는데 두루 요직에 오른 것은 모두 그의 집안에 없던 일이고, 빠르게 높은 자리에 오른 것 역시 어찌 그의 본래의 분수에 어울리기나 한 일이겠습니까'라며 공격했다. 그러면서 김정희를 요망한 자식이라며 '항상 반론을 가지고 교활하게 세상을 살아가는 좋은 방법으로 삼으면서도 인륜이 허물어지는 두려움을 돌보지 않았다'라고 음해했다. (『순조실록』 31권 순조 30년 8월 27일, 『일성록』 순조 30년 8월 27일)

조정 안팎에서 김노경에 대한 탄핵상소가 빗발쳤다. "번거롭게 하지 말라"며 버티던 순조도 상소가 한 달 가까이 지속되자, 김노경을 강진현 고금도에 위리 안치했다. (『순조실록』 31권 순조 30년 9월 28일)

김노경은 '윤상도 상소'에도 이름이 거론돼 곤욕을 치른다. 앞서 윤상도는 순조 더에 호조판서 박종훈과 유수를 지낸 신위, 그리고 어영대장 유상량을 탐관오리로 몰아 탄핵 상소를 올렸다. 하지만 순조는 윤상도가 이들

3인에 대해 논한 내용이 극도로 음험하고 참담하다며 거꾸로 윤상도를 추자도 유배형에 처했다. (『순조실록』31권 순조 30년 8월 28일)

1년여 후 김정희가 '제 아비 김노경은 재작년에 김우명에게 터무니없는 사실을 꾸며 무함하는 추악한 욕설을 참혹하게 당하였다'며 격쟁하기에 이르렀다. (『순조실록』32권 순조 32년 2월 26일) 순조는 삼사의 반대를 뚫고, 김정희의 격쟁을 받아들여 김노경을 풀어줬다. (『순조실록』33권 순조 33년 9월 13일) 이후 추사는 관직에 복귀해 병조참판과 성균관 대사성, 형조참판을 지냈다.

하지만 헌종이 즉위하자 안동 김씨 세도에 가속도가 붙었다. 추사의 집안에 정치 외풍을 막아줄 보호막도 사라졌다. 헌종 6년(1840년) 윤상도 상소가 재 점화돼 추사에게 불똥이 튀었다. 당시 추사는 동지부사로 임명돼, 30년 만에 북경 사신단 일원으로 출발을 눈앞에 두고 있었다.

안동 김씨의 실세 김홍근이 윤상도·김노경의 처벌을 상소하자, 추자도에 유배 중인 윤상도를 의금부로 압송했다. 또 김노경을 추탈하라는 대왕대비 순원왕후의 명이 떨어졌다. (『헌종실록』7권 헌종 6년 7월 10일, 헌종 6년 7월 12일)

'윤상도 옥사'가 수면위로 떠올랐다.

추사는 윤상도의 상소문 초안을 잡았다는 혐의로 의금부에 갇혀, 생사의 기로에 섰다. 그의 나이 55세 때다. 동지부사 사신단 일행의 꿈은 사라졌고, 자칫 윤상도 옥사의 배후 조종자로 찍혀 목이 달아날 수도 있는 상황에 내몰렸다. 이때 친구이자 우의정인 조인영이 김정희를 변호하는 차자를 올렸고, 순원왕후는 추사를 대정현에 위리 안치토록 했다. (『헌종실록』7권 헌

 권력은 사라지고 기록은 남는다

종 6년 9월 4일)

다음날 삼사는 '역적 윤상도의 경인년 흉소는 만고에 없던 큰 악역인데, 넌지시 뜻을 일러 준 것은 김정희다'라며 합동 공세를 펼쳤다. (『헌종실록』 7권 헌종 6년 9월 5일)

사사하라는 어명이 내려도 전혀 이상하지 않은 절체절명의 위기. 순원왕후는 추사의 목숨만은 빼앗지 않았다.

추사는 1840년 9월부터 1848년 12월까지 9년간 제주 대정현에 버려졌다. 낯설고 물선 곳에서 추사는 용맹 정진했다. 절대고독 속에서 추사체를 가다듬었고, 세한도를 그려 예술혼을 불태웠다. 만약 추사가 관료로서 무탈하게 살았다면 추사체와 세한도가 세상 밖으로 나올 수 있었을까?

추사는 친구 권돈인에게 보낸 편지에서 이렇게 술회했다. "내 글씨엔 아직 부족함이 많지만, 나는 칠십 평생 벼루 열 개를 밑창 내고, 붓 천 자루를 몽당붓으로 만들었다네." (『완당전집』)

추사가 제주 유배 길에 오르면서 남긴 일화 한 토막. 추사는 해남 대흥사 대웅전에 걸린 원교 이광사의 글씨를 보고 비웃었다. '원교의 글씨 대웅편은 다행히 한 번 훑어보았는데 이는 후배의 천박한 자들로는 능히 변론할 바 아니나 만약 원교의 자처한 것으로 논하면 전해들은 것과는 같지 않고 (중략) 저도 모르게 아연 일소할 밖에요.' (『완당전집』)

추사는 이광사의 글씨를 떼어내고, 자신이 쓴 현판을 걸라고 했다. 9년 후 유배에서 풀려난 추사가 다시 대흥사를 찾았다. 그리고 지난날 자신이 교만하였음을 반성하고 이광사가 쓴 현판을 다시 대흥사에 걸도록 했다.

추사는 헌종 14년(1848년) 12월 6일, 제주 유배에서 풀려났다. 하지만 62

세 추사의 불행은 아직 끝나지 않았다. 추사는 2년 후 '진종조천예론'(眞宗祧遷禮論)에 휩싸여 북청으로 쫓겨났다. 진종은 사도세자의 형이다. 왕위 승계상으로 보면 철종의 5대조이고, 혈통상으로는 4대조이다. 안동 김씨 세도가는 진종이 5대조이므로 종묘 영녕전으로 조천해야 한다는 입장이었다.

반면 영의정 권돈인은 조천하지 않아도 된다는 의견을 냈다. (『철종실록』 3권 철종 2년 6월 9일) 권돈인이 패배하자, 추사는 진종조천예론을 배후에서 발설했다는 혐의를 받았다. 추사는 북청으로 유배됐다. (『철종실록』 3권 철종 2년 7월 22일)

추사는 북청의 삭풍을 견디면서 시간을 헛되이 보내지 않았다. 금석학자답게 주변 유물을 찾아다니며 고증했다. 추사는 북청토성을 직접 답사하면서 돌도끼와 돌화살촉 등을 발견했다. 추사는 돌화살촉을 주제로 「석노시」(石弩詩)라는 시를 지었다. 그는 '돌도끼와 돌화살촉이 매양 청해(북청) 토성에서 나오는데 이곳 사람들이 토성을 숙신의 옛 물건이라고 하기에 이 시를 짓는다'고 밝혔다. (『완당전집』) 또 돌화살촉을 고증해 숙신의 유물이라는 결론을 내렸다. 일각에서 추사를 '조선 최초의 고고학자'라고 부르는 이유다.

추사는 이듬해 8월 유배에서 풀려났다. 추사는 생부 김노경의 별장, 과천의 과지초당에서 지내다가 철종 7년(1856년) 10월 10일 향년 71세로 '만고풍상' 생을 마쳤다.

사관은 '(김정희는) 기억력이 투철하여 여러 가지 서적을 널리 읽었으며, 금석문과 도사(圖史)에 깊이 통달하여 초서·해서·전서·예서에 참다운 경지를 신기하게 깨달았다. 때로는 거리낌 없는 바를 행했으나, 사람들이 자황(雌黃·시문의 첨삭)하지 못하였다'라고 졸기에 썼다. 제자 소치 허련이 그린 추사의 초상화가 세상에 전한다.

추사 불후의 명작 세한도가 현존하기까지에도 기이한 사연이 있다.

세한도는 제주 유배 시절 역관 이상적에게 건네준 그림이다. 이상적은 청나라 사행을 다녀올 때마다 스승을 잊지 않고 최신판 청나라 서적 등을 전해 주었다. 추사는 제자의 마음 씀씀이를 아름답게 여겨 세한도를 그려줬다. 이상적 사후 제자 김병선이 물려받았고, 친일파 민영휘 가문에도 흘러갔다. 이어 경성제대 후지츠카 치카시(藤塚鄰) 교수가 추사에 심취해, 세한도를 사들였다. 후지츠카는 1944년 세한도를 손에 넣고 일본으로 돌아갔다.

손재형이 세한도를 되찾기 위해 태평양 전쟁이 한창인 도쿄로 날아갔다. 손재형의 간곡한 설득에 후지츠카는 조건 없이 세한도를 건넸다. 얼마 뒤 미군의 공습으로 후지츠카의 서재가 전소됐다. 세한도는 이렇게 기적적으로 살아남았다. 개성 출신의 갑부 손세기가 세한도를 사들였고, 그의 아들 손창근이 소유하고 있다가 2020년 국립중앙박물관에 기증했다.

39

강완숙

실록에 이름과 성을 남긴 '유일한' 여성

강완숙(姜完淑·1760~1801)은 『조선왕조실록』에 성과 이름을 모두 남긴 거의 유일한 양반가 여성이다. 신사임당, 허난설헌 등 우리에게 친근한 명사들도 실록에는 흔적조차 남기지 못했다. 연산군의 여인 장녹수, 명종의 외척 윤원형의 첩 정난정과 선조, 광해군 대 궁녀 김개시 정도가 성과 이름을 남긴 '행운아'에 속한다. 널리 알려진 어우동은 본명이 아니다. 정조 때 제주도민을 굶주림에서 구한 '거상' 김만덕도 실록에는 '기생 만덕'으로 실려있다.

'제주의 기생 만덕(萬德)이 재물을 풀어서 굶주리는 백성들의 목숨을 구하였다고 목사가 보고하였다. 상을 주려고 하자, 만덕은 사양하면서 바다를 건너 상경하여 금강산을 유람하기를 원하였다. 허락해 주고 나서 연로의 고을들로 하여금 양식을 지급하게 하였다.' (『정조실록』 45권 정조 20년 11월 25일)

강완숙은 『순조실록』에 모두 다섯 차례 등장한다. 순조 1년(1801년) 천주교도들을 일망타진한 신유박해와 관련해서다. 포도청에서 '사학죄인'을 처벌하기 위해 결안을 올리는데 강완숙의 성명을 맨 앞에 내세웠다.

'죄인 강성(姜姓)의 노파 완숙(完淑)은 사서(邪書)를 배워서 오염되고 고혹되어 지아비 홍지영에게 내쫓겼으나, 그칠 줄을 알지 못하였습니다. 그리고 아들 홍필주를 데리고 서울에 와서 머물면서 주문모를 높이 받들어 갈륭파(葛隆巴·골롬바)라는 호를 받았으며, 6년 동안이나 숨겨 두어서 추행이 낭자하였으나, 그 도(道)는 본래 이와 같다는 이유 때문에 더러운 줄을 알지 못하였습니다.(후략)'(『순조실록』 3권 순조 1년 5월 22일)

주목되는 것은 위 기사에서 주문모, 황사영 등 천주교 지도자 10여명이 언급되는데, 이들 중 강완숙의 이름이 가장 많이 거론됐다는 점이다.(강파 6회·완숙 2회) 강완숙을 '수괴'급으로 판단했다는 이야기다.

한양대 정민 교수는 1801년 신유박해의 공초 기록인 『사학징의』에 강완숙의 이름이 무려 128회 등장한다고 했다. 강완숙은 초기 천주교 지도자 중에서도 가장 압도적인 존재감을 뽐내고 있었다.

한국 천주교 역사에서 강완숙은 매우 중요한 역할을 담당한 여걸이다. 충청도 내포 지역 양반가 출신으로 친척의 전교로 천주교를 접했다고 전해진다.

황사영의 「백서」에서 '강 골롬바는 명문가의 일원으로 재주와 분별력이 있었고 굳세고 용기가 있었으며 생각하는 것이 고상하였다. 어려서 규중에서 지낼 때에도 이미 성인(聖人)이 되려는 생각이 있었지만 나갈 길을 몰라서, 불교를 염두에 두었다. 10여 세에 지식이 조금 늘자 불교가 허황됨을 알고 더 이상 불교를 따르지 않았다'라고 기록했다.

정조 15년(1791년) 신해박해 때 공주 감영에 체포됐으나 양반가의 부녀라는 이유로 풀려났다. 이때 천주교를 반대하는 남편과 헤어져 시어머니와 딸 순희, 전처소생의 아들 홍필주와 함께 서울로 이사해 살았다. 신유박해 때 조금도 굴하지 않고 순교했는데, 세례명은 골롬바이며, 주문모 신부가 그를 조선 천주교회의 첫 여성 회장으로 삼았다.

왕의 동정과 일정을 기록한 『일성록』에 다음과 같은 기록이 있다.

'정약종의 문서 가운데 강거능파(姜巨能巴·강골롬바)라고 칭한 자가 있는데 바로 반족(班族)의 서얼인 여인으로 그 학문에 물든 자입니다. 정약종에게 캐물어도 끝내 바로 진술하지 않아 홍낙민에게 물었더니, 홍문갑(홍필주)이라는 자의 어미라고 합니다.' (『일성록』 순조 1년 2월 25일)

강완숙은 중국인 신부 주문모에게 자신의 집을 은신처로 제공했다. 남녀가 유별한 유교사회에서 외간 남자를 집안으로 끌어들이는 강완숙의 용기는 발군이었다. 정조 19년(1795년) 1월에 한양 땅을 밟은 주문모는 그해 6월까지 역관 최인길의 집에 은신했다. 하지만 배교자 한영익의 밀고로 최인길의 집이 수색 당하자, 강완숙은 망설임 없이 자신의 집을 주문모의 숙소로 제공했다. 주문모는 강완숙의 철통 보안 속에 도성 안에서 6년간 머물면서 전도 활동을 이어갈 수 있었다.

　　권력은 사라지고 기록은 남는다

샤를 달레의『한국천주교회사』에는 '강완숙은 비상한 정력과 활동력을 타고났고, 하늘의 특별한 은총의 도움을 받아 모든 자선사업을 고무하고 지도하였다. 또한 모든 교우들이 그를 사랑하고 우러러 보았으며, 그녀는 교우들을 힘차고 슬기롭게 권고하였다'라고 기록돼 있다.

강완숙은 사도세자의 셋째 아들이자 정조의 이복동생 은언군의 처 송씨와 그의 며느리 신씨에게도 천주교리를 가르쳤다. 강완숙의 주선으로 송씨와 신씨는 주문모 신부를 만나 세례를 받았다. 강완숙은 조선말이 서툰 주문모를 대신해 신도들에게 그의 말과 뜻을 전한 것으로 보인다. (『순조실록』 2권 순조 1년 3월 16일)

홍필주의 활약도 순조실록 곳곳에서 언급된다. 형조(刑曹)가 정조에게 '죄인 홍필주는 곧 강파(姜婆) 완숙의 아들로서, 그의 어미가 사교에 빠져서 지아비에게 쫓겨나게 되자, 홍필주는 아비를 배반하고 어미를 따라서 미혹시키는 데에 점점 물들어 어미가 주문모를 맞아들여 6~7년을 한 집에서 동거하는 것을 눈으로 보고도 양학(洋學)의 예사로운 일로 인정해, 보통으로 보아 넘기고 미혹함을 굳게 지켜 돌이키지 않으므로 세상의 지목이 되었으니, 아울러 지만(遲晩·자복)을 받아서 정법(正法)하소서'라고 했다. (『순조실록』 3권 순조 1년 7월 13일) 홍필주는 사실상 주문모 신부의 경호실장 역할을 맡았다. 실록은 형조에 붙잡혀 온 강완숙의 심문 장면도 실었다.

'강완숙이 그들의 괴수가 되었는데, 주문모란 자를 자신의 집에 숨기고는 성명과 거주지를 묻는 데에 따라 어지럽게 변경하여 흐릿하고 분명하지 않게 속이고 간사한 그 형상이 수없이 많으므로 누차 고문을 가했으나, 죽기

를 작정하고 버텨 숨겼습니다.' (『순조실록』 3권 순조 1년 10월 27일)

1811년 조선교회 신자들이 북경의 구베아 주교에게 보낸 편지 「신미년백서」에서도 '(강완숙은) 유학을 끌어와 도리를 증명하고 본원을 환하게 밝혀, 삿됨을 배척하고 바름을 높이며 고금의 내력을 확고하게 드러내었다. 심문관은 말문이 막혀 (강완숙을)여사로 일컬었고, 당시의 여론이 기운을 빼앗겨 모두 여장부라고들 하였다'라는 대목이 나온다. (『서학, 조선을 관통하다』 438면)

순조는 1801년 말, 신유박해에 마침표를 찍고 반교문(나라에 경사가 있을 때 내리는 교서)을 반포했다. 반교문에서 '강완숙은 하늘이 낸 요녀로 숙박시키는 주인이 되었다'고 단정했다. 그러면서 '온 천하가 이미 깨끗해졌으니 다시 변화된 아름다움을 기대하겠노라. 그런 까닭에 교시하니 자세하게 알았을 것이라고 생각한다'고 적었다. (『순조실록』 3권 순조 1년 12월 22일) 서학교도들을 일망타진했으니, 세상이 깨끗해졌다는 말이다. '주자학의 나라' 조선이 정화된 것을 축하하면서 내린 교서였다.

황사영의 「백서」를 통해 강완숙의 존재감을 좀 더 살펴보자.

'골롬바는 안으로 신부의 거처와 의복, 음식을 잘 받들었고, 밖으로 성교의 사무를 처리하여 교회 살림과 교회 내의 연락을 주고받음에 조금도 게을리 하지 않았습니다. 그녀는 처녀들을 모아 가르치고 일이 끝나면 집집마다 방문하여 사람들에게 천주님을 믿도록 권유하게 하고, 자기 자신도 역시 밤낮으로 돌아다니며 남에게 권유하고 감화시켜, 스스로는 편안하게 잠 잘 때가 드물었습니다. 이치에 통달하고 능란한 말솜씨로 설명해 주어 누구보다도 감화시킨 사람이 가장 많았으며 일처리가 과단성 있고 위엄도 있어, 사람들이 다 조심스러워 하였습니다. 체포되어 관청에 이르니 관리가 신부의 종적을 캐물으며 주리를 여섯 번이나 틀었으나 음성과 기색이 조금도 달라지지 아니하였습니다. 양쪽에 늘어선 형리들이 말하기를 "이것은 귀신이지 사람이 아니다"라고 하였습니다. 그녀는 마침내 참형을 당해 순교하였는데 그 때 나이 41세였습니다.'

강완숙은 1801년 2월 28일(음력 1월 16일) 체포됐다. 그는 주문모 신부의 행방에 끝내 함구했고, 같은 해 7월 2일(음력 5월 22일) 서울 서소문 형장에서 참수됐다. 서소문 형장은 현재 서소문성지 역사박물관으로 거듭났다.

황사영 「백서」는 신유박해가 터지자, 황사영이 충북 제천 배론에 있는 한 토굴에 숨어서, 구베아 주교에게 박해 전모를 전하는 글이다. 황사영은 「백서」에서 청나라 황제에게 조선을 청나라의 한 성(省)으로 편입시켜 달라는 주장을 넘어, 서양의 배 수백 척과 병사 5만~6만명을 동원해 조선에 신앙의 자유를 강제하도록 요청해 큰 파문을 일으켰다. (『순조실록』 3권 순조 1년 10월 5일) 이른바 '대박청래'(大舶請來)다. 서양의 무력을 동원해 조선을 압박해 달라는 것인데, 조정이 천주교도를 '역도'로 규정하는 논리를 제공했다는 점에서 초대형 악재였다. 「백서」의 원본은 현재 로마 교황청 바티칸 민속박물관에서 소장하고 있다.

2014년 한국을 방문한 교황 프란치스코는 강완숙의 신앙에 대한 공헌과 모범을 기려 강완숙을 '복자'(福者)로 선포했다.

40

‘선 넘은’ 남녀상열지사가
실록에 등재된 이유

　‘성리학의 나라’ 조선은 성과 관련해서는 유독 엄격한 잣대를 들이댔다. 고려시대에는 이혼과 재혼을 포함해 비교적 자유롭게 남녀 연애가 가능했다. 여성의 지위도 남성과 동급으로 인정받았다. 그래서 재혼한 부모를 둔 자녀들도 사회 진출에 차별받지 않았다. 그러나 조선은 유교이념을 받아들여, 사회 질서를 재구축하고자 했다.

　‘부녀의 재가 제한을 예조에 전지하다’라는 기사가 대못을 박았다. (『성종실록』82권 성종 8년 7월 18일)

　성종은 “이제부터는 재가한 여자의 자손은 사판에 나란히 하지 않음으로써 풍속을 바르게 하라”며 일명 ‘재가여자손금고법’을 제정했다. 재혼 가정의 자손은 과거에 응시하지 못하게 해, 벼슬길을 원천 봉쇄함으로써 사실상 과부의 재가를 금지한 법이다.

　하지만 조선 초기에는 ‘남녀상열지사’가 자연스러운 고려의 풍습이 사회 곳곳에 배여 있었다. 그래서 조선의 관점에서 보면, 받아들이기 힘든 성 비위가 종종 발생했다. 어전회의에서도 언급될 정도로 심각한 수위의 성 문란도 드물지 않았다.

'부인이 간통현장을 들키자 남편의 불알을 끌어당겨 죽였다'(『세종실록』 35권 세종 9년 1월 3일)라는 기록부터 '출가한 임금의 딸이 남편이 죽자, 사위와 정을 통해 사약을 받았다'(『명종실록』 33권 명종 21년 12월 21일)라는 기사까지 다양한 사례가 생생하다.

내시 이간과 간통한 이방석의 세자빈(현빈 유씨), 여종과 동침한 문종의 세자빈(순빈 봉씨) 스캔들은 궁궐 내에서 일어난 추문이다.

왕족으로선 중종의 딸 숙정옹주가 입방아에 올랐다. 34세에 과부가 된 숙정옹주는 사위와 정을 통해, 명종 대 국정을 쥐락펴락했던 문정왕후에 의해 사약을 받았다.

세종의 8남 영응대군의 처, 대방부인 송씨도 남편 사후 군장사의 고승, 학조와 간통해 큰 물의를 빚었다. (『연산군일기』 30권 연산 4년 7월 28일)

민간에서는 어우동(어을우동)과 유감동, 사방지 사건이 상상을 초월한다. 어우동의 경우는 '좌승지 김계창이 태강수 이동의 전처 박씨를 추포하여 법에 처치하도록 건의하다'(『성종실록』 118권 성종 11년 6월 15일)라는 기사를 통해 첫 등장해, 총 53건(국역28·원문25)이 조회된다. 양반가에서 태어난 박씨(어우동)가 은장이와 간통해 남편에게 버림 받았다는 사실을 전하며, 왕족부터 하인까지 가리지 않고 몸을 섞었다고 기록했다. 실록은 어우동의 모친 정씨의 항변도 남겼다.

"사람이 누군들 정욕이 없겠는가? 내 딸이 남자에게 혹하는 것이 다만 심할 뿐이다." (『세종실록』 35권 세종 9년 1월 3일) 정씨 역시도 음행으로 남편

에게 버림받았고, 결국 자신의 아들한테 살해당했다. (『성종실록』 219권 성종 19년 8월 22일)

역시 사족 출신인 유감동도 실록에서 61건(국역21·원문40)이 검색된다. 세종이 "음부 유감동의 간부가 몇 명이냐"고 묻자 "이루다 기록할 수 없다"는 대답이 돌아온다. (『세종실록』 37권 세종 9년 8월 17일)

사방지는 37건(국역19·원문18)이 검색된다. 남자로서 여장을 해, 간통을 했다고 전하는데 서거정은 세조에게 "이 사람은 남자도 아니고 여자도 아니다"라고 말했다. (『세조실록』 42권 세조 13년 4월 5일)

'영돈녕부사로 치사한 이지의 졸기'에 나오는 서사는 충격적이다. (『성종실록』 122권 성종 11년 10월 18일)

이지는 태조의 종제(사촌 아우)이다. 이지는 어린나이에 부모를 잃고, 태조에게 의지했다. 조선 개국 후 고위관직을 차례로 역임한 뒤 영의정에 올랐으나 치사했다고 전한다. 이지는 부모의 명복을 빌기 위해 절에 가서 공양하고, 재를 올리는 것을 떳떳한 일로 삼았다. 그는 죽기 하루 전에도 향림사에 가서 부처에게 공양했다. 그러나 하룻밤 사이에 갑자기 졸하니 나이 79세였다.

문제는 이지의 후처 김씨다. 이지가 후처와 함께 절에서 수일 동안 머물렀는데, 밤에 후처 김씨가 중과 간통을 저질렀다. '이지가 붙잡아 구타하니, 김씨가 이지의 불알을 끌어당겨 죽였다'는 내용이다. 그때 따라간 사람이 모두 김씨의 노비였기 때문에 입을 다물었다. 이지의 전처소생 아들이 '사건 전모'를 노비에게 들었지만, 관청에 신고하지 않았다고 실록은 기록하고 있다.

후처 김씨는 어떤 인물일까? '문하시랑 찬성사 김주의 딸인데, 아름답고 음란하여 늙을수록 더욱 심하였고, 형제와 어미가 모두 추한 소문이 있었다'고 전한다. (『태종실록』30권 태종 15년 11월 1일)

김씨는 처음 당대의 실력자 조준의 조카 조화에게 시집갔다. 그러나 남편이 김씨의 모친과 간통하니, 김씨도 맞바람을 피웠다. (『세종실록』37권 세종 9년 8월 8일)

한편 김씨가 이지와 첫 동침 후 했다는 말도 가관이다. "나는 이분이 늙었는가 하였더니, 참으로 늙지 않은 것을 알았다." 그때 김씨의 나이 57세였다. (『태종실록』30권 태종 15년 11월 1일)

김씨 사건을 계기로 재혼 가정에서 태어난 양반가의 자손에게 과거시험을 보지 못하게 하는 논의가 촉발됐다. 이런 가운데 한 간부의 음행이 '당당하게' 실록의 한 페이지를 차지해 눈길을 끈다. '고 단양 군사 남의의 아내 이씨의 졸기'다.

이씨는 영양군 이응의 손녀다. 결혼 후 10여 명의 아들을 낳고 남편이 갑자기 죽었다. 이씨는 한동안 과부로 살았는데, 어느 날 중 권선이라는 자가 이씨 집 앞에 이르렀다. 이씨의 노복이 말하기를 "주인은 중을 좋아한다"고 귀띔했다. 한 시골 선비가 이씨 집 인근 노파의 집에 임시로 거처하고 있었다. 하루는 중이 노파와 귀엣말을 하고 갔다. 잠시 후 노파는 선비에게 "여자 손님이 오실 테니, 그대는 자리를 피해 주시오"라고 말했다. 선비는 거짓으로 '알겠다' 하고 밖에 나가서 주위를 살폈다. 날이 저물자 중이 노파의 집에 왔다. 중은 장삼을 벗고 드러누워 쉬다가 노파에게 "어째서 늦는가?" 하니 노파가 "의심하지 말라"고 했다. 과연 얼마 지나지 않아 이씨가 왔다. 그리고 중과 노파와 함께 술을 마셨다. 노파가 일부러 자리를 비우자, 중이 이씨를 끌어안고 정을 통하고자 했다. 이를 몰래 지켜보던 선비가 성난 목소리로 "그대들은 어떤 사람들인가. 관아에 고발 하겠다"고 으름장을 놓았다.

노파와 중이 놀라고 당황해하면서 애원했다. 이씨는 여종에게 면포 수십 필을 가져오게 했다. 노파가 선비에게 "그대가 내 말을 들으면, 면포와 중이 타고 온 말을 주겠다"고 제안했다. 선비가 "노파의 청이 간절해 좇지 않을 수 없다"고 했다. 이때를 틈타 중과 이씨는 도망가고, 선비는 베를 말에 싣고 갔다. 몇 년후 이씨가 다시 시집가고 싶어 했다. 어미는 딸에게 스스로 배우자를 택하게 했다. 이씨가 죽은 남편 남의의 신주를 형 남윤의 집으로 보내고, 중신을 맞아들여 구혼했다. 마침 첨지 유균의 '양물'이 크다는 말을 듣고, 혼인 약속을 했다.

노비들이 이씨를 보고 "재산이 넉넉하지 못합니까? 노비가 부족합니까? 무슨 까닭으로 또 시집을 가려 하십니까?"라고 묻자, 이씨는 "우리 어른은 정말 남자다"라고 답했다. 그 후 유균도 죽자, 이씨가 또 다시 시집갈 뜻을 밝혔다.

맹인을 불러 점을 치니 "마땅히 세 명의 남편을 맞이해야 되는데, 뒤에 만나는 사람이 반드시 백년해로할 것이다"라고 했다. 이씨가 남편 유균의 시체 옆에서 탄식하길 "신이여! 맹인의 말대로 저이가 또 죽었으니, 뒤에 만나는 자는 과연 백년해로하겠습니까?"라고 했다.

상복을 벗는 날에도 얼굴에 슬픈 빛이 전혀 없었다. 이씨가 집에서 불사를 하는데, 중이 옷소매로 이씨가 있는 창문을 스치니, 이씨가 "괴이하구나! 저 화상"이라고 하면서 피하지 않았다. 그 중은 이씨와 이미 사통한 것이었다. (『예종실록』6권 예종 1년 6월 22일)

졸기에 이씨의 남편, 단양 군사 남의의 존재는 온데간데없고, 부인의 음행만이 가득하다.

참
고
문
헌

단행본

세종대왕기념사업회 편집부, 『국조인물고』, 세종대왕기념사업회, 2002년

박황희, 『을야의 고전여행』, 바람꽃, 2024년

오항녕, 『후대가 판단케 하라』, 역사비평사, 2018년

이성무, 『선비평전』, 글항아리, 2011년

이성무, 『조선시대 당쟁사 2』, 아름다운날, 2007년

이익주, 『한국사상선 1 정도전』, 창비, 2024년

정민, 『서학, 조선을 관통하다』, 김영사, 2022년

고전 문헌

『강한집』

『경연일기(석담일기)』

『고산유고』

『국조보감』

『금양잡록』

『난중잡록』

『남명선생문집』

『논사록』

『독곡집』

『둔촌잡영』

『사학징의(邪學懲義)』

『성호사설』

『속잡록』

『송자대전』

『승정원일기』

『연려실기술』

『완당전집』

『월정집』

『용재총화』

『일성록』

『촌담해이』

『택당집』

『퇴계선생연보』

『표해록』

『필원잡기』

『학봉집』

『학파선생실기』

『한국천주교회사』

『한중필록』

『해동잡록』

『해동제국기』

인터넷 사이트

조선왕조실록 sillok.history.go.kr

한국고전종합DB db.itkc.or.kr

한국역대인물종합정보시스템 people.aks.ac.kr

황사영 백서 www.davincimap.co.kr